Frank M. Ausbüttel
Theoderich der Große

Frank M. Ausbüttel

Theoderich der Große

Die Deutsche Nationalbibliothek verzeichnet diese Publikation
in der Deutschen Nationalbibliografie;
detaillierte bibliografische Daten sind im Internet über
http://dnb.d-nb.de abrufbar.

Das Werk ist in allen seinen Teilen urheberrechtlich geschützt.
Jede Verwertung ist ohne Zustimmung des Verlages unzulässig.
Das gilt insbesondere für Vervielfältigungen,
Übersetzungen, Mikroverfilmungen und die Einspeicherung in
und Verarbeitung durch elektronische Systeme.

Sonderausgabe: 2., durchgesehene und bibliographisch
aktualisierte Auflage 2012
© 2012 by WBG (Wissenschaftliche Buchgesellschaft), Darmstadt
1. Auflage 2003 in der Reihe „Gestalten der Antike"
Umschlagmotiv: Ravenna, Mausoleum Theoderichs.
Foto: akg-images / Bildarchiv Steffens
Umschlaggestaltung: Peter Lohse, Heppenheim
Die Herausgabe des Werkes wurde durch die Vereinsmitglieder
der WBG ermöglicht.
Gedruckt auf säurefreiem und alterungsbeständigem Papier
Printed in Germany

Besuchen Sie uns im Internet: www.wbg-wissenverbindet.de

ISBN 978-3-534-25069-1

Die Buchhandelsausgabe erscheint beim Primus Verlag
Umschlagmotiv: Der Ostgotenkönig Theoderich nach einer Handschrift
von Cassidors „Variae"; ©akg-images
Umschlaggestaltung: Jutta Schneider, Frankfurt a. M.

ISBN 978-3-86312-302-4

www.primusverlag.de

Elektronisch sind folgende Ausgaben erhältlich:
eBook (PDF): 978-3-534-73006-3 (für Mitglieder der WBG)
eBook (epub): 978-3-534-73007-0 (für Mitglieder der WBG)
eBook (PDF): 978-3-86312-800-5 (Buchhandel)
eBook (epub): 978-3-86312-801-2 (Buchhandel)

Inhalt

Vorwort zur Sonderausgabe	7
Einleitung	13
I. Herkunft und Jugend	17
II. Feldzüge auf dem Balkan	25
III. Die Eroberung Italiens	43
Italien im 5. Jahrhundert	43
Theoderichs Feldzug gegen Odoaker	52
IV. Herrschaft über Italien	65
Ansiedlung der Goten	65
Anerkennung und Stellung Theoderichs	68
Verwaltung	77
Verhältnis zwischen Goten und Römern	88
Verhältnis zur katholischen Kirche	92
Verhältnis zu den Juden	107
V. Außenpolitik	111
VI. Die letzten Jahre der Herrschaft	129
Regelung der Nachfolge	129
Der Prozess gegen Boëthius und die Mission Papst Johannes' I.	132
Theoderichs Ende	142
VII. Ausblick	149
Politisches Erbe	149
Nachleben und historische Bedeutung	155
Anmerkungen	167
Literatur	181
Register	185
Abbildungsnachweis	191

Vorwort zur Sonderausgabe

Die vorliegende Biographie erschien ursprünglich in der Reihe „Gestalten der Antike" der Wissenschaftlichen Buchgesellschaft. Das Anliegen dieser Reihe ist es, herausragende Männer und Frauen näher vorzustellen, die das politische und kulturelle Leben ihrer Zeit bestimmt und geprägt haben.

Der Leser einer Biographie kann erwarten, dass er umfassend darüber informiert wird, unter welchen Bedingungen die zu behandelnde Person lebte, wie sie mit diesen Bedingungen umging, wie sie zu dem geworden ist, was sie schließlich war, was sie in ihrem Innersten bewegte und wie ihre historischen Leistungen zu bewerten sind. So berechtigt solche Erwartungen auch sind, so lassen sie sich nicht immer ausreichend und zufriedenstellend erfüllen. Gerade für die Antike stellt sich allzu oft das Problem, dass wir aufgrund einer unzureichenden Quellenlage nur wenig über die Taten und Lebensbereiche einer bedeutenden Persönlichkeit wissen. Das gilt auch für die Spätantike, obwohl für diese Epoche eindeutig mehr Quellenmaterial zur Verfügung steht als beispielsweise für die römische Frühzeit. Das Leben und Wirken vieler spätantiker Herrscher lässt sich daher abgesehen von bedeutenden politischen und militärischen Ereignissen schwer umfassend beurteilen. Für die Germanenkönige, die wir letztlich nur aus der römischen Überlieferung kennen, trifft dies in besonderem Maße zu. Eine Ausnahme bildet der Ostgote Theoderich, der von 453 bis 526 lebte und später mit dem Beinamen der Große geehrt wurde. Zwar liegt vieles über seine Herkunft und seine wechselvollen Kämpfe auf dem Balkan im Dunkeln, seine Herrschaft über Italien, die 493 begann und dreiunddreißig Jahre währte, lässt sich dagegen anhand unterschiedlicher Quellen relativ genau rekonstruieren.

Die vorliegenden Zeugnisse sind hinsichtlich der Intention und der Einstellung ihrer Verfasser sehr unterschiedlich. Abgesehen von kurzen Erwähnungen in den Chroniken begegnet Theoderich in den Werken der griechischen Historiker Malchus von Philadelphia und Prokop von Kaisareia, welche die Ereignisse aus oströmischer Sicht schildern. Der zweite Teil der Excerpta Valesiana, der von einem nicht namentlich bekannten Italiker verfasst wurde, besitzt fast schon biographischen Charakter. In ihm werden in chronologischer Reihenfolge Theoderichs Taten von

473 bis zu seinem Tod 526 abgehandelt; zunächst positiv gegenüber Theoderich eingestellt, schlägt dieser Tenor am Ende des Werkes um. Eine wichtige Rolle spielt Theoderich ferner in der Darstellung des romanisierten Goten Jordanes. Zudem rühmte der Diakon und spätere Bischof von Pavia Ennodius in einem Panegyricus die Taten des Königs.

Neben diesen Texten sind noch Zeugnisse überliefert, die auf den ersten Blick direkt von Theoderich zu stammen scheinen. Es handelt sich zum einen um Schreiben des Gotenkönigs an den römischen Kaiser, an germanische Herrscher und an hohe Würdenträger sowie unterschiedliche Personengruppen seines Reiches, zum anderen um Briefe an die Bischofssynode in Rom. Die erste Gruppe publizierte im Jahre 537 der römische Senator und Hofbeamte Flavius Magnus Aurelius Cassiodor (485–580) zusammen mit Schreiben von Theoderichs Nachfolgern unter dem Titel „Variae". Alle Texte sind im Stil der spätantiken Kanzleien abgefasst. Es ist daher davon auszugehen, dass Theoderich die Briefe zwar nicht persönlich formulierte, sie aber im Grundtenor seine eigenen Ansichten wiedergeben. Dagegen liegen keine persönlichen Zeugnisse vor, die über sein Denken und Fühlen, seine Ängste und Befürchtungen, seine Wünsche und Pläne Auskunft geben. Vieles lässt sich nur aus dem Kontext erschließen.

Nicht zuletzt wegen seiner historischen Bedeutung hat sich die Forschung immer wieder eingehend mit Theoderich befasst. Sie war vor allem an seiner besonderen Herrschaftsform interessiert, die sowohl germanische als auch römische Elemente in sich barg. Im 19. und in der ersten Hälfte des 20. Jahrhunderts sind daher mehrere Monographien zu Theoderich und seiner Königsherrschaft erschienen. Nach mehreren Voruntersuchungen und langjährigen Forschungen hat vor allem Ensslin 1947 eine umfassende Biographie über Theoderich vorgelegt, die gleichzeitig ein Bild der damaligen Verhältnisse im Römischen Reich zu zeichnen versucht und bis heute die Grundlage für weitere Forschungen bildet; sie stieß auf so große Resonanz, dass sie 1959 eine zweite Auflage erfuhr. Beinahe gleichzeitig publizierte Lamma 1950 eine knappe, übersichtliche Studie über den Gotenkönig.

Danach ließ das Interesse an Theoderich insbesondere in Deutschland nach. Es erwachte aber vor allem in England und Italien in den achtziger und neunziger Jahren des vorigen Jahrhunderts wieder, als sich mehrere Historiker näher mit der Migration der Goten und deren Integration in das Römische Reich auseinander setzten. Zu nennen sind hier in erster Linie die Arbeiten von Burns, Heather und Moorhead.

Letzterer verfasste eine ausführliche Studie zu Theoderichs Herrschaft über Italien. Italienische Historiker haben zwei größere Aufsatzsammlungen herausgegeben, von denen eine erschien aus Anlass der Machtübernahme Theoderichs in Italien vor 1500 Jahren. Diese Arbeiten haben wie viele andere Studien zur Spätantike sein Bild in einigen wichtigen Punkten revidiert, sodass eine neue Darstellung des Lebens dieses bedeutendsten Goten lohnenswert erscheint.

Das Interesse an der Völkerwanderungszeit hat wohl wegen seiner aktuellen Bezüge zu Migrationsbewegungen unserer Zeit in den letzten Jahren nicht nachgelassen, sondern eher zugenommen. So sind, wie dem erweiterten Literaturverzeichnis zu entnehmen ist, nach der Publikation dieses Buches weitere Arbeiten über Theoderich den Großen erschienen. Zu nennen sind hier vor allem die von Goltz verfasste akribische und grundlegende Studie über die Darstellung Theoderichs in den spätantiken und frühmittelalterlichen Quellen und somit über die Rezeption seiner Herrscherpersönlichkeit sowie Vitiellos detaillierte Untersuchungen zur ostgotischen Herrschaft.

Freundliche Hinweise und Anregungen zu dieser Biographie haben Herr Professor R. M. Errington (Marburg) und Herr Privatdozent Dr. E. Pack (Köln) gegeben. Ihnen habe ich ebenso zu danken wie Herrn Dr. H. Baulig von der Wissenschaftlichen Buchgesellschaft für seine Bereitschaft zur erneuten Publikation und seinen fachkundigen Rat.

Oberursel, im Oktober 2011   Frank M. Ausbüttel

Einleitung

Im Frühjahr des Jahres 500 reiste der Gotenkönig Theoderich nach Rom, um dort sein dreißigjähriges Regierungsjubiläum zu feiern. Als er sich der Stadt näherte, eilten ihm Papst Symmachus, Vertreter des Senats und Bewohner der Stadt entgegen, um ihm einen ehrenvollen Empfang zu bereiten. Nachdem der Gote die Stadt betreten hatte, suchte er zunächst die Curie, den Sitz des Senats auf dem Forum Romanum, auf; dort hielt er eine programmatische Rede, auf die der Vorsitzende des Gremiums, der angesehene Senator Flavius Rufius Postumius Festus mit einer Lobrede antwortete. Dann wandte sich Theoderich auf der Palma, einem zwischen der Curie und dem Septimius-Severus-Bogen gelegenen Platz, an das Volk. Feierlich versprach er, die Anordnungen früherer Kaiser einzuhalten. Schließlich begab sich der König in den Kaiserpalast, den einst Constantin für seine Mutter Helena hatte errichten lassen. Insgesamt sechs Monate hielt sich Theoderich danach noch in Rom auf. Während dieser Zeit ließ er Zirkusspiele für die Bevölkerung veranstalten und ordnete an, dass jährlich 120000 Scheffel Getreide an das Volk, insbesondere an die Armen, verteilt sowie ebenfalls jährlich 200 Pfund Gold für die Erneuerung des Kaiserpalastes, der Aurelianischen Stadtmauer, der Curie, des Colosseums und anderer Gebäude ausgegeben werden sollten.[1]

Das Besondere an diesem Ereignis war nicht der Besuch eines mächtigen Fürsten. Obwohl Rom in der späten Kaiserzeit seine zentrale Bedeutung für das Reich verloren hatte, war es immer noch dessen ideeller Mittelpunkt und als eine der größten Städte – wenn nicht gar als größte Stadt Italiens – durch die Anwesenheit des Senats und des Papstes nach wie vor ein Machtzentrum. Bemerkenswert ist vielmehr, dass die katholische Bevölkerung Roms einen germanischen König, der sich nicht zum katholischen, sondern zum arianischen Glauben bekannte, wie einen römischen Kaiser aufnahm. Der Empfang des Goten vor der Stadt sowie sein Auftreten in ihr entsprachen dem Zeremoniell, das in früheren Zeiten bei der Ankunft des Kaisers, dem *adventus Caesaris* stattfand. Ohne Vorbehalte und Ressentiments akzeptierten demnach die Römer, dass ein Germane über das ehemalige Kernland des Reiches herrschte. Der Rombesuch Theoderichs im Jahr 500 symbolisiert letztlich eine 'Endstufe' in dem Verhältnis zwischen Römern und Germanen.

Dabei hatten sich die Römer schon seit längerer Zeit daran gewöhnt, dass 'Barbaren', unter ihnen vor allem Germanen, führende und einflussreiche Positionen im Heerwesen und damit in der Leitung des Reiches wahrnahmen. Diese Entwicklung ist darauf zurückzuführen, dass die Kaiser seit dem frühen 4. Jahrhundert verstärkt dazu übergegangen waren, Barbaren außerhalb des Reichsgebietes für ihr Heer zu rekrutieren. Als Beispiel sei hier auf die Ansiedlung reichsfremder Krieger in Nordgallien verwiesen, die der Militärdienst zu neuen Stämmen, den Sal- und Rheinfranken zusammenschweißte. Einige der germanischen Soldaten stiegen sogar bis zum Heermeister auf, wie die Franken Merobaudes und Arbogast oder der Vandale Stilicho. Merobaudes verhalf Valentinian II. (375–392) auf den Thron, während Arbogast ihn wieder stürzte. Stilicho bestimmte nach dem Tod des Kaisers Theodosius 395 als Regent für dessen Sohn Honorius bis 408 die Politik des Westreiches. Unter den Offizieren bildeten die Barbaren jedoch eine Minderheit. Ihr Anteil lag höchstwahrscheinlich unter einem Drittel.[2]

Die Präsenz von Germanen nahm aber noch aus einem anderen Grund zu. Seit dem späten 4. Jahrhundert drangen in bis dahin unbekanntem Ausmaße Germanenstämme in das Römische Reich ein und erlangten nach schweren militärischen Kämpfen die Herrschaft über mehrere Gebiete. Zu nennen sind hier insbesondere die Goten, welche die Donau überquerten, um vor den Hunnen Schutz zu suchen. Als sich ihnen 378 bei Adrianopel ein römisches Heer entgegenstellte, brachten sie ihm eine vernichtende Niederlage bei; bald darauf unterstellten sie sich jedoch den römischen Kaisern. Ein großer Teil ihres Volkes, die Westgoten, zog einige Jahre später unter seinem König Alarich zunächst nach Italien und dann weiter nach Westen, wo ihm Kaiser Honorius Land in Aquitanien zuwies. Gegen Ende des Jahres 406 überschritten Vandalen, Sueben und nichtgermanische Alanen bei Mainz den zugefrorenen Rhein. Nach Raubzügen in Gallien ließen sich die Sueben in Galicien und die Alanen in den spanischen Provinzen Lusitania und Carthaginiensis nieder. Die Vandalen hielten sich indes nicht lange in Südspanien auf, sondern setzten 429 unter ihrem König Geiserich nach Nordafrika über. Nach der Eroberung Carthagos überließ ihm Kaiser Valentinian III. 442 in einem Vertrag offiziell seine nordafrikanischen Besitzungen. Die Burgunder vereinnahmten bald nach ihrem Rheinübergang 406 die Gebiete um Straßburg, Speyer und Worms. Der römische Feldherr Aëtius wies ihnen 443 die Gegend um Genf, die Sapaudia, als Wohnsitze zu.

Viele dieser Germanenreiche übernahmen militärische Aufgaben für das Römische Reich. So versahen die Könige der Burgunder seit 463 das Heermeisteramt für Gallien. Der König der Rheinfranken kontrollierte die Provinz Germania II, während Childerich (460–482), der König der Salfranken, die Provinz Belgica II verwaltete und seine Krieger unter römischem Oberbefehl gegen die Westgoten, Alamannen und Sachsen führte. Der Westgotenkönig Theoderich I. zog 422 gegen die Vandalen zu Felde und folgte 451 seinem einstigen Widersacher Aëtius in der Schlacht gegen die Hunnen auf den Katalaunischen Feldern, obwohl er kein militärisches Amt bekleidete. Sein Sohn Theoderich II. besiegte 456 im Auftrag des Kaisers Avitus die Sueben. Eine Ausnahme stellte der Vandalenkönig dar. Geiserich hatte sich zwar gegenüber dem Kaiser zu militärischen Hilfeleistungen verpflichtet, betrachtete sich letztlich aber als unabhängiger Herrscher.

Indem Germanen immer mehr Macht im Römischen Reich gewannen, blieb es nicht aus, dass einige von ihnen selbst nach der Kaiserwürde strebten. Doch taten sie dies ohne nennenswerte Auswirkungen und dauerhaften Erfolg. Bereits zwischen 276 und 282 ließ sich Proculus, ein Mann fränkischer Abstammung, in Köln zum Kaiser ausrufen; seine Usurpation wurde indes schnell niedergeschlagen. Erfolgreicher war dagegen der germanische Offizier Magnentius. Nach seiner Proklamation fand er 350 Anerkennung im ganzen Westen. Er beging jedoch 353 Selbstmord, nachdem ihm Kaiser Constantius II. mehrere Niederlagen beigebracht hatte. Der fränkische Heermeister Silvanus konnte sich 355 nach seiner Usurpation noch nicht einmal einen Monat lang an der Macht halten. Im Jahre 408 war der Vandale Stilicho fälschlicherweise verdächtigt worden, er wolle seinen Sohn Eucherius zum Kaiser ausrufen lassen, was beiden das Leben kostete. Als sich 423 ein Interregnum ergab, erhob sich der gotische Hofbeamte Johannes zum Kaiser; er wurde allerdings von Konstantinopel nicht anerkannt und 425 nach seiner Gefangennahme hingerichtet.

Erst am Ende des 5. Jahrhunderts gelang es dem Goten Theoderich als erstem Germanenkönig, dauerhaft und von den Römern anerkannt über weite Teile des Römischen Reiches wie ein Kaiser zu herrschen. Mit seinem Rombesuch brachte er dies deutlich zum Ausdruck. Dieser politische Erfolg war aufgrund seiner Herkunft nicht abzusehen gewesen. Er ist umso erstaunlicher, als Theoderich einem eher unbedeutenden gotischen Stamm angehörte, der noch keine feste Herrschaft auf römischem Boden gegründet hatte.

I. Herkunft und Jugend

Als die Hunnen in das Gebiet des Gotenfürsten Valamer einfielen, empfing er sie mit wenigen Getreuen und streckte in einem langen Kampf so viele von ihnen nieder, dass fast niemand entkam. *Sofort schickte er seinem Bruder Theodemer einen Boten mit der freudigen Nachricht; als dieser im Haus Theodemers ankam, erfuhr er eine weitaus glücklichere Nachricht: Gerade an diesem Tag war dessen Sohn Theoderich, ein hoffnungsvolles Knäblein, von Erelieva, einer Konkubine, zur Welt gebracht worden.* So lautet der Bericht des Jordanes über die Geburt des späteren Gotenkönigs.[1]

Theoderich entstammte demnach einer außerehelichen Beziehung, was sich aber auf seinen weiteren Werdegang nicht nachteilig auswirken sollte. Erst der Katholik Jordanes und seine Leser in der Mitte des 6. Jahrhunderts scheinen der ehelichen Geburt eine größere Bedeutung beigemessen zu haben als hundert Jahre zuvor die Goten. Theoderichs Vater Theodemer gehörte der Familie der Amaler an, die ihren Namen von einem legendären König namens Amal ableitete. Über die Gründe, weshalb er Erelieva nicht heiratete, lässt sich nur spekulieren. Ihre Herkunft oder soziale Stellung mögen ebenso wie ihre religiöse Überzeugung eine Rolle gespielt haben. Während die Goten Arianer waren, trat Erelieva später zum katholischen Glauben über und nannte sich nach ihrer Taufe Eusebia. Diese Tatsache und ihre Stellung als Konkubine hatten auf das Verhältnis zu ihrem Sohn jedoch keine negativen Auswirkungen. Vielmehr scheinen sich beide gut verstanden zu haben. Sie begleitete Theoderich Jahrzehnte später auf seinen Feldzügen und genoss in Italien um 496 ein hohes Ansehen als Königin. Ob Theodemer und Erelieva noch andere gemeinsame Kinder hatten, wird nicht erwähnt. Denkbar ist allerdings, dass Theoderichs jüngerer Bruder Theodemund aufgrund seiner engen Beziehung zu Erelieva ebenfalls ihr Sohn war. Die beiden Schwestern Theoderichs, von denen nur Amalafrida namentlich bekannt ist, könnten dagegen aus einer anderen Beziehung Theodemers stammen.[2]

Das Hauptaugenmerk seines Berichts legt Jordanes indes nicht so sehr auf die familiären Verhältnisse Theoderichs als vielmehr auf die politischen Umstände seiner Geburt. Offensichtlich wollte sie der gotische Historiker, wie in der antiken Geschichtsschreibung durchaus üblich, mit einem bedeutenden Ereignis in Verbindung bringen – der endgültigen Befreiung seines Volkes von der hunnischen Herrschaft durch die Amaler. Allerdings erfolgte diese erst lange nach Theoderichs Geburt; denn wenn man bedenkt, dass Theoderich mit 18 Jahren den Thron bestieg und im Jahr 500 in Rom sein dreißigstes Regierungsjubiläum feierte, dürfte er um 453 zur Welt gekommen sein.[3] Zu diesem Zeitpunkt standen die von den Amalern geführten Goten aber noch unter dem Einfluss der Hunnen.

Die Amaler versuchten später während Theoderichs Regierung über Italien den Eindruck zu vermitteln, dass alle Goten nördlich der Donau einst unter ihrer Herrschaft gestanden hätten. Als Beleg hierfür legten sie einen Stammbaum vor, der eine weit zurückreichende Kontinuität suggeriert. In ihm werden vierzehn Vorfahren Theoderichs aufgeführt und seine angebliche Verwandtschaft zu dem mächtigen Gotenkönig Ermanarich nachgewiesen, der vor dem Einbruch der Hunnen 375 von der Ukraine aus ein gewaltiges Reich beherrscht hatte.[4] Die Angaben in dem Stammbaum sind allerdings chronologisch ungenau sowie widersprüchlich und liefern nur wenige konkrete Anhaltspunkte. Als sicher kann gelten, dass die von den Amalern geführte Gruppe nur einer von mehreren gotischen Stämmen war. Wie die meisten gerieten sie seit 440 unter die Herrschaft der Hunnen Attilas; diese dürften ihnen daraufhin Land in Pannonien zugewiesen haben.[5] Dort erstreckte sich ihr Stammesgebiet vom Südwesten des Plattensees bis zur Drau. In diesem Gebiet und damit auf römischem Boden wird auch Theoderich zur Welt gekommen sein.

Die Kontrolle über die pannonischen Goten teilten damals drei Amaler unter sich auf: Theoderichs Vater Theodemer und seine beiden Brüder Vidimer und Valamer; dabei fiel Letzterem die Führung zu. Er besaß das besondere Vertrauen Attilas und half dem Hunnenkönig, als dieser 447 die Donauprovinzen plünderte. Mit seinen beiden Brüdern zog Valamer anschließend im Gefolge Attilas nach Gallien und kämpfte dort 451 auf den Katalaunischen Feldern. Dessen Niederlage und seinen Tod 453 nutzten viele Völker aus, um sich in gemeinsamer Anstrengung von der hunnischen Herrschaft zu befreien. Unter Führung der Gepiden errangen sie 453/454 am Nedao, vermutlich einem Nebenfluss der Save, einen Sieg über die Söhne Attilas. Die pannonischen Goten standen damals wahrscheinlich noch auf der Seite der Hunnen, profitierten aber gleichfalls von deren Niederlage. Als jene sie erneut unterwerfen wollten, gelang Valamer der erwähnte historische Sieg, den Jordanes mit der

Herkunft und Jugend

Abb. 1: Münzbild des oströmischen Kaisers Leo I. (457–474).

Geburt seines Neffen Theoderich in Verbindung brachte. Valamer arrangierte sich daraufhin mit den Römern und ließ sich vom oströmischen Kaiser Marcian noch vor 457 die Ansiedlung in Pannonien bestätigen. Als die Goten Illyrien plünderten, schloss Leo I. (Abb. 1) um 461 mit Valamer erneut einen Vertrag. Darin sicherte er den Goten die jährliche Zahlung von 300 Pfund Gold zu – eine für den Kaiser vergleichsweise kleine Summe, wenn man bedenkt, dass die Kosten für die römische Armee mindestens das Hundertfache, wenn nicht das Zweihundertfache betrugen. Ob die Goten dafür irgendwelche militärischen Dienste gegen barbarische Stämme zu leisten hatten, wird nicht erwähnt, ist aber anzunehmen. Damit sie die Vereinbarungen einhielten, musste Valamers

Neffe Theoderich als Geisel nach Konstantinopel gehen, wo er immerhin zehn Jahre bleiben sollte.[6]

Die Geiselhaft bedeutete für den erst achtjährigen Goten eine große persönliche Umstellung. Fern von seiner Familie wurde er nun mit einer Kultur konfrontiert, die ihm fremd war, ihn aber letztlich entscheidend prägen sollte; denn Konstantinopel muss ihm, der bislang nur dörfliche Siedlungen seines Stammes und römische Provinzstädte kannte, tief beeindruckt haben. Seit Constantin hatten die Kaiser diese Stadt zu einem zweiten Rom ausgebaut; gewaltige Befestigungsanlagen schützten sie vor feindlichen Angriffen. Allein die Seemauern hatten 188 Türme. Um 425 verfügte Konstantinopel über fünf Paläste, vierzehn Kirchen, acht Thermen, zwei Basiliken, jeweils zwei Theater und Amphitheater, vier Häfen und 4863 Häuser unterschiedlicher Art. Kurz vor Theoderichs Ankunft war mit dem Augusteum ein neues Forum errichtet worden. Mit seinen zahlreichen Kunstwerken, die unter anderem aus Delphi und Olympia herbeigeschafft worden waren, wirkte die Hauptstadt wie ein großes Museum.

Durch die Gunst des Kaisers erhielt Theoderich in Konstantinopel eine umfassende Ausbildung bei den besten Lehrern seiner Zeit. Immerhin besaß die Stadt die größte Hochschule im Osten des Reiches. Hier dürfte sich der junge Gote ausführlich mit den Freien Künsten – Grammatik, Dialektik, Rhetorik, Geometrie, Arithmetik, Astronomie und Musik – befasst haben. In seinen Briefen an den Philosophen Boëthius bemerkte er später einmal, dass er sich mit gebildeten Menschen gerne über die Geheimnisse der Mathematik unterhalte sowie über Kunst und Musik spreche. Auch wenn die zehn Jahre, die Theoderich in der kaiserlichen Residenzstadt verbrachte, wohl nicht ausgereicht haben, um seine Ausbildung abzuschließen, so war er doch in der Lage, sich zwanglos unter vornehmen Römern bewegen und Kontakte zu Gelehrten wie Cassiodor und Ennodius halten zu können. Äußerungen, die ihn als ungebildet und als Analphabeten abstempeln, sind daher als politische Propaganda zu bewerten. Vielleicht sind sie darauf zurückzuführen, dass Theoderich eher mit der griechischen als mit der lateinischen Schrift und Kultur vertraut war; denn in seiner Lobrede auf den Gotenkönig erklärte Ennodius: *Es erzog dich Griechenland im Schoß der Zivilisation, vorausahnend, was da herankäme.*[7]

Nicht minder wichtig für seine späteren Entscheidungen war für den jungen Amaler, dass er während seiner Geiselhaft das römische Herrschaftssystem und die Machtverhältnisse am Hofe näher kennen lernte.

Gegenüber dem Kaiser Anastasius I. äußerte er einmal recht diplomatisch und zurückhaltend, dass er in seinem Staat mit göttlicher Hilfe gelernt habe, wie man gerecht über die Römer herrschen könne.[8] Für einen jungen Barbaren wie Theoderich musste der Kaiser, der mit großem Pomp in der Öffentlichkeit auftrat und dem man sich nur nach festen Regeln nähern durfte, als eine allmächtige und übermenschliche Person erscheinen. In Konstantinopel dürfte er indes alsbald erkannt haben, dass er so mächtig gar nicht war, Barbaren in seiner Umgebung über großen Einfluss verfügten und Intrigen sowie Machtkämpfe das Leben am Hofe bestimmten. Mit Leo I. stand damals ein Thraker aus dem Volk der Bessen an der Spitze des Reiches. Seine Herrschaft hatte er dem Heermeister Aspar, einem Alanen, zu verdanken. Dieser hatte 457 nicht Anthemius, den Schwiegersohn des gerade verstorbenen Kaisers Marcian, sondern mit Leo I. den Tribunen einer Garnison am Marmarameer favorisiert. Gerade die Person und die Vorgehensweise Aspars haben Theoderich sehr beeindruckt und beschäftigt. Noch im Jahre 502 erinnerte er sich an einen Ausspruch des einstigen Heermeisters. Als nämlich der Senat von Konstantinopel Aspar aufforderte, sich selbst zum Kaiser auszurufen, soll dieser geantwortet haben, er befürchte, durch ihn reiße diese Gewohnheit in der Herrschaft ein.[9] Er wollte damit wohl zum Ausdruck bringen, dass er lieber selber den Kaiser bestimmen als dessen Amt übernehmen wolle. Zu dieser Überlegung dürften ihn sein arianischer Glauben und seine germanische Herkunft gebracht haben.

Noch während seiner Zeit als Geisel erlebte Theoderich, wie sich der Machtkampf zwischen Leo I. und Aspar zuspitzte. Im Laufe seiner Regierungszeit war der Kaiser stets bestrebt gewesen, den Einfluss des Heermeisters zu mindern und dessen Konkurrenten zu stärken. Mit Leos I. Unterstützung war 467 Anthemius, der 461 noch gegen die pannonischen Goten gekämpft hatte, zum Kaiser des Westreiches aufgestiegen. Ferner konnte sich der Kaiser seit 466 auf einen gewissen Tarasicodissa verlassen. Dieser war als Anführer isaurischer Krieger aus Kleinasien nach Konstantinopel gekommen und nannte sich nach einem Landsmann, der 447 die Hauptstadt erfolgreich verteidigt hatte, Zeno. Er brachte Aspars Sohn, den Heermeister Ardabur, zu Fall, indem er ihn wegen seiner Kontakte zu den Persern des Hochverrats bezichtigte. Leo I. ernannte Zeno daraufhin zum Befehlshaber seiner Leibgarde und gab ihm seine älteste Tochter Ariadne zur Frau. Aspar besaß allerdings großen Rückhalt bei den nicht unweit der Hauptstadt in Thrakien lebenden Goten, auf deren Truppen er sich verlassen konnte, zumal er durch seine dritte Ehefrau mit einem ihrer Befehlshaber verwandtschaftlich verbunden war.[10] Um sich weiterhin die Loyalität seines Heermeisters zu sichern, verlieh Leo I. 470 dessen Sohn Patricius den Titel eines Caesar und vermählte ihn mit seiner Tochter Leontia. Der Machtkampf spitzte sich 471 zu, als Ardabur einen Aufstand anzuzetteln versuchte. Leo I. lud daraufhin ihn und dessen Vater in seinen Palast ein und ließ sie umbringen – eine Tat, die ihm den Beinamen „der Schlächter" einbrachte. Aspars Gefolgschaft konnte noch dessen Ehefrau aus dem Palast befreien und setzte sich nach Thrakien zu Theoderich Strabo ab, der nun die Nachfolge des einst so mächtigen Heermeisters für sich beanspruchte.

Am kaiserlichen Hof konnte Theoderich ferner die Erfahrung machen, wie schwer sich die Römer in ihren Auseinandersetzungen mit barbarischen Völkern taten. Ein besonders lehrreiches Beispiel hierfür boten die Vandalen: Durch Verhandlungen mit ihrem König Geiserich war es Leo I. gelungen, die ehemalige Kaiserin Eudoxia mit ihren Töchtern zu befreien, nachdem eine von ihnen Geiserichs Sohn Hunerich geheiratet hatte. Weil die Vandalen mit ihren Raubzügen dennoch nicht aufhörten, plante Leo I. mit seinem Kollegen im Westen einen Großangriff auf ihr Reich. Den Oberbefehl über die oströmischen Streitkräfte übergab er seinem Schwager Basiliscus. Dessen Flotte vernichtete Geiserich nach einem kurzfristigen Waffenstillstand, und der Feldzug endete mit einem Desaster.

Angesichts dieser Niederlage dürfte bei Theoderich die Erkenntnis gereift sein, dass die Römer den barbarischen Völkern auf dem Balkan nicht grundsätzlich überlegen waren. Vielmehr rieben sich diese selbst durch ihre ständigen Kämpfe untereinander auf, was auch für sein eigenes Volk zutraf, das mehrere Kriege gegen Hunnen, Sarmaten und Germanen zu führen hatte. Allerdings konnten in der Zeit der Geiselhaft Theoderichs die pannonischen Goten ihre Macht stetig ausdehnen und feindliche Nachbarvölker in Schach halten. Nach dem Friedensschluss mit Leo I. zeigten sie sich recht angriffslustig und überfielen die sarmatischen Sadagen im Innern Pannoniens. Als während dieses Feldzuges Attilas Sohn Dengizich nahe Sirmium die Stadt Basiana belagerte, kehrten die Goten um und vertrieben die Hunnen; möglicherweise handelten sie dabei im Auftrag des Kaisers.

Auf einem ihrer Beutezüge von Nordpannonien nach Dalmatien passierten in dieser Zeit die Sueven das Gebiet der Goten und raubten deren Viehherden. Als sie sich zurückzogen, griff Theodemer sie unerwartet am Plattensee an und brachte ihnen eine schwere Niederlage bei. Allerdings war er daran interessiert, sie als Verbündete zu gewinnen, und adoptierte deshalb ihren König Hunimund, der ihm in die Hände gefallen war; danach durfte er in seine Heimat zurückkehren. Hunimund, der nicht von den Goten abhängig sein wollte, wiegelte indes die auf der anderen Seite der Donau wohnenden Skiren gegen die mit ihnen verbündeten Goten auf. Diese wurden zwar von deren Angriff überrascht, konnten aber um 465 in einer Schlacht die Skiren vernichtend schlagen. Jedoch verloren die Goten dabei ihren König Valamer. Seine Nachfolge trat Theodemer an, zu dem die Anhänger seines Bruders geflohen waren.

Die Suevenkönige Hunimund und Alarich schlossen daraufhin mit Sarmaten, Gepiden, Rugiern und den restlichen Skiren ein Bündnis und rückten gegen die Goten vor. Beide Seiten wandten sich damals an Konstantinopel. Während dort der Heermeister Aspar riet, sich aus dem Konflikt herauszuhalten, gab Leo I. an seine illyrischen Truppen den Befehl, die Skiren, die Feinde der Goten, zu unterstützen. Noch bevor die römischen Truppen eingreifen konnten, fiel an der Bolia, einem Fluss in Pannonien, die Entscheidung zu Gunsten der Goten. Im darauf folgenden Winter überquerte Theodemer die zugefrorene Donau und verwüstete das Land der Sueven. Ferner hielten die Goten die Rugier in Schach und hinderten 468 deren König daran, aus dem Gebiet von Ufernoricum nach Italien abzuziehen. Vier Jahre später stießen gotische Truppen in Binnennoricum bis in das Gebiet der oberen Drau vor und belagerten dort die Provinzmetropole Teurnia. Zwar konnten sie die Stadt nicht einnehmen, zwangen aber deren Bewohner, Abgaben an sie zu leisten. Darunter befanden sich zahlreiche Kleidungsstücke, welche die Bürger von Teurnia auf Geheiß des heiligen Severin für die Armen des Landes gesammelt hatten.[11]

Diese Ereignisse fallen in die Zeit, in der Theoderich aus Konstantinopel zurückkehrte. Nach Aspars Ermordung 471 entließ Leo I. ihn aus der Geiselhaft, nicht ohne ihn reich zu beschenken. Offensichtlich wollte er mit dieser großzügigen Geste die Gunst der Goten Theodemers gewinnen, die von ihm zuletzt nicht gerade freundlich behandelt worden waren und nach ihren Erfolgen über die Sueven und Rugier deutlich an Macht gewonnen hatten.

Die Zeit seiner Rückkehr fällt genau in das Jahr, das Theoderich später als Beginn seiner Königsherrschaft propagieren sollte. Man könnte vermuten, dass Theodemer ihn zum Mitregenten erhob und ihm jenes

Gebiet überließ, das einst Valamer gehörte. Theodemer hätte damit sogleich wieder einen Teil seiner Macht an seinen Sohn abgetreten, obwohl dieser mit den Verhältnissen in seinem Reich noch nicht so recht vertraut war. Dies alles ist eher unwahrscheinlich. Vielmehr bezog Theoderich den Beginn seiner Regierungszeit auf ein Ereignis, über das Jordanes wie folgt berichtet:

Dieser Theoderich, der schon in das Jünglingsalter kam und die Kindheit hinter sich gelassen hatte – er war 18 Jahre alt –, holte sich zuverlässige Gefährten seines Vaters und scharte Anhänger aus dem Volk und Gefolgsleute um sich, fast 6000 Mann, mit denen er ohne Wissen seines Vaters über die Donau setzte und Babai, den König der Sarmaten, überfiel, der damals über Camundus, den Heerführer der Römer, einen Sieg errungen hatte und von Hochmut aufgebläht herrschte. Theoderich überfiel ihn, tötete ihn, raubte seine Familie und sein Vermögen und kehrte mit dem Sieg zu seinem Vater zurück. Sodann drang er in die Stadt Singidunum ein, welche die Sarmaten selbst besetzt hatten; er gab sie nicht den Römern zurück, sondern unterwarf sie seiner Gewalt.[12] Theoderich hatte demnach den Herrschaftsbereich der Goten ausgedehnt und ein Gebiet erobert, das er aufgrund seines Erfolges ohne weiteres für sich beanspruchen konnte.

Bald darauf war er aber wie sein Vater ein König ohne Land; denn bereits 473 verließen die Goten ihre pannonischen Gebiete, obwohl sie auf ihren Feldzügen so erfolgreich gewesen waren. Immer mehr fehlte es ihnen an Lebensmitteln und Kleidung, nicht zuletzt weil ihre Beute aus den Feldzügen gegen benachbarte Völker – auch nach dem Einfall in Noricum – weiter abnahm. Viele Goten drängten daher Theodemer, das Land zu verlassen. Hinzu dürften Rivalitäten zwischen den beiden Amalern Vidimer und Theodemer gekommen sein. In dieser Lage entschied das Los, dass Vidimer mit seinem Gefolge nach Italien ziehen sollte, wo er kurz darauf starb. Sein gleichnamiger Sohn folgte ihm dort in der Herrschaft, hielt sich aber nicht lange in Italien auf. Der weströmische Kaiser Glycerius schickte ihn 473/474 nach Gallien, wo sich seine Gefolgschaft mit den Westgoten vereinigte. Theodemer war nun, nachdem sein Bruder die Gegend verlassen hatte, das alleinige Oberhaupt der pannonischen Goten. Mit ihm und Theoderich zogen sie weiter nach Illyricum – in der Hoffnung auf eine bessere Zukunft.

II. Feldzüge auf dem Balkan

Mit dem Abzug der Goten aus Pannonien verlor Theoderich nicht nur nach kurzer Zeit sein gerade erworbenes Territorium, sondern musste sich auch völlig dem Oberbefehl seines Vaters unterordnen. In der darauf folgenden Zeit bis 488 gelang es ihm jedoch, als alleiniger König die Macht seines Stammes zu erweitern und im Dienst des römischen Kaisers zu besonderen Ehrungen und Auszeichnungen zu gelangen wie kaum ein germanischer Heerführer vor ihm. Dadurch wurde er aber auch immer mehr in die Machtkämpfe am Hof und in viele sinnlose Feldzüge verwickelt, die sein Verhältnis zum oströmischen Kaiser belasteten.

Zunächst entwickelten sich die Ereignisse für die pannonischen Goten aber nicht dramatischer, als zu erwarten gewesen wäre. Nachdem sie ihre Wohngebiete verlassen hatten, setzten sie ungehindert über die Save. Die Sarmaten verhielten sich ruhig, und auch römische Truppen scheinen die Goten nicht an ihrem Vormarsch gehindert zu haben. Ohne nennenswerten Widerstand ergab sich ihnen Naissus, ein verkehrstechnisch günstig gelegener Handelsmittelpunkt in Mösien, wo Theodemer und Theoderich ihr Quartier aufschlugen. Wahrscheinlich verbrachten sie und ihre Gefolgsleute hier den Winter von 473 auf 474.

Da sich die Goten vor römischen Angriffen nicht sicher fühlten, teilten sie sich bei ihrem weiteren Vormarsch auf (Abb. 2). Unterstützt von den Heerführern Astat und Invilia zog Theoderich mit seinen Kriegern über Castrum Herculis und Ulpiana und eroberte die makedonische Stadt Stobi. Dann stieß er bis nach Thessalien vor und brachte die Städte Heraclea und Larissa in seine Gewalt. Durch diesen Erfolg seines Sohnes ermutigt, verließ auch Theodemer Naissus, nicht ohne eine gotische Garnison zur Bewachung der Stadt zurückzulassen. Sein Ziel war Thessalonica, die wohlhabende Hafenstadt am Thermaischen Golf. Sie war indes stark befestigt und beherbergte in ihren Mauern Truppen, die der Patricius und Leiter der kaiserlichen Kanzleien Hilarianus befehligte. Dieser ließ es auf keine bewaffnete Auseinandersetzung mit den Goten ankommen, sondern einigte sich mit Theodemer darauf, dass dessen Leute in Makedonien Land zugewiesen bekamen. Ihr neues Territorium umfasste die Städte Cyrrhus, Pella, Europus, Methone, Pydna, Beroea und Dium. Die Goten hatten damit ein fruchtbares Gebiet er-

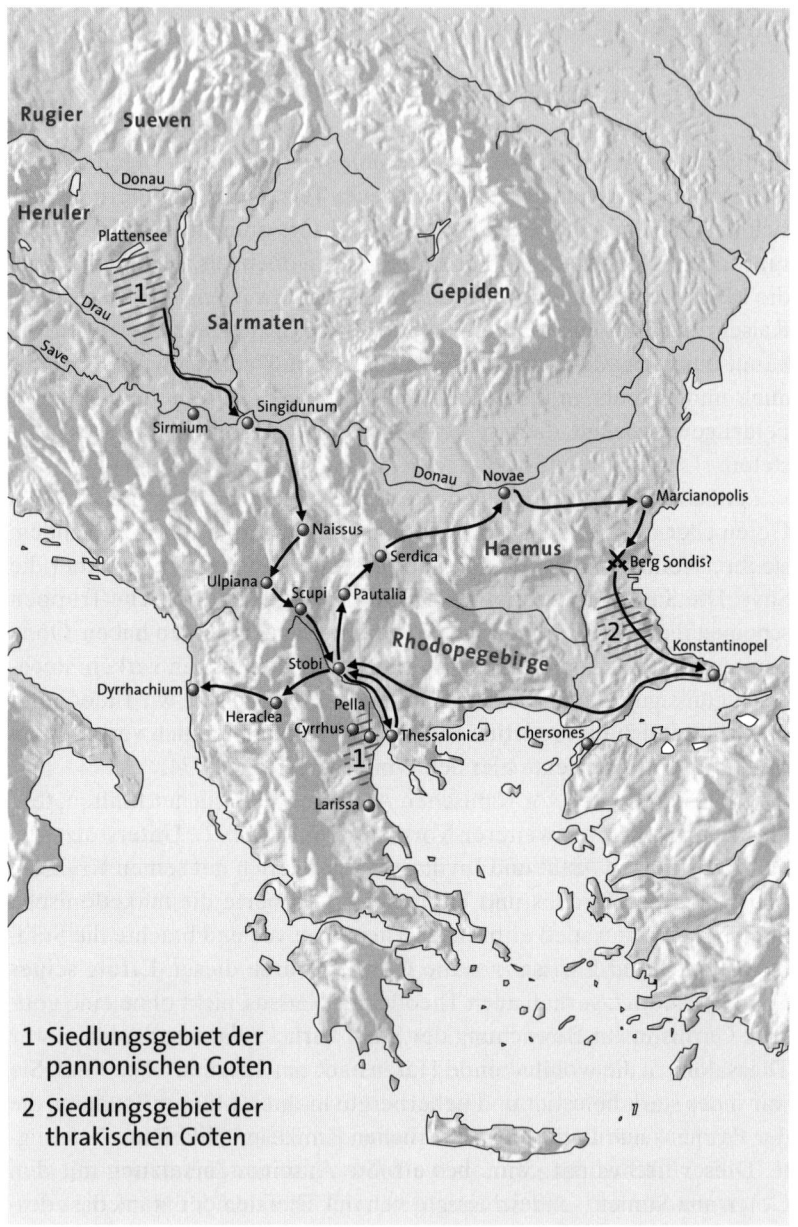

Abb. 2: Wanderungsbewegungen und Feldzüge der pannonischen Goten in der Zeit von 473–480.

halten, durch das mit der Via Egnatia eine wichtige Staatsstraße von Dyrrhachium nach Konstantinopel verlief und in dem sich andere Verbindungswege zur Donau und nach Griechenland kreuzten. Für die Römer hatte Hilarianus mit dem Abkommen erreicht, dass die Goten weit genug von der Hauptstadt fern blieben.[1]

Bald nach diesem Friedensschluss erkrankte Theodemer schwer. In Cyrrhus hielt er noch 474 eine Versammlung seiner Goten ab und bestimmte den erst zwanzigjährigen Theoderich zu seinem Nachfolger, bevor er starb. Damit begann die zweite Phase in der Herrschaft Theoderichs. Er wurde ohne Widerstand als alleiniger König der Goten akzeptiert, was für das gestiegene Ansehen seines Vaters und der Familie der Amaler, aber auch für seine unumstrittene Anerkennung als Heerführer spricht. Seinen jüngeren Bruder Theodemund beteiligte er nicht an der Herrschaft; eine Teilung der Macht wie zu Zeiten Valamers und seiner Brüder kam für Theoderich offensichtlich nicht mehr in Frage.

Obwohl die Goten von Pannonien rund 1200 km weit gezogen waren, blieben sie nicht lange in Makedonien; denn bald darauf brachen sie abermals auf – diesmal etwa 400 km nach Nordosten.[2] Erneut ließen sie sich im römischen Grenzgebiet nieder, diesmal im Gebiet von Novae in Niedermösien. Offensichtlich fühlten sie sich dort sicherer als in Makedonien, das ihnen zu zentral lag. Da ihnen Hilarianus anscheinend keine Subsidien und ihren Anführern keine Ehrenstellungen versprochen hatte, dürfte ihnen der Abmarsch umso leichter gefallen sein. Trotzdem befanden sie sich in Niedermösien weiterhin in Reichweite des Kaisers für den Fall, dass dieser ihre Unterstützung benötigte.[3]

In der Tat erreichte Theoderich in Novae ein Hilfegesuch Zenos (Abb. 3), der den Goten aus dessen Zeit als Geisel am Hof kannte. Zeno hatte sich einige Tage nach dem Tod Leos I. am 9. Februar 474 zum Mitkaiser des erst siebenjährigen gleichnamigen Enkels Leos ausrufen lassen. Als dieser Leo II. Ende 474 starb, zettelte der Heermeister Basiliscus mit Unterstützung seiner Schwester Verina, der Witwe Leos I., und deren Neffen Armatus sowie des isaurischen Generals Illus eine Verschwörung gegen Zeno an. Der Kaiser musste sich daraufhin aus Konstantinopel zurückziehen und Basiliscus den Thron überlassen.

In die Verschwörung war auch ein Gote namens Theoderich mit dem Beinamen Strabo („der Schieler") verwickelt. Trotz der Namensgleichheit war er mit dem Amaler Theoderich nicht verwandt. Damit sie nicht verwechselt werden können, werden sie im Folgenden als Strabo und Amaler bezeichnet.

Abb. 3: Münzbild des oströmischen Kaisers Zeno (474–491).

Strabo gehörte zu den in Thrakien lebenden Goten. Als Neffe von Aspars dritter Ehefrau verfügte er über gute Kontakte zum kaiserlichen Hof. Nach der Ermordung des Heermeisters, Zenos mächtigen Gegenspielers, hatte er seine Rivalen beseitigt und die in Thrakien lebenden Goten unter seiner alleinigen Herrschaft vereinigt. Da Strabo wohl mehr als 12 000 Soldaten stellen konnte, war er für Leo I. zu einem wichtigen Machtfaktor geworden, zumal die Goten nicht weit von der kaiserlichen Residenz siedelten. 473 schlossen Theoderich Strabo und Leo I. ein Bündnis. In ihm verpflichtete sich der Kaiser, den Goten jährlich 2000 Pfund Gold zu zahlen; Strabo erhielt den Rang des oberen Heermeisters am Hofe. Leo I. willigte außerdem ein, ihn als alleinigen Herrscher der Goten zu akzeptieren und keine gotischen Deserteure aufzunehmen. Als Gegenleistung musste Strabo gegen jeden Feind des Kaisers kämpfen, mit Ausnahme der Vandalen.[4] Die thrakischen Goten befanden sich damit in einer viel günstigeren Lage als ihre pannonischen Stammesbrüder.[5]

Zeno setzte bei seiner Machtübernahme denn auch sogleich Strabo als Heermeister ab und stellte die Subsidienzahlungen für dessen Heer ein. Basiliscus wiederum gab nach der Vertreibung Zenos den thrakischen Goten ihre Rechte zurück und ernannte im Januar 475 Strabo erneut zum Heermeister am Hofe. Während seines Exils bemühte sich Zeno um die Unterstützung verschiedener mächtiger Personen – so auch, wie bereits erwähnt, um die des Amalers Theoderich. Er, der wahrscheinlich über 15 000 Mann verfügte, ließ sich auf dieses Machtspiel ein und konnte nun die thrakischen Goten von Nordwesten aus bedrohen.

Bereits im August 476 gelang Zeno die Rückkehr nach Konstantinopel, nachdem Armatus und Illus zu ihm übergelaufen waren und Basiliscus getötet worden war. Auch Strabo hatte sich von dem Usurpator abgewandt, da er sich von ihm zurückgesetzt fühlte. Zudem befürchtete er nun einen Konflikt mit den nach Novae vorgerückten pannonischen Goten. Sein Seitenwechsel kam jedoch zu spät, um die Gunst Zenos zu gewinnen. Dieser ernannte nach seiner Rückkehr anstelle von Strabo 476 den Amaler Theoderich zum Heermeister am Hofe und verlieh ihm den mit diesem Amt verbundenen Ehrentitel Patricius. Theoderich hatte damit, ohne eine militärische Laufbahn absolviert zu haben, die ranghöchste Stelle eines Befehlshabers im römischen Heer erhalten. Das entsprach durchaus der damaligen Praxis, nach der die Kaiser nach Bedarf für sie wichtige Personen zu Heermeistern ernannten. Bedenklich für den Goten war eher die Tatsache, dass er keiner der mächtigen Heermeisterfamilien angehörte und somit ein Emporkömmling innerhalb des spätrömischen Militäradels war. Diesen Makel glich der Kaiser aber kurze Zeit später aus, indem er den Amaler nach germanischer Sitte adoptierte und als seinen Waffensohn anerkannte. Es ist dies die erste bekannte Adoption eines Barbarenfürsten durch einen römischen Kaiser. Auch wenn mit der Waffensohnschaft keine erbrechtlichen Ansprüche verbunden waren, verdeutlichte Zeno mit ihr, dass er den Amaler zu seinen engsten Vertrauten zählte und ihm eine Vorrangstellung unter den mit dem Reich verbündeten Goten einräumte. Dessen pannonische Goten erhielten nun jene Subsidien, die Leo I. den thrakischen Goten zugestanden hatte.[6] Der Amaler hatte damit endlich sein Ziel erreicht, für seine Gefolgsleute mehr Macht und Wohlstand zu erlangen, indem sie ihr Territorium vom Norden weiter nach Südosten in die Nähe der Hauptstadt verlagerten.

Ihre neue Lage machte die pannonischen Goten zu Rivalen ihrer thrakischen Stammesbrüder. Über diese Rivalität, die sich bis 484 hinzog, sind wir phasenweise durch längere Fragmente aus dem Geschichtswerk des Malchus informiert. Die folgenden Ereignisse sind jedoch etwas verwirrend, weil sich Stammesquerelen mit Usurpationsversuchen verbinden, Feinde sich zwischenzeitlich aussöhnen und wieder entzweien. Hinzu kommt ein quellenkritisches Problem: Philologen und Historiker haben die Fragmente aus Malchus' Geschichtswerk unterschiedlich angeordnet, was unweigerlich zu unterschiedlichen Rekonstruktionen der Ereignisse geführt hat. Eine neuere Untersuchung hat sie allerdings in eine Ordnung gebracht, durch die der Ablauf der Ereignisse klarer und übersichtlicher wird.[7]

Theoderich Strabo gab nach dem Verlust seiner Position am kaiserlichen Hof keineswegs auf, sondern setzte seinen ganzen Ehrgeiz darin, sie zurückzuerlangen. Er konnte dabei mit der Rückendeckung des Illus rechnen, den Zeno nach seinem Sieg über den Usurpator Basiliscus zum Patricius und Leiter der kaiserlichen Kanzleien ernannt hatte; denn da Illus den Bruder Zenos gefangen hielt, war der Kaiser bei aller Antipathie auf die Zusammenarbeit mit ihm angewiesen. Es war wahrscheinlich dieser Illus, der Strabo 477 aufforderte, Zeno ein Vertragsangebot zu machen. Nachdem der Senat bereits erklärt hatte, dass die Finanzlage des Staates es nicht zulasse, an beide Goten Subsidien zu zahlen, machte Zeno seinen ganzen Einfluss geltend, um das Bündnis mit dem Amaler aufrechtzuerhalten. Er versammelte alle in Konstantinopel stationierten Truppeneinheiten und heizte die Stimmung gegen Strabo an. Der Kaiser erklärte, Strabo sei den Römern gegenüber stets feindlich gesinnt gewesen, habe den Bewohnern Thrakiens Schaden zugefügt und seinen Gegner Basiliscus unterstützt. Diesen habe er sogar überredet, seine römischen Truppen zu Gunsten der gotischen aufzugeben. Bevor Zeno allerdings Strabos Gesuch abschlägig beschied, ließ er drei Personen inhaftieren, die den Gotenfürsten über die Ereignisse in der Hauptstadt informiert hatten. Ein Senatorengericht verurteilte sie in Illus' Anwesenheit zu ewiger Verbannung.

Im darauf folgenden Jahr konnte der mächtige Hofbeamte es wieder durchsetzen, dass Strabo erneut staatliche Gelder erhielt und als „Freund" angesehen wurde. Der Hintergrund hierfür ist in einem gescheiterten Attentat auf Illus zu suchen, das die Kaiserinmutter Verina veranlasst hatte. Sie musste Zeno nun seinem Gegner ausliefern.

Das Bündnis zwischen Illus und Theoderich Strabo zerbrach bereits wenig später bei einem erneuten Usurpationsversuch. Gegen Ende des Jahres 479 erhob sich der Heermeister Flavius Marcianus, der Sohn des weströmischen Kaisers Anthemius und Ehemann von Leos I. und Verinas Tochter Leontia, gegen die Herrschaft der Isaurier. Er forderte von Illus die Auslieferung seiner Schwiegermutter Verina. Strabo wollte die Gelegenheit nutzen und den Heermeister gegen den Kaiser unterstützen. Als er mit seinen Truppen nach Konstantinopel zog, kam er jedoch zu spät. Illus und Zeno hatten die Revolte bereits niedergeschlagen. Der Heerführer der thrakischen Goten gab nun vor, er habe den Kaiser und seine Stadt verteidigen wollen. Zeno lobte ihn denn auch für seinen Einsatz und bat ihn zugleich umzukehren. Strabo weigerte sich jedoch; seine Soldaten seien zu erschöpft, um sich sofort wieder zurückzuziehen. Dies konnte Zeno nicht hinnehmen. Er befürchtete Unruhen in der Hauptstadt, solange die thrakischen Goten vor ihren Toren lagerten. Mit großen Geldsummen sowie mit Drohungen und Versprechungen bewog er sie und Strabo abzuziehen. Trotz mehrmaliger Bitten des Kaisers weigerte sich der Gotenkönig allerdings, die Verschwörer auszuliefern, die zu ihm geflohen waren.

Der Amaler Theoderich betrachtete diese Ereignisse aus der Distanz und verhielt sich zunächst ruhig und abwartend. Er sah keinen Nutzen darin, sich in die innenpolitischen Angelegenheiten einzumischen. Strabo hatte zwar vor Konstantinopel eindrucksvoll seine Macht demonstriert, der Amaler brauchte dennoch nichts von seinem gotischen Gegner zu befürchten, da dieser mit seiner vorschnellen Aktion seinen alten Verbündeten Illus gegen sich aufgebracht hatte. Angesichts dieser Lage begann Zeno Strabo zu provozieren. Durch Gesandte schlug er dem Gotenfürsten vor, seinen Sohn als Geisel auszuliefern und selbst als Privatmann in Konstantinopel zu leben. Als Gegenleistung garantierte er ihm seinen erworbenen Besitz, forderte ihn aber gleichzeitig auf, keine Unruhe zu stiften. Strabo lehnte dieses Ansinnen mit der Begründung ab, er habe eine Menge Leute, die zu ihm gekommen seien, zu versorgen oder mit ihnen Krieg zu führen.[8]

Zeno suchte jetzt die Entscheidung gegen Strabo, indem er vom Schwarzen Meer, aus Kleinasien und den östlichen Bezirken Truppen zusammenzog. Den Oberbefehl sollte anfänglich der Leiter der Hofkanzleien Illus übernehmen. Als Zeno dann aber den Heermeister Martinianus berief, verunsicherte das die Soldaten, und es kam zu Unruhen im Heer. Zeno forderte daraufhin den Amaler Theoderich auf, nicht länger einer Schlacht auszuweichen und die Erwartungen zu erfüllen, die man in ihn als römischen Heermeister gesetzt habe. Der Amaler war aber angesichts der Ereignisse der letzten Zeit vorsichtig geworden. Er wollte sich und seine Soldaten nicht unnötig der Gefahr aussetzen und dachte nicht daran, in einem Feldzug seine Kräfte zu verschleißen; denn nach der Zurücksetzung des Illus konnte es sein, dass dessen Partner die Seite wechselten und er somit allein dastand. Daher insistierte er darauf, dass Kaiser und Senat in einem Eid schworen, nie mit Theoderich Strabo ein Abkommen einzugehen. In der Tat legten der Senat und die führenden Amtsträger einen Schwur ab, allerdings mit dem Zusatz, sofern der Kaiser es nicht anders wolle. Zeno selbst schwor, seinerseits die bestehenden Verträge einzuhalten, sofern der Amaler sie nicht breche.

Dieser fühlte sich jetzt sicher genug und zog seine Streitkräfte bei Marcianopolis zusammen. Vor dem Haemus sollte ihn der für Thrakien zuständige Heermeister mit 2000 Reitern und 10000 Fußsoldaten empfangen. Nach der Überquerung des Gebirges war bei Adrianopel ein weiterer Zuwachs um 6000 beziehungsweise 20000 Mann geplant. Des Amalers Streitmacht hätte dann ungefähr 50000 Personen umfasst und wäre den thrakischen Goten um das Vier- bis Fünffache überlegen gewesen. Falls notwendig, hätten aus Heraclea und den Garnisonen in der Umgebung Konstantinopels weitere Streitkräfte angefordert werden können.

An dem vereinbarten Ort traf der Amaler allerdings weder auf den thrakischen Heermeister noch auf die versprochenen Einheiten. Dies mag keine böse Absicht gewesen sein: Da unter den kaiserlichen Truppen Unruhe herrschte, hatte sich deren Aufstellung verzögert. Bei dem Amaler weckte die Situation aber großes Misstrauen, als auch die für ihn bestimmten Subsidienzahlungen ausblieben. Überdies fühlte er sich verraten, weil die Wegführer, die ihm begegnet waren, sich sehr unvorsichtig verhielten; denn sie führten seine Reiterei, die Wagen und die ganze Fourage über steile Gebirgswege, sodass sie dem Feind ein leichtes Angriffsziel boten. Am Fuße des Berges Sondis stieß der Amaler dann auch mit seinem Gefolge überraschend auf seinen Gegner Strabo. Diese Begegnung gefährdete die politische Existenz des Amalers. Infolge des Feldzuges hatten seine Gefolgsleute hohe Verluste hinnehmen müssen und vor allem viele Pferde verloren. Am Sondis raubten die pannonischen und thrakischen Goten sich nun gegenseitig ihre Herden und versuchten möglichst viel Beute beim Gegner zu machen. Dabei kam es zu persönlichen Auseinandersetzungen, die Strabo psychologisch geschickt für sich ausnutzen konnte. Bei den pannonischen Goten, die sich ohnehin von den Römern getäuscht fühlten und wegen ihrer Verluste entmutigt waren, steigerte er die Unzufriedenheit. Strabo überzeugte sie davon, dass der Kaiser letztlich von der Zwietracht unter den Goten profitierte. Immer mehr Gefolgsleute des Amalers berieten sich daraufhin mit ihren Befehlshabern und waren bereit, zu Strabo überzulaufen. Angesichts dieser Lage und um seine Machtposition nicht zu gefährden ließ der Amaler mit seinem Namensvetter ein Treffen vereinbaren, das an einem Fluss stattfinden sollte. Das Misstrauen zwischen ihnen war indes sehr groß. Nach dem Bericht des oströmischen Historikers Malchus blieb jeder auf seiner Seite des Ufers stehen. Über das Wasser hinweg sollen sie dann – wohl durch Zuruf – vereinbart haben, nicht mehr gegeneinander zu kämpfen; jeder solle tun, was für ihn vorteilhaft sei. Nachdem sie sich dies gegenseitig geschworen hatten, schickten beide Gesandte nach Konstantinopel.

Der Amaler wähnte sich wegen dieses Bündnisses in einer starken Position. Bei Zeno beschwerte er sich jetzt darüber, dass dieser ein Abkommen mit Strabo geschlossen und ihn damit hintergangen habe. Er forderte die Zuweisung von Land und ausreichend Getreide für seine Truppen bis zur nächsten Ernte. Kaiserliche Finanzbeamte, welche die Getreidespeicher beaufsichtigten, sollten ihm überdies Rechenschaft über ihre Einnahmen ablegen, ansonsten könne er seine Soldaten nicht von Plünderungen abhalten. Der Kaiser wies die Vorwürfe des Gotenkönigs zurück und warf ihm seinerseits dessen Bündnis mit Strabo vor, das den thrakischen Heermeister erst davon abgehalten habe, sich den Goten anzuschließen. Da Zeno den Amaler aber weiterhin für seine Ziele einspannen wollte, ließ er es nicht zu einem Bruch kommen. Das Verhalten des Kaisers kann man auch dahingehend interpretieren, dass er insgeheim hoffte, die beiden Gotenheere würden sich früher oder später gegenseitig bekämpfen und aufreiben. Daher versprach er im Falle eines erfolgreichen Feldzuges und eines Sieges über Strabo dem Amaler eine reiche Belohnung im Wert von 1000 Pfund Gold, 40 000 Pfund Silber und jährliche Subsidien im Wert von 10 000 Solidi.[9] Zudem wurde ihm die Ehe mit der Tochter des ehemaligen weströmischen Kaisers Anicius Olybrius oder einer anderen Frau aus den höchsten Kreisen Konstantinopels zugesagt. Auf die Forderungen, die der Amaler seinerseits gestellt hatte, ging Zeno nicht weiter ein. Der Gote ließ sich indes auch von zwei Unterhändlern des Kaisers nicht von seinem Bündnis mit Strabo abbringen. Um seinem Standpunkt Nachdruck zu verleihen, ordnete er Angriffe kleinerer Einheiten an, die bis zur Chersones vordrangen. Mit seiner harten Haltung sollte der Amaler zunächst Recht behalten. Statt zurückzuschlagen, blies der Kaiser sogar einen schon geplanten Feldzug gegen ihn ab und ließ die Soldaten in ihre Winterquartiere einrücken, was diese nur widerwillig befolgten.[10]

Plündernd und mordend zogen die Truppen des Amalers damals durch das Rhodopegebirge, und selbst hohe Verluste im Kampf mit römischen Einheiten konnten sie nicht abhalten. Ihr König zog weiter nach Makedonien und verwüstete dort Stobi, wie bereits sechs Jahre zuvor. Die Bewohner von Thessalonica versetzte er damit in Angst und Schrecken. Da keine kaiserlichen Truppen erschienen, die ihnen hätten helfen können, glaubten sie, Zeno wolle ihre Stadt dem Feind überlassen. Als der Amaler und sein Heer bereits vor den Toren standen, organisierten sie rasch eine Bürgerwehr. Da schließlich schickte Zeno zwei Unterhändler zu dem Gotenkönig, denen es gelang, den Amaler zum Einlenken zu bewegen. Er zeigte sich gesprächsbereit und schickte seinerseits eine Gesandtschaft nach Konstantinopel. Zudem hielt er seine Soldaten davon ab, Brände zu legen und zu morden, zog aber plündernd mit ihnen weiter. Als er zu der makedonischen Stadt Heraclea Lynkestis kam, beschenkte ihn deren Bischof reichlich. Daraufhin ließ er Land und Leute unversehrt und seine Truppen von den umliegenden Gütern maßvoll versorgen.

Des Amalers Drohgebärde – seine Raubzüge und Plünderungen – zeigte Wirkung: In Konstantinopel erreichten seine Gesandten, dass Zeno einen ranghohen Senator, den ehemaligen Stadtpräfekten Adamantius, zu ihm schickte. Dieser sollte ihn von Raubzügen abhalten, indem er ihm Land im Gebiet von Pautalia – zwischen Stobi und Serdica – zur Ansiedlung versprach. Aus römischer Sicht hatte dies zwei Vorteile: Zum einen konnte der Amaler von dort mit seinen Truppen schnell in Thrakien gegen Strabo einmarschieren, zum anderen hätten die in Illyrien und Thrakien stationierten römischen Truppen die Goten des Amalers besser in Schach halten können. Es war indes zu befürchten, dass dieser nicht nach Pautalia gehen wollte, weil keine Ernte zu erwarten war und seine Soldaten daher nicht versorgt werden konnten. Auch für diesen Fall hatte Zeno vorgesorgt. Sein Unterhändler erhielt 200 Pfund Gold, um von den lokalen Behörden die nötigen Lebensmittel kaufen zu können.

Feldzüge auf dem Balkan

Allerdings kam es zu keinen Verhandlungen mit dem Amaler, da sich Adamantius nach Thessalonica begab. Die dort stationierten Soldaten hatten den Prätorianerpräfekten bedroht. Um eine weitere Eskalation des Streites zu verhindern, beauftragte Zeno seinen Gesandten, ihn zu schlichten. Der Amaler, der vielleicht schon von den kaiserlichen Plänen erfahren hatte, nutzte die Gelegenheit, seine Position weiter zu verbessern. Sein Ziel war, Dyrrhachium einzunehmen, eine reiche und befestigte Hafenstadt an der Adriaküste, von der aus man leicht Epirus kontrollieren und relativ schnell nach Italien übersetzen konnte. Um dies zu verwirklichen, bediente sich der Amaler einer List seines einflussreichen Landsmanns Sidimund, der in Epirus lebte. Er besaß dort große Ländereien und empfing Gelder vom Kaiser. Da Sidimunds Cousin Aedoingus Befehlshaber der kaiserlichen Garde und zudem mit der Kaiserwitwe Verina verwandt war, besaß er gute Kontakte zum Hof in Konstantinopel. Er versprach sich von der Ankunft des Amalers viel und nutzte seine Stellung und sein Ansehen bei der Bevölkerung von Dyrrhachium, indem er ihr erzählte, die Goten rückten mit Erlaubnis Zenos heran; zum Beweis verwies er auf die Anreise des kaiserlichen Gesandten Adamantius. Angesichts dieser Lage sei es besser, wenn die Einwohner so schnell wie möglich mit ihrem Besitz auf die Inseln oder in andere Städte flöhen. Selbst die 2000 Mann starke Besatzung Dyrrhachiums, gegen die der Amaler die Hafenstadt schlecht hätte erobern können, vermochte Sidimund zum Abzug zu bewegen.

Der Amaler gab währenddessen vor, auf die kaiserliche Gesandtschaft zu warten. In dieser Zeit traf ihn ein familiärer Schicksalsschlag: Seine namentlich nicht bekannte Schwester erkrankte schwer und starb bald darauf. Dies änderte aber nichts an seinem weiteren Vorgehen. Von der Stadt Heraclea forderte er eine Menge Getreide und Wein als Verpflegung für seine Soldaten. Deren Bewohner hatten sich indes, wohl ahnend, was ihnen bevorstand, in eine Festung zurückgezogen und erklärten, sie seien nicht in der Lage, solchen Forderungen nachzukommen. Daraufhin brannten die Goten den größten Teil der verlassenen Stadt nieder und brachen auf einem schwierigen und engen Weg nach Dyrrhachium auf. Dem Heer voraus schickte der Amaler seine Reiterei. Durch Überraschungsangriffe vertrieb sie Garnisonen, die sich ihr in den Weg stellten. Das übrige Gotenheer hatte der König in drei Kolonnen eingeteilt; die erste befehligte er selbst, die zweite Soas, sein fähigster Befehlshaber, und die Nachhut sein Bruder Theodemund. Als die Goten die Berge überwunden hatten, befahl der Amaler dem Tross, langsamer zu folgen, da durch römische Truppen keine Gefahr zu drohen schien und er mit seinen Soldaten so schnell wie möglich vorrücken wollte. Der Versuch, Lychnidus zu erobern, misslang aber, da die Stadt gut versorgt und befestigt war. Dafür nahm der Amaler das bereits evakuierte Scampia ein und eroberte schließlich im Sommer 480 Dyrrhachium.

Der kaiserliche Gesandte Adamantius war über diesen Coup verärgert, musste er doch um den Erfolg seiner Mission fürchten. Er schickte Kuriere zu dem Gotenkönig, die sich über dessen Vorgehen beschwerten. Ferner forderte er ihn auf, keine Schiffe in Dyrrhachium zu beschlagnahmen und auf seine Ankunft zu warten. Adamantius glaubte offensichtlich noch an eine friedliche Übereinkunft mit den Goten, zumal den Römern für einen Kampf nicht genügend Truppen zur Verfügung standen. Allerdings war Sabinianus Magnus, dem Adamantius gerade erst die Ernennung zum Heermeister für Illyrien überbracht hatte, ganz anderer Ansicht. Er war zum Kampf entschlossen und begann sogleich, ein Heer zusammenzustellen. Der Amaler ahnte davon noch nichts und wähnte sich weiterhin in einer starken Position. Erneut empfing er einen Kurier des Adamantius, der ihm als mögliche Verhandlungsorte Lychnidus oder Dyrrhachium vorschlug. Für den Fall, dass der kaiserliche Gesandte nach Dyrrhachium käme, sollte der Amaler als Gewähr für seine Sicherheit den Römern zwei hochrangige gotische Befehlshaber als Geiseln übergeben. Zum Verhandlungsort bestimmte er Dyrrhachium, weil er sich dort sicher glaubte, und schickte daher die beiden Geiseln los. Er befahl ihnen aber in Scampia zu bleiben, bis Sabinianus Magnus einem Abgesandten geschworen habe, ihnen kein Leid zuzufügen. Der Heermeister verweigerte aber getreu seiner Einstellung den Goten gegenüber den Schwur. Da es Adamantius nicht gelang, ihn von seiner starren Haltung abzubringen, ergriff er die Initiative und zog mit nur 200 Soldaten Begleitschutz nach Dyrrhachium.

Nahe der Hafenstadt besetzte Adamantius eine Befestigung oberhalb eines Flusses. Dort traf er sich mit dem Amaler, nachdem sich beide durch Soldaten gegen eventuelle Übergriffe des anderen abgesichert hatten. Zu Beginn der Unterredung warf der Gote dem kaiserlichen Gesandten vor, wie sehr man ihn bei Beginn des Feldzuges gegen Strabo im Stich gelassen habe. Adamantius wies die Vorwürfe zurück und versuchte seinerseits den Amaler einzuschüchtern. Er erinnerte ihn daran, wie sehr der Kaiser ihn geehrt und beschenkt habe und dass die Goten nur aus Thrakien hätten abziehen können, weil die Römer es zugelassen hätten. Ferner forderte er den Amaler auf, angesichts der römischen Übermacht Vernunft zu zeigen und Epirus zu verlassen. Um aber den Goten nicht ganz gegen sich aufzubringen, unterbreitete er ihm zum Abschluss seiner Rede erneut das Angebot Zenos, mit seinen Leuten nach Pautalia in die Provinz Dardania zu ziehen, wo sie schönes und fruchtbares Land erwarte, das nicht bewohnt sei und das ganze Gotenheer ernähren könne. Der Amaler beugte sich fürs Erste den Argumenten des Adamantius und schwor, das Angebot anzunehmen, forderte aber angesichts des langen Marsches und der großen Entbehrungen, die auf sein Gefolge warteten, die lange Reise dorthin auf das kommende Frühjahr zu verschieben. Den Winter wollte er noch in Dyrrhachium verbringen, aber keine weiteren Raubzüge unternehmen. Als Sicherheit dafür versprach er, seinen persönlichen Besitz und alle Leute, die nicht kämpfen konnten, einer Stadt nach Wahl des Kaisers zu überlassen sowie seine Mutter und eine Schwester als Geiseln zu stellen. Als Gegenleistung für das angebotene Siedlungsland wollte er sich mit 6000 seiner besten Krieger sobald wie möglich an einem Feldzug gegen die in Thrakien wohnenden Goten Strabos beteiligen. Gleichzeitig verlieh er seiner Hoffnung Ausdruck, dass er im Falle eines Sieges wieder zum Heermeister ernannt werde und als Bürger in Konstantinopel leben dürfe. Zudem erklärte er sich bereit, anschließend auf Befehl Zenos nach Dalmatien zu gehen, um dem aus Italien geflohenen Kaiser Julius Nepos wieder auf den Thron zu helfen.

Adamantius verhielt sich gegenüber derartigen Zukunftsplänen zurückhaltend, war es doch vorrangig sein Ziel, dass die Goten die Adriaküste verließen. Um Zeit zu gewinnen, wies er deshalb darauf hin, er müsse dem Kaiser erst berichten, ehe er weitere Zusagen machen könne. Allerdings erübrigte sich seine Vorsichtsmaßnahme; denn von Lychnidus aus, wo er viele Truppen gesammelt hatte, griff der illyrische Heermeister Sabinianus Magnus den gotischen Tross an, den Theodemund befehligte und bei dem sich auch Theoderichs Mutter Erelieva befand. Sie und ihr Sohn konnten den Verfolgern entkommen, indem sie eine Brücke über eine Felsenschlucht hinter sich zum Einsturz brachten. Sie nahmen dabei sogar in Kauf, dass sie ihren eigenen Leuten den Fluchtweg abschnitten und damit den feindlichen Truppen auslieferten. Die Römer nahmen mehr als 5000 Goten gefangen und erbeuteten 2000 Wagen. Mit seinem Erfolg vereitelte Sabinianus Magnus einen Friedensschluss mit dem Amaler. Sowohl er als auch Adamantius, mit dem er in Lychnidus wieder zusammentraf, berichteten Zeno über ihre Begegnungen mit den Goten. In seinem Schreiben sprach sich der Heermeister, der seinen Erfolg stark aufbauschte, gegen ein Übereinkommen mit ihnen aus. Zeno entschied sich dann ganz in dessen Sinne für weitere Angriffe. Allerdings blieb es Adamantius vorbehalten, die Befehle des Kaisers den versammelten Truppen zu verlesen, bevor er sich zurückzog. Sabinianus Magnus befand sich auch insofern in einer günstigen Lage, als er mit der Unterstützung Gentos rechnen konnte, eines Goten, der mit einer Römerin aus Epirus verheiratet war und der über eine eigene Streitmacht verfügte.[11]

In der Zwischenzeit wandte sich Zeno wieder Theoderich Strabo zu. Dies tat er nicht ganz freiwillig, denn die innenpolitische Lage eskalierte erneut. Der Usurpator Marcianus, den er nach dessen gescheiterter Machtergreifung in Kappadokien inhaftiert hatte, war nämlich aus der Gefangenschaft entflohen und rückte nun mit einer großen Schar aufrührerischer Bauern an. In dieser Lage ging Zeno auf die Forderungen Strabos ein, die dieser bereits nach seinem Treffen mit dem Amaler gestellt hatte. Damals hatte er verlangt, den von ihm mit Leo I. geschlossenen Vertrag einzuhalten, die noch ausstehenden Gelder zu zahlen und seine Verwandten, die sich in römischem Gewahrsam befanden, lebend auszuliefern. Im Frühjahr 480 musste sich der Kaiser kompromissbereit zeigen, um zu verhindern, dass Strabo dem Usurpator Marcianus erneut half, indem er die Hauptstadt von Westen angriff. Der Kaiser bot Strabo Lebensmittel, Sold für 13 000 Mann und den Befehl über zwei Reitertruppen an. Ferner sollte Strabo seinen früheren Besitz zurückerhalten und wieder als Heermeister am Hofe anstelle des Amalers eingesetzt werden. Die Verwandten des thrakischen Gotenfürsten behielt Zeno als Sicherheitsgarantie für sich. Sie erhielten ihren Besitz zurück und hatten in einer vom Kaiser festgelegten Stadt zu leben.[12]

Der Amaler Theoderich besaß jetzt keinen Bündnispartner mehr, sondern war ganz auf sich allein angewiesen. Allerdings brauchte er in Dyrrhachium keine schwerwiegenden Kämpfe zu befürchten. Bereits im Sommer 480 zerbrach die Allianz zwischen dem Kaiser und Strabo wieder. Der Bruder des Hofministers Illus, Trokundes, der das Heermeisteramt für den Osten bekleidete, schlug den Aufstand in Kleinasien nieder, nahm Marcianus gefangen und brachte ihn nach Isaurien. Damit war Zeno nicht mehr auf die Unterstützung durch Strabo angewiesen, setzte den Gotenfürsten wegen dessen Beteiligung an der Verschwörung von seinem Amt ab und übertrug es Trokundes.[13]

Strabo nahm sogleich Kontakt zu seinem Namensvetter in Epirus auf, verbündete sich mit dem Amaler und plünderte Städte in Thrakien. Zeno holte daraufhin erstmals die Bulgaren zu Hilfe.[14] Strabo konnte diese aber mühelos besiegen und griff jetzt zweimal Konstantinopel an; Illus konnte allerdings die Stadt erfolgreich verteidigen. Ebenfalls scheiterte Strabos Versuch, über den Bosporus nach Bithynien überzusetzen. Er soll damals eine Streitmacht von 30 000 Mann angeführt haben, darunter nicht nur Goten, sondern auch Verbündete. Nach diesen Misserfolgen wandte er sich nach Westen in Richtung Griechenland, wohl um sich mit den Truppen des Amalers in Epirus zusammenzuschließen. Da ereignete sich 481 ein folgenschwerer Unfall. Bei Stabulum Diomedis an der makedonischen Grenze fiel Strabo von seinem Pferd in eine aufrecht stehende Lanze und starb. Seine Nachfolge trat sein Sohn Rekitach zusammen mit den Brüdern seines Vaters an. Er ließ sie jedoch alsbald umbringen, um allein zu herrschen.[15]

Wesentlich ruhiger war die Lage für die pannonischen Goten, zumal sich deren Verhältnis zu Zeno verbesserte. Von Dyrrhachium aus hatte der Amaler, der fortan wieder Theoderich genannt wird, ebenfalls Raubzüge gegen die Römer geplant. Da Sabinianus Magnus seinen militärischen Erfolg nicht hatte fortsetzen können, blieben die pannonischen Goten relativ ungestört; zudem wurde der römische Feldherr 481 ermordet. Im darauf folgenden Jahr zogen Theoderich und seine Soldaten plündernd durch Makedonien und Thessalien und raubten dort Larissa aus. Zwei Feldherrn, die Zeno mit Truppen gegen sie ausgeschickt hatte, vermochten wenig auszurichten. 483 schloss der Kaiser deshalb wieder ein Bündnis mit dem Gotenkönig und wies dessen Gefolgsleuten Land in den Grenzprovinzen Dacia Ripensis und Moesia II zu, wo sie sich bereits 476 einmal aufgehalten hatten. Höchstwahrscheinlich versprach der Kaiser auch Geldzahlungen. Ihren Befehlshaber ernannte er jedenfalls wieder zum Heermeister am Hofe und nominierte ihn zum Konsul für das Jahr 484. Dies war eine hohe, aber keineswegs neue Auszeichnung für einen Germanen. Vor Theoderich hatten bereits andere Heerführer wie Stilicho und Rikimer den Konsulat inne. Für den Goten dürfte dieses Amt noch eine weitere Bedeutung gehabt haben; spätestens ab diesem Zeitpunkt besaß er das römische Bürgerrecht, sofern er es nicht schon vorher erhalten hatte. Außerdem wurde eine Reiterstatue des Gotenkönigs vor dem Kaiserpalast aufgestellt. Zeno sah sich zu diesen Zugeständnissen veranlasst, weil einer seiner hohen Reichsbeamten, der in dieser Hinsicht hinlänglich erfahrene Illus, seit 481 von Antiochia aus systematisch den Sturz des Herrschers betrieb.[16]

Gleichzeitig dürfte Zeno mit Rekitach verhandelt haben. Dieser hielt sich 484 jedenfalls in Konstantinopel auf. Rekitach, der möglicherweise durch eine Ehe, die Theoderich Strabo und Theoderich der Amaler bei ihrem Bündnis vereinbart hatten, mit dem Amaler verwandt war, machte trotz solcher familiären Beziehungen aus seiner Abneigung und Eifersucht gegenüber Theoderich kein Hehl. Eine solche Rivalität zwischen den Gotenfürsten war in der angespannten Situation für Zeno wenig hilfreich. Er gab schließlich seinem Konsul Theoderich als dem Mächtigeren von beiden nach und erlaubte ihm, Rekitach umzubringen. Als der Sohn seines früheren Gegners in Bonophatianae, einem Vorort der Hauptstadt, nach einem Bad zu einem Gastmahl ging, tötete ihn Theoderich eigenhändig mit einem Hieb in die Seite – es sollte nicht seine letzte Bluttat bleiben.

Theoderich gelang nun, was Strabo einst vergeblich am Berg Sondis beabsichtigt hatte: Er zog die Mehrheit der Gefolgschaft seines gotischen Gegenspielers auf seine Seite. Dies fiel ihm trotz seines Verbrechens offensichtlich nicht schwer, da Rekitach durch sein Verhalten, insbesondere durch die Ermordung der Brüder seines Vaters viele seiner Gefolgsleute gegen sich aufgebracht hatte. Überdies fühlten sie sich unter dem Befehl eines Goten sicherer, als wenn sie ganz in römische Dienste getreten wären. Theoderich konnte auf diese Weise seine Anhängerschaft etwa verdoppeln und verfügte über 20 000 Soldaten im Kampf gegen Illus.[17] Rückblickend kommt der Vereinigung der beiden wichtigsten gotischen Volksgruppen auf dem Balkan noch eine andere historische Bedeutung zu: Man kann in diesem Ereignis die 'Geburtsstunde' des Stammes der Ostgoten sehen. Jedoch handelt es sich hier um einen neuen Stammesverband, der nichts mit denen gemeinsam hat, die vorher diese Bezeichnung trugen. Theoderichs Aufgabe bestand nun darin, diese verschiedenen gotischen Gruppierungen zusammenzuhalten und ihnen eine Identität zu geben. Dies konnte nur durch gemeinsame Aktionen geschehen, was letztlich neue Feldzüge bedeutete.

Theoderich hatte während seines Konsulats eine einzigartige und vor kurzem noch ungeahnte Machtposition erlangt – aber sie war auf Dauer nicht sicher. Dies sollte sich zeigen, als der Krieg gegen Illus ausbrach. Zeno selbst hatte den Konflikt provoziert, indem er die Freilassung seines immer noch gefangen gehaltenen Bruders Longinus forderte und Illus und Trokundes aus ihren Ämtern als Heermeister entließ. Illus rief daraufhin zunächst Marcianus und etwas später Leontius als Gegenkaiser aus.

Die Quellen geben nur ein recht unscharfes Bild über die nun folgenden Ereignisse. Mit dem kaiserlichen Heer marschierten die Goten 484 in Kleinasien ein. Theoderich erregte jedoch bald den Argwohn Zenos. Weil dieser erneut an seiner Loyalität zweifelte, berief er den Gotenkönig bei Nikomedien ab, während dessen Einheiten weiterhin am Feldzug teilnahmen. Stattdessen schickte der Kaiser Rugier unter dem Befehl Ermanarichs, dem Sohn seines früheren Gegenspielers Aspar, und eine Streitmacht über See. Dieser Wechsel wirkte sich keineswegs nachteilig auf seinen Feldzug aus. Noch im Laufe des Jahres musste Illus bei Antiochia eine Niederlage hinnehmen. Er zog sich in die isaurische Festung Papyrion zurück, wo er noch vier Jahre aushalten konnte, ehe die Festung 488 erobert und er enthauptet wurde.[18]

Seit der Abberufung Theoderichs hatte sich das Verhältnis zu Zeno zusehends verschlechtert. 486 rebellierte der Gotenkönig und zog plündernd durch Thrakien. Vermutlich in diese Zeit fällt auch sein Sieg über die Bulgaren, die bis dahin ungehindert mehrmals über die Donau eingefallen waren. Dabei soll Theoderich den Anführer der Bulgaren im Kampf mit seiner Rechten niedergestreckt haben. Ein Jahr später brach der Gotenkönig erneut von Novae in Niedermösien auf, zog bis nach Rhegium und Melantias, von wo aus er die Vororte Konstantinopels heimsuchte. Um die Bewohner der Hauptstadt unter Druck zu setzen, zerstörte er die Wasserleitung und schnitt sie so teilweise von der Wasserzufuhr ab. Um Schlimmeres zu verhindern und ihn zu beschwichtigen, gab Zeno Theoderich seine Schwester zurück. Bei ihr dürfte es sich um Amalafrida gehandelt haben, die der Gote dem Kaiser bei einer der Verhandlungen, die nach der Okkupation von Dyrrhachium stattfanden, als Geisel gegeben hatte und die seitdem am Hofe der Kaiserin lebte. Ferner erhielt Theoderich einen hohen Geldbetrag. Die Goten kehrten daraufhin wieder nach Novae zurück, aber die Bedrohung für Konstantinopel war damit noch nicht gebannt.[19] Da machte Zeno 488 Theoderich ein verlockendes Angebot: Er stellte ihm die Herrschaft über Italien in Aussicht.

III. Die Eroberung Italiens

Italien im 5. Jahrhundert

Als dem ehemaligen Kernland des Römischen Reiches kam Italien im ausgehenden 5. Jahrhundert immer noch eine besondere Bedeutung zu, auch wenn diese sich im Laufe der Kaiserzeit in mancher Hinsicht gewandelt hatte. Eine der Hauptursachen hierfür lag in den Einfällen auswärtiger, 'barbarischer' Völker. In der frühen Kaiserzeit waren die Bewohner Italiens vor ihnen noch sicher gewesen, aber seit dem Jahr 166 und den Markomannenkriegen änderte sich dies. Seitdem nahm der Druck insbesondere durch die Germanen auf das Römische Reich immer mehr zu, obwohl sie keine Eroberungspläne verfolgten. Die Gründe für ihre Einfälle sind in ganz existentiellen Dingen zu sehen: dem Bedarf an Land, der sich auf der einen Seite durch einen Bevölkerungszuwachs in Germanien ergab, dem auf der anderen im Reichsgebiet die besseren Lebensverhältnisse gegenüberstanden, die daher einen unwiderstehlichen Reiz ausübten.

Vor allem von Norden stießen Germanenstämme immer wieder auf die Apenninenhalbinsel und dort sogar bis Rom vor. Um solche Invasoren rechtzeitig abwehren zu können, wurde bereits seit 168 ein Verteidigungssystem in Norditalien errichtet; im frühen 4. Jahrhundert wurde es vor allem in den Alpen durch die Anlage von Sperrbefestigungen weiter ausgebaut. Kaiser Aurelian (270–275) hatte sich zudem genötigt gesehen, Rom mit einer gewaltigen Befestigungsanlage zu schützen, die erst sein Nachfolger Probus vollendete.

Diese Maßnahmen besaßen aber keine große abschreckende Wirkung. Mit Beginn des 5. Jahrhunderts nahmen die Einfälle germanischer Völker sogar noch an Intensität zu, als 401 und 405 die Gotenkönige Alarich und Radagais mit ihren Heerscharen vom Balkan aus in Italien eindrangen. Ihre Einfälle konnte der Heermeister Stilicho zwar noch erfolgreich abwehren, aber unmittelbar nach seinem Sturz belagerte Alarich in der Zeit von 408 bis 410 dreimal Rom. Durch Verrat nahm er die Metropole 410 schließlich ein und plünderte sie drei Tage lang – ein Ereignis, das die Bewohner des Reiches so schockte, dass sie darin eine Zeitenwende sahen. Unter Attila fielen 451 die Hunnen in Oberitalien ein, belagerten Aquileia, wüteten in Venetien und zerstörten Mailand.

Nur vier Jahre später kamen die Vandalen der Kaiserwitwe Licinia Eudoxia und deren Tochter Eudocia zu Hilfe und plünderten vierzehn Tage lang die Hauptstadt. Mit ihrer Flotte unternahmen sie in den darauf folgenden Jahren Raubzüge an die Küsten Siziliens und Italiens. Alle diese Einfälle und Feldzüge barbarischer Völker blieben nicht ohne Folgen für Italien. Sie trugen mit dazu bei, dass die Erträge und Gewinne in der Landwirtschaft seit dem 3. Jahrhundert stetig zurückgingen, die Bevölkerung vielerorts verarmte und sich nach Überfällen der Barbaren oft nicht mehr in der Lage sah, ihre Steuern zu bezahlen. Aus diesem Grunde gewährte Kaiser Honorius nach Alarichs Raubzügen den süd- und mittelitalischen Provinzen von 413 bis 418 Steuererleichterungen. Allein auf Sizilien gingen 440/441 die Steuereinnahmen um sechs Siebtel zurück. Hinzu kam ein teilweise recht drastischer Bevölkerungsrückgang; so verringerte sich die Einwohnerzahl in Rom bis 450 um die Hälfte.

Die ökonomische und demographische Krise veränderte auch das Erscheinungsbild der einstigen Millionenstadt. Andernorts wie in einigen Städten Oberitaliens nahm, wie archäologische Funde belegen, eine ländliche Wohn- und Bauweise zu. An die Stelle von beheizten und luxuriös eingerichteten Wohnhäusern traten einfache, kaum unterteilte Häuser, deren Wände aus Holz und deren Böden aus gestampftem Lehm bestanden. In den Stadtgebieten bildeten sich einzelne Siedlungsinseln, zwischen denen landwirtschaftlich genutzte Flächen lagen. Bei der wohlhabenden Bevölkerung nahm die Bereitschaft ab, größere Bauwerke zu finanzieren; daher ging mancherorts der Bau von Foren und Basiliken zurück, und viele heidnische Tempel verfielen.[1]

Das hier gezeichnete Bild eines wirtschaftlichen Niedergangs darf allerdings nicht für die ganze italische Halbinsel verallgemeinert werden, und man muss die Situation zudem im Vergleich zu anderen Reichsteilen sehen. In Italien nahm im 5. Jahrhundert die wirtschaftliche Entwicklung längst nicht so dramatische Züge an wie in Britannien, Gallien oder Spanien. Nachdem Nordafrika infolge seiner Okkupation durch die Vandalen als Getreidelieferant für Rom weitgehend ausgefallen war, besann sich die italische Bevölkerung auf die unmittelbaren Ressourcen des eigenen Landes. Dies trifft auch für die Grundbesitzer zu, deren Kontakte nach Gallien und Spanien nachließen. Davon profitierten vor allem Süditalien und Sizilien, wo nun verstärkt Getreide und Schweinefleisch produziert wurden. In Rom wurden nun Töpferwaren aus Süditalien statt aus Nordafrika gekauft. Da überdies die Küstenstädte ihre

Fernhandelskontakte bewahrten, lassen sich beispielsweise nach wie vor für Neapel Importe aus dem östlichen Mittelmeer und aus Afrika nachweisen. Über ähnlich weitreichende Handelsbeziehungen verfügte Ravenna, das überdies aufblühte, nachdem es 402 wegen seiner sicheren Lage zur Kaiserresidenz erhoben worden war.

An den gesellschaftspolitischen und administrativen Strukturen änderte sich bis ins 5. Jahrhundert allerdings relativ wenig. Wie in der frühen Kaiserzeit bestand ganz Italien aus einem dichten Netz sich selbst verwaltender Stadtgemeinden, deren Verwaltung in den Händen von Ratsherren lag, den Curialen. Bei ihnen handelte es sich um die freien Bürger einer Stadt, die über Besitz an Land und ein bestimmtes Vermögen verfügten, um die verschiedenen Ämter und sonstigen Verwaltungsaufgaben unentgeltlich und somit ehrenamtlich auszuüben. Unter diesen Curialen gewann im 4. und 5. Jahrhundert eine kleine Gruppe an Bedeutung, welche die höchsten Ämter einer Stadt erreicht hatte und aufgrund ihres Prestiges und Vermögens das kommunalpolitische Geschehen entscheidend mitbestimmte. Als Principalen übernahmen sie wichtige Aufgaben in der städtischen und staatlichen Administration – beispielsweise bei der Steuererhebung – und erhielten dafür kaiserliche Ehrungen und Auszeichnungen.[2]

Eine weitreichende Veränderung erfuhr das städtische Leben darüber hinaus durch die Christianisierung. Für jedermann sichtbar wurde dies durch den Bau von Kirchen, die fortan das Erscheinungsbild der Städte prägten und oft die einzigen neueren Bauwerke waren. In fast jeder Stadt gab es einen Bischof, dessen Kompetenzen bereits Constantin gestärkt hatte, indem er die bischöfliche Gerichtsbarkeit anerkannte. Da die Gemeinden sich zudem ständig vergrößerten und das kirchliche Vermögen durch Schenkungen wuchs, nahm auch die Bedeutung der Bischöfe zu.

Dies gilt vor allem für den Bischof von Rom, der nicht nur zu einem der größten Grundbesitzer Italiens aufstieg, sondern auch an politischer Macht gewann. Leo I. (440–461) festigte schließlich seine Vorrangstellung innerhalb der katholischen Kirche und unter den Bischöfen des Westens. Er berief sich darauf, die Würde Petri geerbt zu haben und Stellvertreter dieses Apostels zu sein. Indem die Bischöfe an Einfluss und Ansehen gewannen, griffen sie über ihre seelsorgerischen und karitativen Tätigkeiten hinaus in das Leben der Städte ein. Sie ließen Mauern und Befestigungsanlagen bauen und verhandelten mit feindlichen Invasoren, wie beispielsweise Leo I. mit Attila. Anders als in Gallien entstammten die Bischöfe oft nicht den führenden, sondern den unteren Schichten des Landes.

Das politische Geschehen bestimmten in Italien weiterhin die Senatoren. Sie rekrutierten sich aus der Schicht reicher, vermögender Großgrundbesitzer. Nicht zuletzt wegen ihrer ökonomischen und sozialen Bedeutung verfügten viele Senatoren über eine umfangreiche Klientel und waren als Patrone für Kirchen, Städte und sogar für Provinzen tätig. Ihr Wohlstand erlaubte es ihnen, ein Leben in Muße und Ruhe zu führen und sich eingehend mit Literatur zu beschäftigen. Einige von ihnen verfassten selbst literarische Werke und ließen für ihre Bibliothek die Werke klassischer Autoren kopieren.

Gegenüber den meisten Reichsbewohnern besaßen die Senatoren eine privilegierte Stellung. Zwar mussten sie eine Grundsteuer und ein Throngold bezahlen, das bei dem Regierungsantritt eines neuen Kaisers und alle fünf Jahre bei seinem Regierungsjubiläum fällig wurde; dagegen brauchten sie nicht als Ratsherren tätig zu werden, mussten keine Frondienste leisten und hatten keine Einquartierungen zu ertragen. Zudem durften sie nicht in Untersuchungshaft genommen und gefoltert werden. Entsprechend ihrer Stellung standen ihnen die führenden Ämter der Zivilverwaltung offen, die sie in der Regel nur ein Jahr bekleideten. Bei der Besetzung angesehener Posten waren die Angehörigen alteingesessener, bekannter Geschlechter, wie diejenigen der Anicii, Decii und Symmachi, nicht zuletzt aufgrund ihrer familiären Verflechtungen bevorzugt. Für das 5. Jahrhundert ist bei der Ämterbesetzung eine zunehmende Regionalisierung zu beobachten. Da die Senatoren nicht mehr in dem Maße wie früher reichsweit tätig werden konnten, entstammten immer häufiger Senatoren ihren Amtsbezirken, ohne dass die verwandtschaftlichen Beziehungen zu Senatorenfamilien aus anderen Reichsteilen gänzlich abrissen.

Das zentrale Versammlungsgremium dieses Standes war der Senat in Rom, dem allerdings im 5. Jahrhundert nur noch die Vertreter der obersten der drei senatorischen Rangklassen, die *illustres*, angehörten. Unter Valentinian III. (425–455) kamen diese ausschließlich aus der stadtrömischen Aristokratie. Rein formal hatte der Senat während der gesamten Kaiserzeit über seine alten Rechte verfügt, praktisch jedoch bereits seit den ersten Kaisern seine frühere Bedeutung verloren. Dies änderte sich ab 455, als das weströmische Kaisertum in eine Krise geriet. Neue Kaiser erachteten es nun wieder als notwendig, sich vom Senat in ihrem Amt bestätigen zu lassen.[3]

Im Westen war die Macht des Kaisers durch die territorialen Verluste erheblich geschwächt worden. Diese verursachten ebenso wie die Einfälle der Germanen erhebliche Rückgänge der Steuereinnahmen, was wiederum zu Schwierigkeiten bei der Besoldung der Soldaten führte. Nach dem Tod Valentinians III., mit dem die theodosianische Dynastie im Westen erlosch, konnte kein Kaiser mehr eine dauerhafte Herrschaft etablieren. Von 455 bis 476 lösten sich allein neun Regenten ab. Zwischen ihren Regierungsantritten lagen oft mehrere Monate, in denen der Thron unbesetzt blieb. Die oströmischen Kaiser erlangten angesichts dieser Lage eine Vorrangstellung und einen gewissen Einfluss auch im Westen. Sie bestimmten selbst einige ihrer dortigen Kollegen, verweigerten anderen ihre Anerkennung oder regierten zeitweise selbst das gesamte Reich.

Die tatsächliche Macht über Italien lag indessen in den Händen von Heermeistern, deren Bedeutung seit dem Ende des 4. Jahrhunderts zugenommen hatte. Zum mächtigsten Heermeister stieg schließlich der Germane Rikimer auf, der dieses Amt immerhin von 457 bis 472 versah. Während dieser Zeit stürzte er drei Kaiser und setzte zwei neue ein. Zwischenzeitlich regierte er sogar allein über Italien und seine angrenzenden Gebiete. Während seiner Herrschaft war er nicht nur auf ein gutes Verhältnis zum Kaiser in Konstantinopel, sondern auch zu den Senatoren bedacht.[4]

Nach dem Tod Rikimers 472 wurde der Machtverlust der weströmischen Kaiser noch offensichtlicher. Als Heermeister verwaltete sein Neffe Gundobad Italien vier Monate lang ohne Kaiser, eher er Glycerius auf den Thron hob, dem allerdings Leo I. in Konstantinopel die Anerkennung versagte und stattdessen den Heermeister Dalmatiens, Julius Nepos (Abb. 4), einen Verwandten seiner Frau, unterstützte. Als sich Gundobad 474 nach Gallien zurückzog – vielleicht um die Nachfolge seines Vaters, des Burgunderkönigs, anzutreten –, marschierte Nepos mit seinen Truppen in Italien ein und setzte Glycerius ab. Im Jahr darauf rebellierten die Truppen des Heermeisters Orestes, den Nepos erst vor kurzem in diese Position berufen hatte, und zwangen den Kaiser, nach Dalmatien zurückzukehren. Orestes rief nun seinen minderjährigen Sohn Romulus, den die Römer spöttisch Augustulus, das Kaiserchen (Abb. 5), nannten, zum Herrscher aus. Dies erwies sich insofern als ein geschickter Schachzug, als dadurch ein Konflikt zwischen Heermeister und Kaiser ausgeschaltet wurde. Allerdings zog sich Orestes den Unmut der Föderatentruppen zu; sie meinten, nicht ausreichend besoldet zu

Abb. 4: Münzbild des weströmischen Kaisers Julius Nepos (474–475/480).

werden, und forderten daher, wie der griechische Historiker Prokop berichtet, ein Drittel des italischen Ackerlandes. Orestes ging aber nicht auf diese Forderungen ein und provozierte so einen Aufstand, an dessen Spitze sich ein Offizier der kaiserlichen Leibgarde namens Flavius Odoaker setzte. Er erfüllte die Forderung der Soldaten; woher er den Grund und Boden nahm, ohne auf Widerstand bei den römischen Grundbesitzern zu stoßen, bleibt unklar.[5]

Am 23. August des Jahres 476 riefen die nichtrömischen Truppen in Italien diesen Odoaker zu ihrem König *(rex)* aus, worunter so viel wie ein Gefolgsherr zu verstehen ist. Sein Königtum ist somit nicht territorial in dem Sinne aufzufassen, dass er 'König von Italien' geworden wäre.

Dieser Odoaker war um 433 als Sohn des Thüringers Edeco und einer Skirin geboren worden. Sein Vater hatte Attila als enger Vertrauter ge-

Abb. 5: Münzbild des weströmischen Kaisers Romulus Augustulus (475–476), gest. nach 507.

dient und dabei Orestes kennen gelernt, der als Sekretär am Hofe des Hunnenkönigs tätig war. Als das Hunnenreich zerfiel, gingen Edeco und ein anderer Sohn, Onoulphos, zu den Skiren. Edeco fiel 469 in der Schlacht gegen die pannonischen Goten, und Onoulphos fand anschließend Zuflucht in Konstantinopel. Mit Hilfe des Kaisers Zeno stieg er 477 zum Heermeister von Illyrien auf. Odoaker hatte sich 463/469 als Anführer sächsischer Piraten in Nordgallien hervorgetan und zog um 470 zog mit einigen Gefolgsleuten über Noricum nach Italien, um sich ebenfalls der römischen Armee anzuschließen. Mit Hilfe Rikimers machte er dort Karriere.[6]

Nach seiner Proklamation zum König zog Odoaker mit seinen germanischen Truppen, die vornehmlich aus Skiren, Thüringern und Herulern bestanden, nach Pavia, wo sich Orestes aufhielt. Er ließ ihn gefangen nehmen und in Piacenza hinrichten. Am 4. September nahm Odoaker Ravenna ein und setzte Romulus Augustulus ab, den er allerdings am Leben ließ und nach Campanien schickte, wo er ein Landgut erhielt.

Dieses Ereignis wird gemeinhin als das Ende des weströmischen Kaisertums bezeichnet. Aus der Retrospektive gesehen trifft dies in gewisser Weise zu. Jedoch beabsichtigte Odoaker mit der Absetzung von Romulus Augustulus keineswegs, dass es in Italien keinen Kaiser mehr gab, der seine Macht hätte einschränken können, auch wenn es ihm zunächst sehr gelegen kam. Überdies musste Odoaker damit rechnen, dass Nepos weiterhin seinen Anspruch auf Italien aufrechterhielt. Um seine Stellung abzusichern, war Odoaker daher an einem guten Einvernehmen mit dem oströmischen Herrscher interessiert. Noch im Namen von Romulus Augustulus schickte er daher eine Gesandtschaft des Senats nach Konstantinopel, die einige seiner Gefolgsleute begleiteten. Die Senatoren überbrachten dem dort regierenden Zeno die Herrschaftsabzeichen des Romulus Augustulus und erklärten, dass ein Kaiser für beide Reichsteile ausreiche und sie zu ihrem Schutzherrn Odoaker ausgewählt hätten. Dafür solle ihm Zeno als Gegenleistung den Ehrentitel 'Patricius' verleihen und die Herrschaft über Italien anvertrauen.

Offensichtlich meinten die Senatoren damit die Verleihung des Heermeisteramtes, das im Westen mit ebenjenem Titel 'Patricius' verbunden war. Zur selben Zeit traf in Konstantinopel eine Gesandtschaft des Nepos aus Dalmatien ein. Sie gratulierte Zeno dazu, dass er sich erfolgreich gegen den Usurpator Basiliscus behauptet habe, und bat ihn unter Hinweis auf das Schicksal ihres Herrschers, der gleichfalls gegen einen Usurpator, nämlich Odoaker, kämpfe, um Geld und Truppen. Weil Zeno seine eigene Macht noch nicht gefestigt sah, wollte er sich aus den Streitigkeiten im Westreich heraushalten und verhielt sich entsprechend. Die Gesandten aus Dalmatien wies er darauf hin, dass mit Nepos noch ein Kaiser im Westen herrsche. Odoakers Gefolgsleuten erklärte er, dass Nepos bereits ihrem König den gewünschten Ehrentitel verliehen habe. In einem Schreiben, das er ihnen mitgab, redete Zeno Odoaker daher auch mit 'Patricius' an und beglückwünschte ihn, die den Römern zukommende staatliche Ordnung erhalten zu haben. Ferner brachte er seinen Wunsch zum Ausdruck, dass Odoaker Nepos zurückholen werde.[7] Auf diese Weise unterstützte Zeno einerseits formell Nepos' Begehren nach Wiederherstellung seiner Herrschaft über Italien, erkannte aber andererseits Odoaker als faktischen Machthaber an, dessen Rechtsstellung gegenüber der italischen Bevölkerung er absichtlich ungeklärt ließ. Odoaker amtierte folglich auch ohne offiziellen kaiserlichen Titel und irgendwelche Herrschaftsabzeichen. Daran änderte sich auch nichts, als Nepos 480 ermordet wurde. Odoaker blieb *rex* und nannte sich *dominus*.

Angesichts dieser Lage war Odoaker noch mehr als frühere Militärbefehlshaber auf den Rückhalt in seiner Armee sowie auf die Kooperation mit der Senatsaristokratie und der Kirche angewiesen. Die materiellen Forderungen seiner Soldaten scheint er denn auch bald zu deren Zufriedenheit erfüllt zu haben; jedenfalls sind keine weiteren Klagen bekannt. Bald gewann Odoaker auch die führenden Senatorenfamilien für sich, deren Angehörige weiterhin wichtige Ämter in der Zivilverwaltung übernahmen. Zunächst arrangierte er sich mit den Decii, seit 486 mit den Anicii und Acilii Glabriones. Ganz im Sinne der Senatoren stärkte er die Eigenständigkeit des Senats, indem er den Vorsitz über dieses Gremium veränderte. Bislang hatte ihn der Stadtpräfekt von Rom und damit ein kaiserlicher Amtsträger innegehabt. Odoaker übertrug ihn nun einem führenden Senatsmitglied. Obwohl Odoaker Arianer war, hatte die katholische Kirche von ihm nichts zu befürchten, ja sie profitierte letztendlich von der Abwesenheit eines Kaisers, der in ihre Belange hätte eingreifen können.

Auch außenpolitisch war Odoaker erfolgreich. Er trat 476/477 die Provence an die Westgoten ab und vermied so, weiter in die gallischen Auseinandersetzungen hineingezogen zu werden. Von den Vandalen erhielt er 476 gegen Zahlung eines regelmäßigen Tributs Sizilien zurück. Dalmatien, das sich 454 nach der Ermordung des Aëtius aus Protest gegen Valentinian III. von Rom losgesagt hatte, gliederte er 481 wieder in seinen Herrschaftsbereich ein. Beide Gebiete, durch die er seine Steuereinnahmen steigern konnte, gehörten von nun an zu seinem Privatvermögen.

Nach langen Jahren der Unruhe brachte die Herrschaft Odoakers Italien eine zwölfjährige Friedenszeit. Trotzdem war Zeno ab einem bestimmten Zeitpunkt nicht mehr gewillt, dessen Herrschaft ohne weiteres zu dulden, da Odoaker sein Misstrauen erweckte. Den Anlass hierzu könnte 484 der Versuch des rebellischen Heermeisters Illus geliefert haben, Odoaker für ein Bündnis gegen den Kaiser zu gewinnen. Odoaker hatte dieses Ansinnen wohl abgelehnt, jedoch blieben bei Zeno Zweifel an seiner Loyalität bestehen, da er den Kontakt zu Illus nicht aufgab. Zeno stachelte jedenfalls die Rugier gegen Odoaker auf. Dieses germanische Volk, das nicht weit von Italien entfernt nördlich der Donau in Noricum wohnte, war für seine Übergriffe auf die römische Bevölkerung bekannt. Sie hatten vor allem nach dem Tod ihres Königs Flaccitheus und des heiligen Severin, der als führende Persönlichkeit der katholischen Kirche einen mäßigenden Einfluss auf die Germanen ausgeübt hatte, wieder zugenommen.

Wer wen zuerst angriff, lässt sich heute nicht mehr klären. Fest steht nur, dass Odoaker 487 in das Gebiet der Rugier einfiel und deren König Feva sowie dessen Gattin Giso gefangen nahm. Von seiner Beute sandte er sogar einige Stücke an Zeno, um ihn zu beschwichtigen und um sich weiterhin als getreuer Gefolgsmann zu erweisen. Als Odoaker erfuhr, dass Fevas Sohn Friderich, der ihm entkommen war, in sein Reich zurückkehrte, schickte er seinen eigenen Bruder Onoulphos, der sich ihm angeschlossen hatte, mit seinen Truppen erneut nach Noricum. Onoulphos konnte den Feldzug gegen die Rugier schließlich erfolgreich beenden und befahl der römischen Bevölkerung auf Anordnung Odoakers, nach Italien zu ziehen. Gleichzeitig ließ er die Gebeine des heiligen Severin, der Odoaker einst bei seiner Durchreise durch Noricum eine fast vierzehnjährige Herrschaft prophezeit hatte, ebenfalls dorthin überführen.

Für die Deportation lassen sich zwei Gründe anführen: Entweder glaubte Odoaker, dass die in Noricum lebenden Römer vor Übergriffen der Germanen nicht geschützt werden konnten, oder er wollte so Gegner, die nach Noricum geflüchtet waren, besser unter Kontrolle bekommen. Dieser Aspekt war für den König umso wichtiger, als er trotz seines militärischen Erfolges mit weiteren Kämpfen rechnen musste; denn Friderich war erneut entkommen. Mit Angehörigen seines Stammes floh er nach Novae in Mösien, um sich Theoderich anzuschließen – gerade zu dem Zeitpunkt, als dieser im Auftrag des Kaisers nach Italien ziehen wollte.[8]

Theoderichs Feldzug gegen Odoaker

Verglichen mit seinen früheren Feldzügen war der Feldzug nach Italien das schwierigste und gewagteste Unternehmen Theoderichs. Vom östlichen Balkan bis nach Oberitalien musste er eine Strecke von rund 1500 km zurücklegen, ohne dass er mit irgendwelcher Unterstützung rechnen konnte. Umso gravierender müssen daher seine Beweggründe gewesen sein, für die uns die Quellen jedoch unterschiedliche und sich teilweise widersprechende Angaben machen. Am ausführlichsten berichtet der Gote Jordanes in seiner Gotengeschichte über die Motive für den Italienfeldzug: *Theoderich war also inzwischen Zenos Herrschaft eng verbunden, als er selbst in der Hauptstadt alles Gute genoss und hörte, dass sein in Illyrien wohnender Stamm, wie ich erwähnt habe, überhaupt nicht in Wohlstand und Überfluss lebte, zog er es eher nach einer alten Gewohnheit seines Stammes vor, seinen Lebensunterhalt durch Anstrengung zu verdienen, als selbst untätig die Güter des Römischen Reiches zu genießen, während sein Volk sich gerade so ernähren konnte. Aufgrund seiner Überlegungen sprach er zum Kaiser: 'Obwohl es mir, der Eurer Herrschaft dient, an nichts mangelt, möge Eure Frömmigkeit, wenn sie es für würdig erachtet, meinen Herzenswunsch gern erhören.' Als ihm, wie gewöhnlich, freundschaftlich die Gelegenheit zu sprechen erteilt wurde, sagte er: 'Warum schwanken jetzt das Abendland, das lange unter der Leitung Eurer Vorgänger und Vorvorgänger stand, und jene Stadt, die Hauptstadt und die Herrin der Welt, unter der Gewaltherrschaft des Königs der Thüringer und Rugier hin und her? Schicke mich mit meinem Stamm, wenn du willst, auf dass du hier keine Last mit den Ausgaben hast und dort, wenn ich mit Gottes Hilfe siegen werde, der Ruhm Eurer Frömmigkeit erstrahlt. Denn es ist für Euch von Vorteil, wenn ich, der ich Euer Diener und Sohn bin, im Falle eines Sieges jenes Reich besitze, indem Ihr es mir schenkt – jener, den Ihr nicht kennt, soll nicht durch sein tyrannisches Joch Euren Senat und einen Teil des Staates wie gefangene Sklaven unterdrücken. Denn wenn ich siegen werde, werde ich es aufgrund Eures Geschenkes und Eurer Gabe besitzen; wenn ich besiegt werde, verliert Eure Frömmigkeit nichts, ganz im Gegenteil spart sie, wie ich gesagt habe, die Kosten.' Obwohl der Kaiser seinen Weggang nur ungern hinnahm, stimmte er dennoch, nachdem er ihn angehört hatte, seinen Forderungen zu, weil er ihn nicht kränken wollte, und reich beschenkt schickte er ihn fort, indem er ihm den Senat und das römische Volk anvertraute. So verließ Theoderich die kaiserliche Stadt und kehrte zu den Seinen zurück. Mit dem ganzen Stamm der Goten, die ihm gleichwohl ihre Zustimmung gaben, zog er ins Abendland.*[9]

Die propagandistische Zielsetzung dieser Darstellung wird schnell deutlich. Ungeachtet aller früheren Zwistigkeiten herrschte danach zwischen Zeno und Theoderich ein recht freundschaftliches Verhältnis. Die Initiative für den Italienfeldzug ging indes von Theoderich aus, der angeblich ganz uneigennützig sowohl im Interesse seines Volkes als auch des römischen Kaisers handelte. Mögliche Behauptungen des Hofes in

Konstantinopel, dass der Gote nicht rechtmäßig gehandelt habe, wollte Jordanes durch seine Darstellung entkräften. In seiner Historia Romana stellt er dagegen Zeno als treibende Kraft für das Unternehmen dar.

Folgt man dem Bericht des griechischen Chronisten Eustathius von Epiphaneia, dann nahm Theoderich einen vom Kaiser auf ihn geplanten Anschlag zum Anlass für seinen Abmarsch. Ennodius, der Bischof von Pavia, bemerkte in seiner Lobrede auf den Amaler, dass der Mord an seinen Verwandten ihn dazu getrieben habe. Denkbar ist, dass der Geistliche damit auf die Gefangennahme der rugischen Königsfamilie anspielt.[10]

So verwirrend und wenig erhellend diese Angaben auch sind, so kann man doch aufgrund der politischen Entwicklung und Lage die eigentlichen Beweggründe einschätzen. Den Gotenkönig hatte es jedenfalls schon seit längerem gereizt, sich in die italischen Verhältnisse einzumischen. Bereits bei den Verhandlungen mit dem kaiserlichen Gesandten Adamantius in Dyrrhachium 480 hatte er angeboten, den in Dalmatien lebenden weströmischen Kaiser Julius Nepos zu unterstützen. Auf diesen Plan mochte sich Zeno damals noch nicht einlassen. In der Folgezeit verschlechterte sich das gute Verhältnis zwischen dem Kaiser und dem Amaler zusehends. Theoderich musste erkennen, dass er im Vorfeld von Konstantinopel nicht zuletzt wegen der Schaukelpolitik des Kaisers seine Herrschaft nicht festigen und ausbauen konnte. Auch dürfte er das Schicksal Aspars abschreckend vor Augen gehabt haben.

Verglichen mit den bisherigen Aufenthaltsorten der Goten in Mösien und Thrakien musste Italien Theoderich als ein wohlhabendes Land erscheinen, das zudem nicht in direkter Reichweite des oströmischen Kaisers lag. Es war somit ein lohnendes Ziel, mit dem der Amaler seinen erweiterten, aber in sich noch nicht geschlossenen Heeresverband motivieren und zusammenhalten konnte. Ein entsprechender militärischer Erfolg würde ihn zum unumstrittenen Heerkönig machen. Zeno war seinerseits nicht weiter daran gelegen, den mächtigen gotischen Heerführer, dem er immer weniger vertraute, in seiner Nähe zu wissen. Durch einen längeren Feldzug waren dessen Kräfte in weiter Ferne gebunden und zudem konnte, ohne dass weitere Soldaten ausgehoben werden mussten, der missliebige Odoaker zumindest in Schach gehalten werden. Es war daher in beiderseitigem Interesse, wenn die Goten nach Italien abzogen.

Im Jahre 488, wahrscheinlich im Spätsommer, brach Theoderich von Novae auf. Zwar schlossen sich ihm nicht alle dort lebenden Goten an, aber sein Heer dürfte immerhin 20000 Krieger umfasst haben, unter denen sich außer Friderichs Rugiern sicherlich auch Römer und Hunnen befanden. Mit den Soldaten zogen deren Familien, sodass sich die Gesamtzahl der Teilnehmer am Italienfeldzug auf schätzungsweise 100000 Personen belief.[11] Bei ihrem Abmarsch luden sie ihr Hab und Gut auf Ochsenkarren, mit Lebensmitteln versorgten sie sich unterwegs. Wenn man davon ausgeht, dass eine derartige Zahl an Personen an die 85 Tonnen Getreide pro Tag benötigte, stellte der Feldzug Theoderich und seine Goten vor große logistische Probleme, die sie auf unterschiedliche Weise lösten: Sie erlegten Tiere in den Wäldern, unterwarfen Stämme und raubten deren Nahrungsmittel. Ferner holten sie sich Getreide aus den öffentlichen Speichern, ganz gleich ob mit oder ohne Zustimmung der jeweils zuständigen staatlichen Amtsträger. Unter diesen Voraussetzungen kam das gotische Heer aber nur sehr langsam voran, sodass mit einer baldigen Ankunft in Italien nicht zu rechnen war.

Der ganze Tross bewegte sich zunächst auf der Römerstraße nahe der Donau über Singidunum nach Sirmium, in die Nähe ihrer alten pannonischen Heimat.[12] Aufgrund ihrer Ortskenntnisse entschieden sich die Goten, nicht auf der Straße entlang der Save zu ziehen, sondern den längeren Weg entlang der Drau zu nehmen. Dafür sprach, dass der Weg an der Save oft überschwemmt, der an der Drau hingegen trocken war. Außerdem konnten auf dieser Route die noch in Noricum verbliebenen Rugier zu ihnen stoßen.

Als nun Theoderich mit seinem Heer von Sirmium aufbrach, versperrten ihm zwischen Cibalae und Mursa die Gepiden unter ihrem König Trapstila den Übergang über die Ulca. Nach dem Zerfall des Hunnenreiches hatten die Gepiden ihren Machtbereich zwischen den Ostkarpaten, der Donau und der Theiß ausgedehnt; dabei waren sie auch in Konflikt mit den Goten geraten. Angesichts dieser alten Feindschaft bedurfte es nicht so sehr eines Bündnisses mit Odoaker, wie zu vermuten wäre, um ihre alten Feinde aufzuhalten. Es kam zu einer Schlacht an der Ulca, die für Theoderichs Heer anfänglich nicht günstig verlief. Die ausgemergelten Goten wichen vor dem Lanzenangriff der Gepiden zurück. In einer flammenden Rede feuerte daraufhin Theoderich seine Krieger an, ihm zu folgen. Um ein gutes Vorzeichen für den Ausgang der Schlacht zu geben, ließ er sich einen Becher reichen und sprengte dann seinen Kriegern voran gegen den Feind. Die Gepiden gaben sich schließlich geschlagen, zumal ihr König gefallen war.

Die Goten hatten nun das große Glück, dass ihnen Getreidespeicher in die Hände fielen, die mit Vorräten für die nahe gelegenen Städte gefüllt waren. So konnten sie ihre Hungersnot beenden. Über den Winter – wohl bis zur nächsten Ernte – blieb Theoderich mit seinen Leuten in Pannonien. In dieser Zeit versorgten sie sich ausreichend mit Lebensmitteln. Hin und wieder wurden sie in dieser Zeit in Scharmützel mit den nomadisierenden Sarmaten verwickelt.[13]

Im Sommer 489 marschierte das Gotenheer wahrscheinlich über Poetovio und Emona nach Venetien. Dort, an der Brücke über den Isonzo, hatte, alarmiert von Theoderichs erfolgreichem Vormarsch, Odoaker seine Truppen zusammengezogen, sich verschanzt und erwartete den Feind. Theoderich ließ indes erst einmal ein Lager errichten, damit sich Mensch und Vieh von den Strapazen des Marsches erholen konnten. Die Besatzungen der Befestigungsanlagen in den Alpen leisteten ihm offensichtlich keinen nennenswerten Widerstand; denn mit seinen Soldaten überquerte er heimlich den Isonzo und umging so Odoakers Lager. Am 28. August 489 stießen die feindlichen Truppen zum ersten Mal direkt aufeinander.

Überrascht durch Theoderichs Manöver ließ Odoaker es aber nicht auf einen ernsthaften Kampf ankommen. Mit seinen Soldaten zog er sich relativ weit ins Landesinnere nach Verona zurück.[14] Wegen der günstigen Lage und der starken Befestigungen der Stadt hoffte er, von dort besser die Goten aufhalten und bekämpfen zu können. Auf dem Kleinen Veronesischen Felde schlug er sein Lager auf, um das er einen Graben ausheben ließ.

Theoderich zögerte nicht, Odoaker mit seinen Truppen zu verfolgen. Er setzte ihnen nach – wohl in der Hoffnung, nun bereits die Entscheidung herbeiführen zu können. Odoakers Truppen hatten vermutlich einige Höhenrücken besetzt, von denen sie ihre Gegner besser in die Enge treiben konnten. Theoderich, der von weitem die Lagerfeuer der Feinde sah und damit ihre Standorte kannte, gab sich indes siegessicher. Während er seine Rüstung anlegte, soll er seiner ängstlichen Mutter und Schwester in einer Rede Mut zugesprochen haben. Allerdings gerieten zu Beginn der Schlacht die Goten durch den Ansturm der Truppen Odoakers in Bedrängnis. Schließlich erwiesen sie sich aber stark genug, um unter dem tatkräftigen Einsatz und Zuspruch Theoderichs den Gegner von den Höhen in das Etschtal zu treiben und ihm so den Fluchtweg abzuschneiden. Während viele seiner Soldaten in den Fluten der Etsch ertranken, gelang es Odoaker am 30. September nach Ravenna zu fliehen.[15]

Ein rasches Ende des Feldzuges war trotz dieses Erfolges nicht abzusehen. Odoakers Anhänger hatten einige stark befestigte Orte in ihre Gewalt gebracht, die Theoderich erst einnehmen musste, um so seinem Gegenspieler die Basis der Herrschaft allmählich zu entziehen. Als Erstes zog der Gotenkönig mit seinem Heer nach Mailand, in die ehemalige Residenzstadt der Kaiser. In ihrer Nähe hielt sich Tufa, den Odoaker am 1. April 489 zum Heermeister ernannt hatte, mit seinen Truppen auf, um den Westen Oberitaliens gegen die Feinde zu verteidigen. Als Mailand seine Tore den Goten öffnete, liefen auch Tufa und seine Soldaten zu Theoderich über. Dieses Ereignis war das Signal für weitere Städte, sich zu ergeben. So kam der Bischof von Pavia Epiphanius zu dem Gotenkönig und bot seine gut befestigte Stadt als Schutz und Zufluchtsstätte für die Familie des Amalers an.

Tufa hatte in der Zwischenzeit das Vertrauen Theoderichs gewonnen. Noch in demselben Jahr schickte er den Heermeister mit einem Teil seines vergrößerten Heeres nach Ravenna, allerdings nicht ohne ihm einige seiner Heerführer zu dessen Kontrolle mitzugeben. Tufa stieß vermutlich auf der Via Aemilia sehr weit nach Süden vor und kam bis Faenza, das er belagerte. Odoaker eilte zum Entsatz der nahen Stadt herbei. In Verhandlungen mit Tufa erreichte er, dass der Heermeister erneut die Seite wechselte und mit seinen Truppen zu ihm übertrat. Vermutlich war Tufa in Kenntnis der gotischen Streitkräfte und nach reiflicher Überlegung zu der Einsicht gelangt, dass auf Dauer Odoaker sich in einer besseren Position befand und daher ein Kampf an seiner Seite erfolgversprechender wäre. Als Beweis seiner Ergebenheit lieferte Tufa die gotischen Heerführer aus. Odoaker ließ sie in Ketten legen und nach Ravenna bringen. Theoderich, der auf einem anderen Weg dorthin marschiert war, zog sich daraufhin nach Pavia zurück. Diese Stadt bildete für die nächsten drei Jahre die Ausgangsbasis für seine militärischen Operationen.[16]

Die Goten waren jetzt in die Defensive geraten, und Odoaker gewann vorübergehend die Oberhand. Um seinen Machtbereich in Oberitalien auszudehnen, wechselte er 490 von Cremona nach Mailand. Er gewann die Metropole zurück und ließ ihren Bischof ins Gefängnis werfen. Wahrscheinlich in diesem Jahr rief er seinen Sohn Thela zum Caesar aus. Was er mit diesem Schritt bezweckte, lässt sich nicht mehr eindeutig klären. Da er 476 den Kaiser anerkannt hatte, wollte er jetzt die Beziehungen zu Konstantinopel abbrechen, was angesichts des Angriffs der Goten nur zu verständlich war. Für diese These spricht auch eine Änderung auf den Münzen, die Odoaker prägen ließ. Auf ihnen wurde Zenos Bild durch Darstellungen von Rom und Ravenna ersetzt. Mit der Caesarerhebung verfolgte Odoaker offensichtlich die Absicht, das weströmische Kaisertum wieder aufleben zu lassen. Als Barbar und Arianer traute er sich jedoch nicht wie vor ihm Orestes, seinen Sohn zum Augustus zu proklamieren. Bei aller Vorsicht, mit der er vorging, konnte Odoaker dennoch nicht die römische Bevölkerung, insbesondere den Senat für sich gewinnen.[17]

Ungünstig verliefen für ihn auch weitere Aktionen. Unter ihrem König Gundobad, der einst als Heermeister die Geschicke Italiens bestimmt hatte, fielen nun die Burgunder in Oberitalien ein. Gemeinsam mit Odoakers Truppen hätten sie das Gotenheer einkreisen können. Sie nutzten indes die Lage nur zu ihrem Vorteil aus, indem sie Ligurien plünderten und mehr als 6000 Bewohner als Gefangene mit sich nahmen. Zudem überfielen 491 die Vandalen erneut Sizilien, mit denen es aber noch im selben Jahr zu einem Friedensvertrag kam.[18]

Theoderich erhielt in der Zwischenzeit Unterstützung von den Westgoten unter ihrem König Alarich II. Da sie ihre Herrschaft in Südgallien bis in die Provence ausgedehnt hatten, bot sich ihnen Theoderich als Bündnispartner gegen ihre gallischen Konkurrenten, die Burgunder, und gegen Odoaker, der die alten römischen Interessen vertrat, an. Mit Hilfe der Westgoten traute sich Theoderich, den Truppen Odoakers entgegenzutreten. Als dieser weiter nach Norden in Richtung Comer See vorstieß, trafen ihre Truppen am 11. August 490 am Oberlauf der Adda aufeinander, vermutlich in der Umgebung der Stadt Garlate, wo die Straße von Como nach Bergamo diejenige aus Mailand kreuzt. Die Schlacht verlief für beide Seiten sehr verlustreich. Besonders schwer traf Odoaker der Tod des Pierius, des Befehlshabers seiner Leibwache. Ihm hatte er besonders vertraut und seinerzeit beauftragt, die Bevölkerung Ufernoricums zu evakuieren. Für seine Verdienste hatte er ihn mit Gütern auf Sizilien und in Dalmatien belohnt.[19]

Als Odoaker sich nach der Schlacht wiederum nach Ravenna absetzte, folgte ihm jetzt Theoderich, obwohl sich Tufas Truppen noch in Oberitalien aufhielten. Zum Schutz von Pavia ließ der Amaler die Rugier unter Friderichs Befehl zurück. Im Pinienhain von Classis (Pineta di Classe), nahe der Brücke über den Candianus, etwa 4,5 km südlich von der kaiserlichen Residenzstadt, schlugen die Goten ihr Lager auf, das sie mit einem Graben absicherten. Von dort aus begannen sie mit der Belagerung Ravennas, die letztlich drei Jahre dauern sollte. Obwohl auf flachem Land gelegen, war die Stadt zum einen durch die von Valentinian III. ausgebauten Befestigungsanlagen geschützt, zum anderen durch ihre natürliche Lage, nämlich durch das Podelta und andere Flussmündungen sowie durch das Meer (Abb. 6). Dessen seichter Strand erschwerte wegen seiner Untiefen Landungen von Schiffen. Allerdings konnte die Stadt über einen Handelshafen und ihren Kriegshafen Classis versorgt werden. Zudem befanden sich noch die Nachbarstädte Cesena und Rimini in der Gewalt Odoakers.[20]

Odoaker verstärkte unterdessen seine Kräfte in Ravenna und versuchte, den gotischen Belagerungsring zu durchbrechen. Mit seinen herulischen Truppen, die den Süden Ravennas, insbesondere den Übergang über den Candianus kontrollierten, wagte er des Nachts einen Ausfall. Er stieß bis in das Lager der Goten in Pineta di Classe vor, wurde aber nach verlustreichen Kämpfen zurückgedrängt. Auf dem Rückzug fiel Odoakers Heermeister Levila in einem Gefecht an der Bedensis (Ronco). Am 10. Juli 491 befanden sich Odoakers Soldaten wieder in Ravenna.[21] Diese Niederlage verstärkte bei dem König den Eindruck, dass ein Ausfall zwecklos sei, und er richtete sich daher auf eine längere Belagerung ein.

Theoderich sah sich indes bald darauf genötigt, nach Pavia zu ziehen, wo er am 18. oder 22. August 491 eintraf. Friderichs Rugier drangsalierten dort die einheimische Bevölkerung und waren im Begriff, sich zu verselbständigen. Theoderich musste dies unterbinden, wollte er nicht an Glaubwürdigkeit und Rückhalt verlieren. Als seine Truppen heranrückten, zog sich Friderich mit seinen Gefolgsleuten nach Verona zurück und nahm Kontakt zu Tufa auf. Ein Bündnis zwischen beiden kam allerdings nicht zustande. Zwischen Trient und Verona lieferten sie sich Ende 492 oder Anfang 493 sogar eine Schlacht, in der Tufa ums Leben kam. Das weitere Schicksal Friderichs ist nicht bekannt. Vielleicht ergab er sich danach Theoderich. Auch könnten die Rugier nach diesen Ereignissen Italien vorübergehend verlassen haben.[22]

Theoderich nahm höchstwahrscheinlich nicht die ganze Zeit an den Auseinandersetzungen mit seinem alten Verbündeten teil. Denn inzwischen war den Goten der entscheidende Schlag gegen Odoaker gelungen, als sie Ende August 492 Rimini einnahmen. In der Hafenstadt beschlagnahmten sie leichte Kriegsschiffe ohne großen Tiefgang und segelten mit ihnen zur Insel Portus Leonis, die Ravenna und Classis vorgelagert war; von dort schnitten sie Odoaker auch von der See aus von seiner Zufuhr ab. Die Blockade, die am 29. August 492 begann, verursachte

60   Die Eroberung Italiens

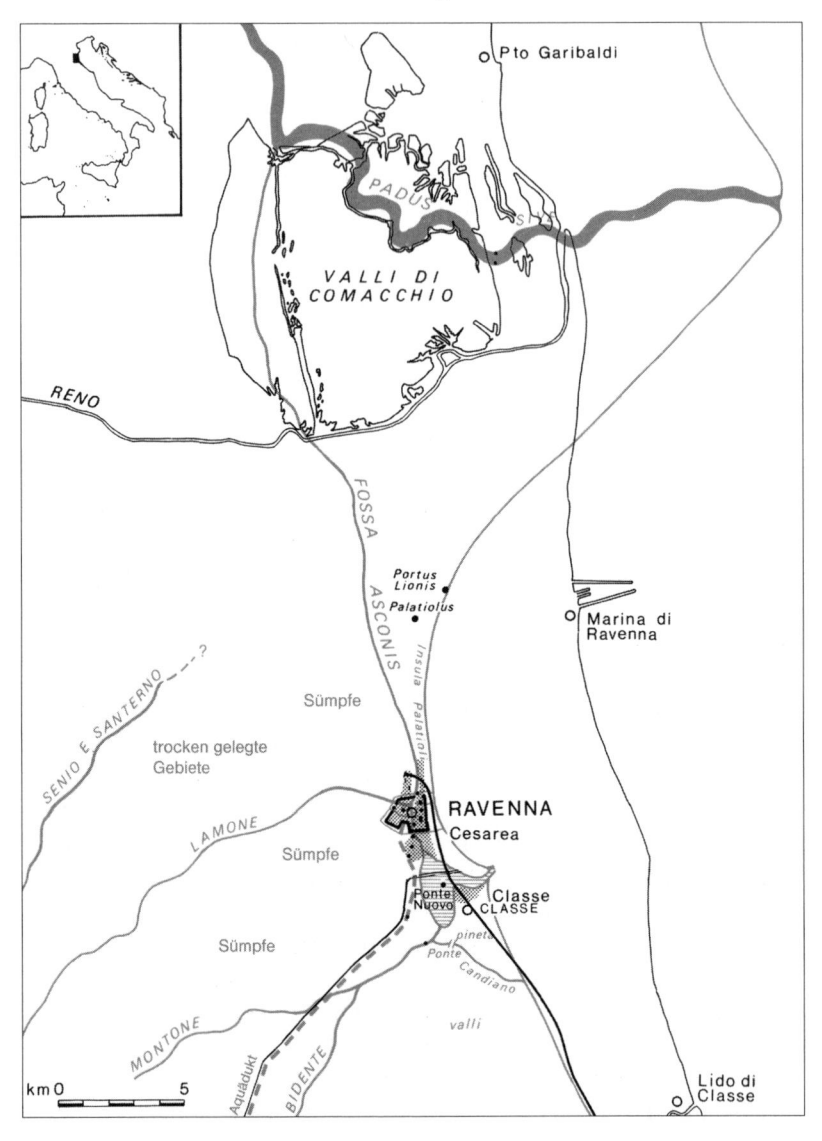

Abb. 6: Die geographische Lage Ravennas zur Zeit Theoderichs.
Die Linie von Porto Garibaldi bis Lido di Classe gibt den heutigen Küstenverlauf an.

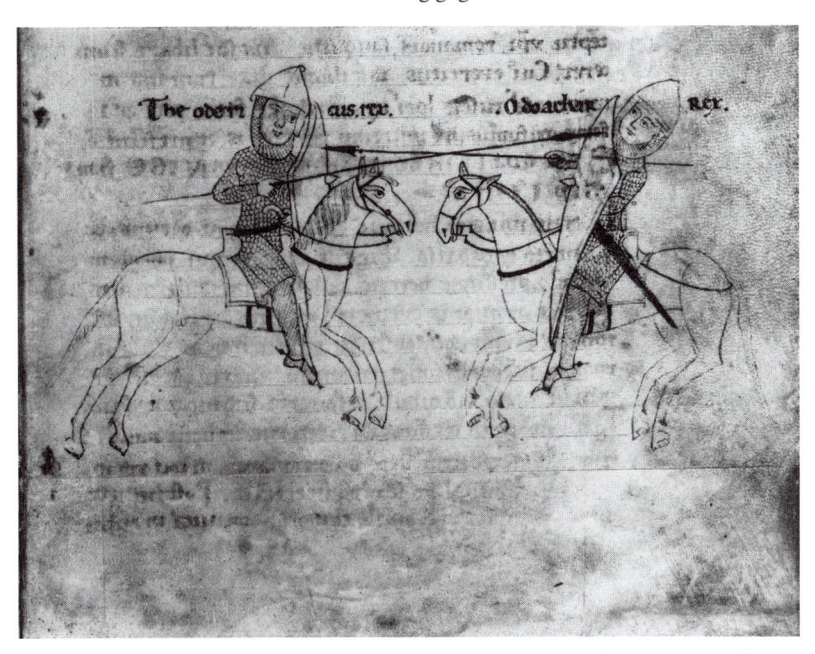

Abb. 7: Kampf zwischen Theoderich und Odoaker
nach einer Darstellung aus dem 12. Jahrhundert.

eine große Hungersnot unter der Bevölkerung. Als am 26. Dezember ein Erdbeben die Stadt erschütterte, musste sie das Naturereignis geradezu als ein Zeichen des Himmels ansehen, das die bevorstehende Niederlage ankündigte.²³

Bis Ende Februar 493 konnte sich Odoaker allerdings noch behaupten. In Anbetracht der allgemeinen Notlage vermittelte der ravennatische Bischof Johannes zwischen den Parteien. In einer feierlichen Prozession begab er sich, begleitet von einigen Klerikern, aus der Stadt zu dem Gotenkönig und warf sich ihm zu Füßen. Johannes setzte sich bei Theoderich nicht nur für den Schutz der Bevölkerung Ravennas ein, sondern brachte auch einen Vertrag zwischen Odoaker und dem Goten zustande. In ihm versprachen sie einander, gleichberechtigt die Herrschaft zu teilen. Zur Absicherung des Vertrages übergab Odoaker seinen Sohn Thela Theoderich als Geisel. Der Gotenkönig schwor seinerseits, kein Blut zu vergießen. Daraufhin konnten die Goten am 26. Februar 493 in Classis und am 5. März in Ravenna einziehen (Abb. 7).

Das Bündnis zwischen den Kriegsgegnern hielt jedoch nur zehn Tage. Als Odoaker am 15. März das Lauretum, eine ehemalige Kaiserresidenz, betrat, um an einem Gastmahl des Goten teilzunehmen, hielten ihn zwei von dessen Gefolgsleuten an seinen Händen fest. Als keiner der Anwesenden es wagte, ihn zu töten, zückte Theoderich selbst sein Schwert. Odoaker rief vor Schreck aus: *Wo ist Gott?* Der Gotenkönig erwiderte: *Dieses ist es, was du an den Meinen verübt hast.* Mit einem Hieb spaltete er Odoakers Körper bis zur Hüfte. Abschätzig bemerkte er, dass wohl keine Knochen in dem Schuft seien. Dessen Leichnam ließ Theoderich in einem Steinsarkophag nahe der jüdischen Synagoge außerhalb von Ravenna bestatten.

Dieser Mord gab den Auftakt zu einem regelrechten Blutbad. Noch am selben Tage wurden auf Befehl des Gotenkönigs alle Gefolgsleute Odoakers, insbesondere die Heruler, soweit man ihrer habhaft werden konnte, umgebracht. Odoakers Bruder Onoulphos, der in eine Kirche geflohen war, wurde dort mit Pfeilen getötet. Odoakers Frau Sunigilda ließ man verhungern, nur Thela genoss als Geisel noch einen gewissen Schutz. Theoderich ließ ihn nach Gallien, wahrscheinlich zu den Westgoten, bringen. Als er von dort nach Italien floh, büßte auch er sein Leben ein.[24]

Theoderichs Anhänger begründeten die Bluttat ihres Königs damit, dass er einem Anschlag seines Feindes zuvorgekommen sei. Odoaker mag in der Tat mit seiner neuen Position nicht zufrieden gewesen sein und daher irgendwelche Pläne geschmiedet haben, die nicht den Vorstellungen der neuen Machthaber entsprachen. Die systematische Vorgehensweise der Goten gegen Odoakers Anhänger spricht jedoch dafür, dass Theoderich nicht daran dachte, sich die Herrschaft mit seinem Gegner zu teilen. Schließlich durfte er nun behaupten, auf diese Weise sein Versprechen erfüllt zu haben, das er vor seinem Abzug aus Konstantinopel dem Kaiser gegeben hatte.

Seinem Ansehen hat die Mordtat wenig geschadet. Theoderich konnte sich jetzt als alleiniger Herrscher über Italien fühlen. Zu seinem Herrschaftsgebiet rechnete er ferner die Alpenprovinzen Rätien und Noricum sowie die westlichen Balkanprovinzen Dalmatien und Pannonien, also die Gebiete bis zum Zusammenfluss von Save und Donau, die einst mit zur Prätorianerpräfektur Italien gehört hatten. Der Gewinn seiner seit längerem angestrebten Herrschaft stellte Theoderich jedoch vor die Bewältigung mehrerer schwerer und heikler politischer Probleme. Er musste sich um die Anerkennung durch den neuen oströmischen Kaiser

Anastasius I. bemühen, der für seine Rechtgläubigkeit bekannt war und der nach seiner Thronbesteigung am 11. April 491 mit äußerster Härte gegen den Zeno-Clan vorgegangen war. Zudem waren die Schäden eines Krieges, der fast vier Jahre gedauert hatte, zu beseitigen; insbesondere die norditalischen Städte hatten schwer gelitten. Theoderich musste aber nicht nur die Bevölkerung Italiens für sich gewinnen, sondern auch sein Gotenheer angemessen versorgen, was weitere Opfer von der einheimischen Bevölkerung erforderte – eine auf den ersten Blick schier unlösbare Aufgabe, die viel Umsicht und Geschick von jemandem erforderte, dessen Leben bislang der Krieg bestimmt hatte.

IV. Herrschaft über Italien

Ansiedlung der Goten

Während des Krieges gegen Odoaker waren viele Goten in Pavia einquartiert worden, wo sie dicht gedrängt in den Häusern der einheimischen Bevölkerung lebten. Infolge der räumlichen Enge und der unterschiedlichen Lebensweise kam es dabei immer wieder zu Streitigkeiten zwischen ihnen und den Römern. Dem steten Bemühen des Bischofs Epiphanius um Ausgleich war es letztlich zu verdanken, dass sich die Konflikte nicht ausweiteten.[1]

Ein derartiges Zusammenleben konnte jedoch nur eine Übergangslösung darstellen. Nach dem Sieg über Odoaker musste ein anderer Weg gefunden werden, der sowohl Römer als auch Goten auf Dauer zufrieden stellte und darüber hinaus die Anhänger Odoakers mit berücksichtigte. Zwar stellten 100 000 Goten in Italien nur eine kleine Minderheit dar, aber ihre Zahl war groß genug, um bei ihrer Ansiedlung Probleme hervorzurufen. Außerdem bestand ein gravierender Unterschied zu früheren Landnahmen von Germanenstämmen. Die Goten kamen nicht als Unterworfene nach Italien, denen man ohne weiteres verlassene und brachliegende Felder zuweisen und dafür noch Tribute und die Gestellung von Truppen abverlangen konnte. Sie waren die Sieger, deren König das von ihnen betretene Reichsgebiet beherrschte.

Theoderich war klug genug, die schwierige Aufgabe nicht selbst in Angriff zu nehmen, sondern beauftragte einen relativ jungen Senatoren namens Petrus Marcellinus Felix Liberius, den er 493 zum Prätorianerpräfekten und damit zum obersten zivilen Amtsträger des Landes ernannte. Für seine Wahl sprachen mehrere Gründe: Aufgrund seiner Herkunft besaß Liberius gute Beziehungen zu den führenden Familien Italiens; er hatte zwar Odoaker gedient, sich dabei aber nicht kompromittiert und sich nach dessen Ermordung nicht opportunistisch verhalten. Liberius' Privatbesitz lag überdies weit verstreut in ganz Italien, sodass ihm schlecht vorgeworfen werden konnte, die Goten oder bestimmte Regionen in besonderer Weise zu bevorzugen.

Der Prätorianerpräfekt wurde den an ihn gestellten Anforderungen gerecht; denn die Ansiedlung der Goten verlief offensichtlich in großem Einvernehmen, wofür er des Öfteren gelobt wurde. Wie er dabei vorging, lässt sich mangels präziser Angaben in den Quellen nicht mehr genau klären; jedenfalls scheint es nicht zu Enteignungen gekommen zu sein. Dies hätte zweifellos zu vehementen Protesten römischer Grundbesitzer, vor allem der Curialen und Senatoren geführt; doch gibt es in den Quellen, die im Wesentlichen von Angehörigen dieser Schicht verfasst worden sind, keine Hinweise auf einen derartigen Widerstand.

Wenn es keine Enteignungen gab, bietet sich als Möglichkeit eine finanzielle Lösung des Problems an. Diese könnte darin bestanden haben, dass Liberius die Goten an den Steuereinnahmen Italiens beteiligte. Unter dem von Cassiodor erwähnten „Drittel" wäre dann ein ebensolcher Anteil an den Steuereinkünften zu verstehen, der an Theoderichs Gefolgsleute abgeführt worden wäre. Da Liberius als Prätorianerpräfekt zugleich für die Steuererhebung verantwortlich war, hätte er eine derartige Anordnung ohne große Schwierigkeiten durchführen können. Gegen diese These spricht aber der immer wieder auftauchende Hinweis, dass die Goten Güter und Äcker besaßen.

In einem Brief an Liberius lobt Ennodius den Prätorianerpräfekten auch dafür, dass er die unzähligen Scharen der Goten durch die freigebige Übertragung von Gütern reich gemacht habe, während die Römer kaum etwas bemerkt hätten. Es handelte sich zum einen um Ländereien, die Odoaker und seinen Gefolgsleuten gehört hatten, von denen die meisten umgekommen waren, zum anderen höchstwahrscheinlich um Staatsland sowie Äcker, die infolge des Krieges ihren Besitzer verloren hatten und brachlagen. Gerade in Norditalien, das sehr unter dem Krieg gelitten hatte, dürfte es viele solcher Felder gegeben haben, sodass sich auch dadurch erklären lässt, warum hier die meisten Goten lebten. In der Gesamtsumme wird sich der Umfang des gotischen Grundbesitzes auf ein Drittel des entsprechenden italischen Landes belaufen haben. Liberius' Geschick bestand darin, die Übertragung der verschiedenen Ländereien ohne größeres Aufsehen vollzogen und weitergehende Konflikte vermieden zu haben. Bei der Verteilung des Landbesitzes wurden die Goten nicht gleich behandelt, sondern je nach Stellung und Verdienst. Theoderichs Neffe Theodahad besaß jedenfalls den größten Teil Tuskiens. Wie die Römer so mussten auch die Goten den Besitz ihres Landes mit einer Urkunde belegen können und die Grundsteuer bezahlen.[2]

Wenn hier von Goten die Rede ist, so ist zu bedenken, dass sich verschiedene 'Volksgruppen' Theoderichs Heer angeschlossen hatten. Bei der damals stattfindenden Landnahme waren zumindest einige von

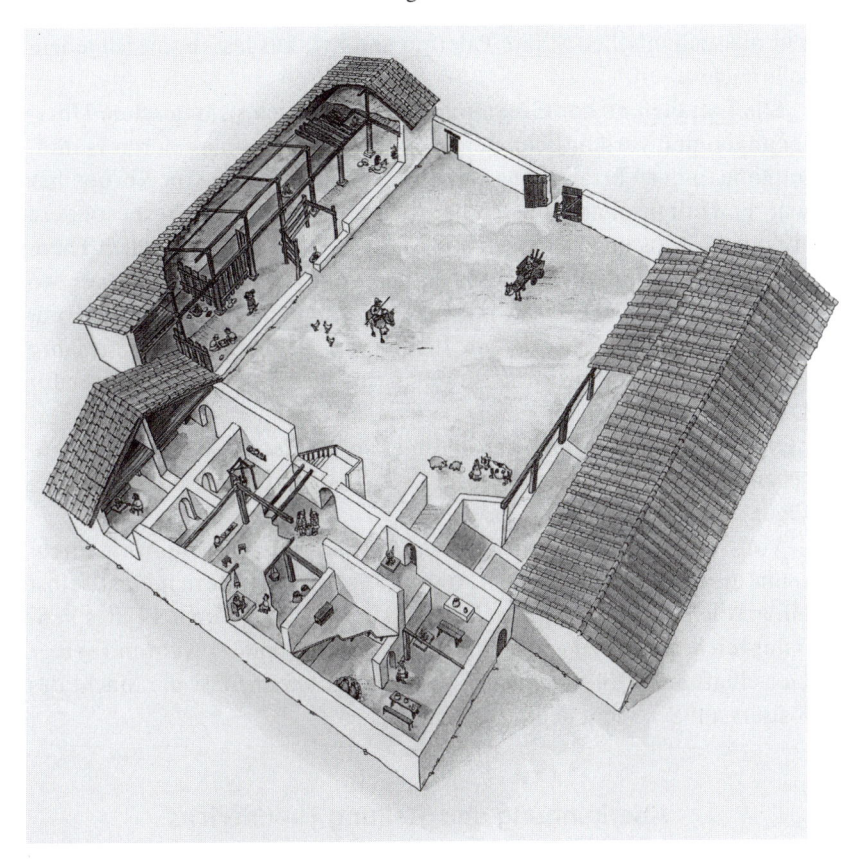

Abb. 8: Rekonstruktion der gotischen Siedlung auf dem Monte Barro.

ihnen darauf bedacht, ihre Identität zu wahren. Dies trifft insbesondere für die Rugier zu, die, wie Prokop betont, keine Ehen mit 'fremden' Frauen eingingen.³

Wie sich anhand von archäologischen Funden und entsprechender Angaben der Quellen nachweisen lässt, lag der Siedlungsschwerpunkt der Goten in Dalmatien und in Nord- und Mittelitalien und dort wiederum in der Lombardei und der Romagna. An der italischen Westküste von Rom bis Genua, in Süditalien und auf Sizilien gab es keine entsprechenden Siedlungen (Abb. 8). Allerdings bedeutet dies noch lange nicht, dass dort überhaupt keine Goten lebten. Mit kleineren Einheiten als Besatzungstruppen ist in vielen Orten auch dieser Gebiete zu rechnen.

Für die sizilianischen Städte Palermo und Syrakus lassen sie sich jedenfalls nachweisen.⁴

Die Landnahme der Goten folgte offensichtlich strategischen Überlegungen und verdeutlicht gleichzeitig, dass von nun an deren Hauptaufgabe in der Verteidigung Italiens bestand. Gerade von Norden her war die Halbinsel am meisten bedroht. Dies traf damals insbesondere für den Nordosten zu, von wo aus Alarich, Attila und schließlich Theoderich selbst auf die Apenninenhalbinsel eingedrungen waren, von wo aber auch in Krisenzeiten mit einem schnellen Aufmarsch und mit einem Angriff der kaiserlichen Truppen zu rechnen war, wie im Jahre 474 die Absetzung des Kaisers Glycerius durch den Heermeister für Dalmatien, Julius Nepos, gezeigt hatte. Da Theoderichs Residenzen vornehmlich in Norditalien lagen, hatte er außerdem das Gros seines gotischen Gefolges mehr oder weniger in unmittelbarer Reichweite zur Verfügung.

Von Süden über Sizilien oder von Dyrrhachium über die Adria fürchteten die Goten wohl keinen Angriff, obwohl Theoderich einst selbst einen solchen einmal geplant hatte. Die erfolglosen Versuche, das Vandalenreich wieder zu erobern, von denen der Amaler während seiner Geiselhaft gehört hatte, dürften ihm gezeigt haben, dass die Macht des Kaisers auf See recht begrenzt war.

Anerkennung und Stellung Theoderichs

Während die Ansiedlung der Goten relativ schnell und problemlos verlief, zog sich die Anerkennung Theoderichs durch Anastasius I. einige Jahre hin; denn auf Italien konnte der Kaiser nicht nur wegen seiner historisch-politischen Bedeutung schlecht verzichten. Infolge seiner geographischen Lage war es auch ein wichtiges Bindeglied für die Kontakte zu den westlichen Reichsteilen. Überdies wollte der Kaiser den Einfluss nicht verlieren, den seine Vorgänger seit der Mitte des 5. Jahrhunderts auf das Land gewonnen hatten. In seinem Abkommen mit Zeno hatte Theoderich vereinbart, dass er im Falle eines Erfolges bis zur Ankunft des Kaisers an dessen Stelle über Italien herrschen würde. Beide hatten sich dabei allem Anschein nach noch nicht darauf verständigt, welches Amt beziehungsweise welche Stellung der Gotenkönig in Italien einnehmen sollte, sondern diesen Punkt offen gelassen. Theoderich hatte daher während seines Feldzuges nur den Rang eines Patricius und die amalische Königswürde inne. Er konnte indes hoffen, nach einem Sieg eine für ihn günstige und dementsprechend machtvolle Position in Verhandlungen mit dem Kaiser durchzusetzen.⁵

Bereits während des Krieges gegen Odoaker glaubte der Gotenkönig, erfolgreich mit dem Kaiser verhandeln zu können. Nach seinem Sieg an der Adda schien sich sein Gegner nicht mehr lange halten zu können. Durch seine militärischen Erfolge hatte Theoderich außerdem viele Senatoren auf seine Seite gebracht, sodass er jetzt mit dem Senat zusammenarbeiten konnte, der bei der Bestätigung der italischen Machthaber in den letzten Jahrzehnten eine zentrale Rolle gespielt hatte. Im Jahr 490 schickte der Amaler daher eine Gesandtschaft von Senatoren nach Konstantinopel, die der Vorsitzende des Senates, der ehemalige Konsul Flavius Rufius Postumius Festus, anführte. Sie bat Zeno, Theoderich wie einst Odoaker als König anzuerkennen und ihm als Zeichen seiner Anerkennung das kaiserliche Ornat zu schicken. Der Kaiser ließ sich allerdings mit einer Antwort erheblich Zeit.⁶

Theoderich schickte daraufhin eine zweite Gesandtschaft nach Konstantinopel. Ihr gehörten der nicht weiter bekannte Senator Irenaeus und mit Flavius Anicius Probus Faustus Iunior Niger ein Mitglied einer der einflussreichsten Senatorenfamilien Roms an. Da ihm Odoaker erst 490 zum Konsulat verholfen hatte, konnte er sich umso eher als neutraler Fürsprecher des Gotenkönigs geben. Was das Datum dieser Gesandtschaft betrifft, so lässt sich nicht mehr genau feststellen, ob sie noch vor dem Tod Zenos am 9. April 491 Italien verließ oder doch eher erst 492, als sich nach der Einnahme von Rimini die baldige Eroberung Ravennas abzeichnete. Auf jeden Fall verhandelten Irenaeus und Faustus bereits mit Zenos Nachfolger Anastasius I. Allerdings verband die Gesandtschaft ihr Anliegen mit Fragen des Kirchenstreits zwischen Rom und Konstantinopel um die Vorrangstellung des Papstes, da Faustus in engem persönlichem Kontakt mit Papst Gelasius I. stand und diesen um entsprechende Instruktionen gebeten hatte. Anastasius I. nutzte die Gelegenheit aus und versuchte die Klärung der Frage, ob er das Abkommen zwischen Zeno und Theoderich akzeptieren sollte, irgendwie mit einer Lösung des kirchenpolitischen Streits zu verbinden. Indem er auf diese Weise Druck auf den Gotenkönig auszuüben versuchte, zogen sich die Verhandlungen hin.⁷

Theoderich wartete in der Zwischenzeit nicht untätig ab. Noch vor der Rückkehr seiner Gesandtschaft ließ er sich nach der Ermordung Odoakers von seinen Goten wohl durch eine Schilderhebung, wie sie auch im kaiserlichen Heer üblich war, zum König *(rex)* ausrufen. Es war dies seine dritte derartige Erhebung nach 471 und 474. Theoderich tat dies, um keine Unsicherheiten hinsichtlich seines Herrschaftsanspruches aufkommen zu lassen, wozu ihn die negativen Erfahrungen mit den Rugiern und mit den Gefolgsleuten Odoakers sowie mögliche Rivalitäten unter den Goten selbst veranlasst haben mögen. Gleichzeitig dokumentierte er mit seinem Verhalten, dass er aus eigener Kraft die Herrschaft erlangt hatte und sie auch durchsetzen konnte. Ganz bewusst vermied er allerdings jeglichen Zusatz zu seinem neuen Titel. Mit der bloßen Bezeichnung 'König' wollte er verdeutlichen, dass er nun die Nachfolge Odoakers, den der Kaiser anfänglich als Herrscher über Italien akzeptiert hatte, angetreten habe. Der neue Königstitel unterschied sich indes in zweifacher Hinsicht von seinen bisherigen: Theoderich regierte jetzt über zwei Völker, über die Römer und die Goten, während er bislang nur einen Personenverband gotischer Krieger befehligt hatte. Überdies kam zu der personalen Komponente seiner Herrschaft noch eine territoriale hinzu: Mit Italien beherrschte der gotische Heerführer ein fest umgrenztes Gebiet.[8]

Auch wenn Theoderich sich nicht zum Kaiser ausrufen ließ, so kam in den Augen des byzantinischen Hofes sein Verhalten dennoch einer Usurpation gleich, da er sich zunächst ohne Absprache mit dem Feind des Kaisers verbündet und anschließend dessen Position eingenommen hatte. Die Verstimmung zwischen beiden Seiten war jedoch nur kurzfristig. Mit einem Patricius und Waffensohn seines Vorgängers, der zudem für sich in Anspruch nehmen konnte, in kaiserlichem Auftrag gehandelt zu haben, wollte auch Anastasius I. es nicht zu einem offenen Bruch kommen lassen und ernannte daher nach wie vor demonstrativ westliche Senatoren zu Konsuln.

Theoderich bemühte sich seinerseits ebenfalls um einen Ausgleich, um sicherzugehen, dass seine Regierungsakte weiterhin anerkannt blieben, und um keinen Unmut insbesondere unter italischen Senatoren aufkommen zu lassen, die in dem Kaiser nach wie vor ihr legitimes Staatsoberhaupt sahen. Eine Gelegenheit zur Annäherung bot sich, als nach Gelasius' Tod mit Anastasius II. 496 in Rom ein Papst an die Macht kam, der gewillt war, mit dem Patriarchen von Konstantinopel zu verhandeln. Im Frühjahr 497 reiste daher eine dritte Gesandtschaft Theoderichs zu dem oströmischen Kaiser. Wie die erste stand sie wieder unter der Leitung des Flavius Rufius Postumius Festus. Er war nun endlich erfolgreich. Mit Kaiser Anastasius I. (Abb. 9) brachte er einen Frie-

Abb. 9: Münzbild des oströmischen Kaisers Anastasius I. (491–518).

densschluss bezüglich der „Vorwegnahme der Königsherrschaft" durch Theoderich zustande. Anastasius I. erkannte den Goten als König mit all seinen umfangreichen Machtbefugnissen an und ließ ihm als Zeichen seiner Anerkennung die kaiserlichen Herrschaftsabzeichen überbringen, die Odoaker 476/477 nach Konstantinopel gesandt hatte. Im Gegenzug akzeptierte Theoderich die Suprematie des oströmischen Kaisers.[9] So sicherten beide Seiten die Kontinuität der römischen Herrschaft für Italien ab.

Wie der Gotenkönig das Verhältnis zum oströmischen Kaiser sah, legte er um 508 wortreich in einem programmatischen Schreiben an Anastasius I. dar. In ihm heißt es: *Und daher verpflichtet uns Eure Macht und Ehre, frömmster Fürst, dass wir ein gutes Einvernehmen mit Euch suchen müssen, durch dessen Liebe wir noch weiter Fortschritte machen. Denn Ihr seid die herrlichste Zierde aller Reiche, Ihr seid der heilbringende Schutz der ganzen Welt, zu dem mit Recht alle übrigen Herrscher aufblicken, weil sie erkennen, dass Ihr etwas Eigenartiges an Euch habt, am meisten aber wir, die wir mit Gottes Hilfe in Eurem Staate gelernt haben, wie wir unparteiisch über die Römer herrschen können. Unsere Herrschaft ist nur eine Nachahmung der Euren, die Gestaltung eines guten Vorhabens, das Abbild des alleinigen Reiches. Wie sehr wir Euch hierin folgen, umso mehr zeichnen wir uns vor den anderen Völkern aus. (…) Denn wir glauben, dass Ihr nicht dulden könnt, dass zwischen den beiden Staaten, die unter den früheren Kaisern immer für einen einzigen Körper gehalten wurden, irgendeine Uneinigkeit fortbesteht. Sie müssen daher nicht nur in friedlicher Liebe miteinander verbunden werden, sondern es gehört sich auch, dass sie sich gegenseitig nach Kräften unterstützen. Dass es ein Zeichen der römischen Herrschaft sei, ein und dasselbe zu wollen, möge stets die alleinige Meinung sein. Und was immer in unserer Kraft steht, soll auf Eure Verherrlichung ausgerichtet sein.*[10]

Danach erkannte Theoderich nicht nur die Vorrangstellung des oströmischen Kaisers an, sondern sah in ihm auch ein für ihn verpflichtendes Vorbild und bekräftigte so die Rechtmäßigkeit seiner eigenen Herrschaft. Bei allen schmeichelhaften Formulierungen bezüglich seiner Verbundenheit und Ergebenheit gegenüber dem Kaiser sollte aber nicht übersehen werden, dass der Gotenkönig keinen Zweifel an der Eigenständigkeit seiner Herrschaft aufkommen ließ. Den Erwerb seiner Kenntnisse der Regierung über die Römer führte er daher auch allein auf Gott zurück und nicht etwa auf seine Erfahrungen am kaiserlichen Hof. Zudem spricht er von zwei Staaten, die in einem Körper miteinander verbunden seien. Die These von den zwei Staaten war allerdings keine Erfindung Theoderichs, sondern beruhte auf einer Absprache mit dem kaiserlichen Hof. In einem Brief an den Senat gebrauchte Anastasius I. ebenfalls diese Formulierung.[11]

Theoderichs Aussage über die Vorrangstellung des Kaisers blieb nicht Lippenbekenntnis, sondern kam in mehreren Vorgängen zum Ausdruck. Zu den kaiserlichen Herrschaftsabzeichen, die ihm Anastasius I. übersandt hatte, gehörten auch die Insignien wie Purpurgewand, Zepter und Diadem. Nach der Aussage des griechischen Historikers Prokop nahm Theoderich sie nicht an, was dahingehend zu verstehen ist, dass er mit ihnen nicht in der Öffentlichkeit auftrat.[12] Und in der Tat gibt es keine Darstellung des Goten, auf der alle genannten Insignien zu finden sind.

Abb. 10: Bildnis Theoderichs auf dem Goldmedaillon von Morro d'Alba.

So trug Theoderich als Zeichen seiner Herrschaft nicht das Diadem eines Kaisers. Ein Goldmedaillon, welches das einzige Münzbild des Goten enthält, zeigt ihn ohne Diadem, aber dafür mit dem gelockten langen Haupthaar eines Barbarenkönigs und einem kurzen Schnurrbart (Abb. 10). Auf einem Mosaik in der Kirche Sant'Apollinare Nuovo in Ravenna, das später zu einem Bildnis des Kaisers Justinian umgearbeitet wurde, war er ebenfalls ohne Diadem und Ohrgehänge dargestellt worden (Abb. 11).

Allerdings ist bekannt, dass der Gote eine Purpurfabrik besaß und sich ein Purpurgewand anfertigen ließ. Auf einem anderen Mosaik in derselben Kirche, dessen Darstellung später in die des heiligen Martin

Abb. 11: Bildnis Justinians in Sant'Apollinare Nuovo.

umgewandelt wurde, führt Theoderich mit einem Purpurpallium bekleidet eine Prozession zu Christus an (Abb. 12).[13]

Ebenso nahm Theoderich den Titel 'Augustus' nicht an, der allein dem obersten Kaiser zustand.[14] Er ließ sich wie Odoaker nur als 'König' bezeichnen, allerdings wie ein Kaiser als *dominus* und *princeps* anreden, sodass seine Stellung von manchen Zeitgenossen durchaus als kaiserähnlich verstanden worden sein kann. Ferner setzte er seit 500 vor seinen Namen den römischen Gentilnamen Flavius, den seit Constantin alle rechtmäßigen Kaiser trugen, sodass er von nun an offiziell Flavius Theodericus rex hieß. Den Anspruch auf diesen Namen dürfte er aus seiner Adoption durch Zeno abgeleitet haben.

In mancherlei Hinsicht verhielt sich Theoderich allerdings eher wie ein römischer Amtsträger und nicht wie ein Kaiser. So erließ er keine Gesetze, sondern nur Edikte. In seinen Schreiben, in denen er im Unterschied zum Kaiser seinen Namen dem Adressaten nachstellte, wurde nicht die kaiserliche Kanzleischrift und Purpurtinte verwendet. Er tastete auch nicht das Münzmonopol des Kaisers an; stattdessen tragen die Münzen, die während seiner Herrschaft in Italien geprägt wurden, bis auf das abgebildete Goldmedaillon das Bild des Kaisers. Lediglich sein eigenes Monogramm ließ Theoderich hinzufügen. Er nominierte zwar Konsuln, ihre Ernennung überließ er aber weiterhin Ostrom. Und um Missverständnissen vorzubeugen, bezog Theoderich in Ravenna nicht den Kaiserpalast, sondern ordnete ganz bewusst den Bau eines eigenen Palastes an; als Vorbild wählte er denjenigen Konstantinopels, in dem er einst als Geisel seine Jugend verbracht hatte.

Hinsichtlich seiner Befugnisse über Italien stand Theoderich indes einem Kaiser in nichts nach. Er übte die oberste Gerichtsbarkeit aus, leitete die zivile Verwaltung, ernannte Senatoren und kontrollierte die Angelegenheiten der Kirche. Angesichts solcher Machtfülle trat er denn auch wie ein Kaiser auf und bemühte sich stets, die Tugenden eines Kaisers zu verkörpern, indem er beispielsweise sein Eintreten für die Freiheit und das Gedeihen des Landes, sein richtiges Verhalten gegenüber den Menschen und Gott sowie seine Freigebigkeit propagieren ließ.[15] Ferner ließ er sich als Erneuerer der Städte feiern und eine nicht mehr zu lokalisierende Stadt nach seinem Namen in Theodoricopolis umbenennen. Theoderich, der bereits in Konstantinopel mit einem Reiterstandbild geehrt worden war, beanspruchte ebenfalls das Bildnisrecht für sich. So ehrte ihn der Senat mit einer goldenen Statue dafür, dass er die Stadtmauer und die Würde der Stadt wiederhergestellt habe.[16]

76 Herrschaft über Italien

Abb. 12: Darstellung des heiligen Martin in Sant'Apollinare Nuovo.

Abb. 13: Darstellung von Theoderichs Palast in Sant'Apollinare Nuovo.

Auch wenn Theoderich sich nie mit einem Diadem zeigte, so entsprachen seine Darstellung und sein Habitus bei öffentlichen Auftritten ganz dem eines Kaisers. Hiervon zeugt wiederum das bereits erwähnte Goldmedaillon, das ihm wahrscheinlich anlässlich seines Rombesuches geschenkt wurde und das völlig in der Tradition der kaiserlichen Münzpropaganda steht. Auf ihm trägt er einen römischen Schuppenpanzer und darüber einen Feldherrenmantel, der wahrscheinlich purpurn gefärbt war. Die rechte Hand hat er wie zur Ansprache erhoben, während er in der Linken einen Globus hält, auf dem eine Siegesgöttin mit Kranz und Palmzweigen steht, wie sie wahrscheinlich seit dem Jahre 238 der Senat den Kaisern zu ihrem Regierungsantritt überreichte.[17]

Einem Kaiser gleich ließ sich Theoderich ferner auf einem verloren gegangenen Mosaikbild an der Giebelseite seines Palastes in Pavia abbilden, das ihn als bewaffneten Krieger darstellte. Anstelle der Personifikationen von Rom und Konstantinopel, die ansonsten auf Darstellungen den Herrscher flankierten, standen zu seiner Linken Rom mit Helm und Lanze und zu seiner Rechten eine Allegorie Ravennas, die auf den König zulief, indem sie ihren rechten Fuß auf das Meer und den linken auf das Land setzte.[18]

Dieses ambivalente Verhalten stieß bei seinen italischen Untertanen, selbst bei den Senatoren, auf Zustimmung, wie der großartige Empfang zeigte, den sie ihm anlässlich seines Rombesuches bereiteten. Angesichts seines Auftretens und seiner Machtfülle verehrten sie ihn wie einen 'Ersatzkaiser'. Wegen seiner Toleranz nannten sie ihn einen zweiten Traian und Valentinian. In einer Inschrift apostrophierte ihn ein bedeutender Senator sogar als Augustus, als Kaiser.[19] In Anlehnung an das berühmte Bonmot des Thukydides über Perikles schrieb daher der griechische Historiker Prokop über Theoderich, dass er dem Namen nach ein Tyrann, in der Tat ein wirklicher Kaiser gewesen sei.[20]

Verwaltung

In seiner Lobrede auf Theoderich kommt Ennodius auch ausführlich auf dessen Reichsverwaltung zu sprechen: *Ein großer Teil deiner ehrenvollen Verdienste führt mich auf ein anderes Gebiet: Ich sehe, wie den Aschenhaufen der Städte unverhoffter Glanz zuteil wurde und in einer Zeit des Wohlstands unter der Bevölkerung überall die Dächer der Paläste schimmern. Ich sehe Bauwerke schon vollendet, bevor ich überhaupt von der Planung erfahren habe. Rom, die Mutter der Städte selbst, wird wieder jung, weil man ihre vom Alter morschen Glieder zurückstutzt. Erlaubt uns das bitte, geheiligte Uranfänge beim luperkalischen Genius: Mehr bedeutet es, den Untergang aufzuhalten als den Anfang ermöglicht zu haben. Dazu kommt, dass du den blühenden Kranz der Curia mit unzähligen Blüten geschmückt hast. Keiner musste bis jetzt die Hoffnung auf Ehrenämter aufgeben, wenn ihm bei seinem Ansuchen die Vorzüge eines reinen Gewissens halfen. Zweifel am Erfolg seiner Bewerbung ist dem unbekannt, der nicht völlig ohne glänzende Verdienste seine Bitte vorgebracht hat. Wir sind nämlich entweder durch unseren eigenen Vorsatz gute Menschen oder bilden uns nach deinem Vorbild. Der Reichtum des Staates wuchs mit der Zunahme an privatem Reichtum: Nirgendwo gibt es in deinem Palast Korruption, überall hat sich der Wohlstand ausgebreitet. Niemand geht unbeschenkt von dir weg, keiner leidet unter dem Unglück der Proskription. Deine Erlasse besitzen unendliche Gültigkeit: Du sorgst für die richtige Reihenfolge der Mandate, bevor du noch die Boten siehst. Weder gibt es auf deine Repliken Widerspruch, noch folgt deinen Einwänden ein leichtfertiger Beschluss. Anstelle der Waffen wacht dein Ansehen als Herrscher: Die Fürsorge unseres großen Königs schützt uns im Frieden, dennoch hörst du nicht auf, die Festungen zu erweitern, weil du ja für lange Zeit vorsorgst. Weder fehlt an dir die Selbstsicherheit des Tapferen noch die Vorsicht des Ängstlichen. O zweifache Tugendfülle in einem einzigen Herrscher! Sie lässt Gott als Urheber erkennen, weil es sichtlich niemanden unter den Menschen gibt, von dem er seine Eigenschaften erhalten hat.*[21]

Mit seinen elaborierten, barocken Formulierungen übertreibt Ennodius die Verdienste Theoderichs, gerade wenn er ihn mit dem Hinweis auf den luperkalischen Genius mit Romulus vergleicht und ihn über den Gründer Roms selbst stellt. Dennoch zeichnet Ennodius kein falsches Bild der Verhältnisse. Im Kern treffen seine Hinweise auf die Bautätigkeit in den Städten, die Förderung der Curia, das heißt des Senates, den gewachsenen Wohlstand und die geordnete Verwaltung mehr oder weniger zu.

Nach Jahren der Kriegsführung erwies sich Theoderich als ein fürsorglicher, vorausschauender und umsichtiger Herrscher. Er war dabei klug genug, an den bestehenden, seit Jahrhunderten gewachsenen politischen Verhältnissen kaum etwas zu ändern. Als sein oberstes Ziel proklamierte er die Wahrung und Erhaltung der bestehenden Ordnung und Gesetze *(civilitas)*. Folglich teilten sich der Senat, der wie schon unter den Kaisern als gleichberechtigter Vertreter des Staates fungierte und den Theoderich als Hort der Freiheit pries, und der Gotenkönig die Regierung des Landes, und es gab daher zwei Machtzentren: Rom und Ravenna. Auf diese Weise sicherte sich Theoderich gleichzeitig die Unterstützung der mächtigen Grundbesitzer, der Curialen und vor allem der Senatoren. Überdies dürfte er nur wenige Männer in seinem Gefolge besessen haben, die wie er über Erfahrungen mit dem römischen Herrschaftssystem verfügten.

In der Zivilverwaltung, die Theoderich quasi aus der Hand des Kaisers übernommen hatte, ist zwischen der Hof- und der Provinzialverwaltung zu unterscheiden.[22] Die Leitung des kaiserlich-königlichen Hofes lag in den Händen von vier einflussreichen Amtsträgern. Der wichtigste unter ihnen war der *magister officiorum*, der für das Zeremoniell am Hofe verantwortlich war und die Staatspost und deren Kuriere kontrollierte. Er beaufsichtigte ferner die für den Schriftverkehr zuständigen Büros. Für die Verlautbarungen des Königs war indes der *quaestor sacri palatii* zuständig. Er entwarf die von ihm ausgehenden Schriftstücke, wofür ihm ein entsprechendes Personal zur Verfügung stand. Für seine Tätigkeit musste dieser Minister über juristische Kenntnisse verfügen und fungierte deshalb als Rechtsberater des Herrschers. Der *comes sacrarum largitionum* sorgte für die Finanzierung außerordentlicher Ausgaben des Königs, wie Geschenke an Soldaten, Gesandte und Verbündete, sowie für Schauspiele und Bauwerke. Zu diesem Zweck oblag ihm die Aufsicht über einen Teil der Steuereinnahmen, wie die Handels- und Salzsteuer, das Zollwesen und die Münzstätten; ferner hatte er sich um die Garderobe des Königs zu kümmern.

Theoderich besaß ein ansehnliches Privatvermögen *(patrimonium)*, das er von Odoaker übernommen hatte. Die Aufsicht darüber übertrug er dem *comes patrimonii*, dem die Güter des Königs unterstanden, deren Pachteinnahmen er kontrollierte. Ferner beaufsichtigte er wie unter Odoaker die Einnahmen der Grundsteuer auf Sizilien und in Dalmatien und sorgte sich darum, dass die Tafel des Königs mit Speisen und Weinen reichlich beliefert wurde. Darüber hinaus verfügte Theoderich an seinem Hof über einen ganz persönlichen Stab an Gefolgsleuten. Zu ihnen gehörte der Vorsteher seines Schlafgemaches *(praepositus sacri cubiculi)*; das Schlafgemach selbst wurde von einer eigenen Leibwache des Königs bewacht, neben der noch eine eigene Palastwache existierte.

Die führenden Hofbeamten gehörten von Amts wegen dem Hofrat *(consistorium)* an. Da er jedoch fast ausschließlich aus Römern bestand, verlor er rasch an Bedeutung. Theoderich nahm an den entsprechenden

'Beratungen' kaum noch teil, sondern ließ sich darüber häufig durch Vorträge des Hofquästors und der Referendare, beispielsweise bei einem Ausritt, informieren.[23] Viel lieber umgab sich der Gote mit bedeutenden und einflussreichen Männern aus seinem Gefolge, die ihn bei wichtigen Entscheidungen berieten und denen er auch verantwortungsvolle Aufgaben übertrug. Zu diesem gotischen Hofrat sind die wichtigsten Befehlshaber wie Arigern und Tuluin sowie der Vorsteher des Schlafgemachs zu zählen; sie alle genossen das besondere Vertrauen des Königs. So übernahm Arigern bedeutungsvolle Aufgaben im Gerichtswesen und griff 502 bei der Wahl des Papstes Symmachus schlichtend ein. Tuluin, der sogar am Hofe Theoderichs aufgewachsen war und später in die Familie des Amalers einheiratete, beriet ihn bei der Ernennung von Konsuln, Patriziern und Präfekten.

An der Spitze der Provinzialverwaltung stand nach wie vor der Prätorianerpräfekt. Er verfügte über eine uneingeschränkte Gerichtsbarkeit, da er an Stelle des Königs Recht sprechen durfte. Seine zweite wichtige Aufgabe bestand in der Aufsicht über die Steuereinnahmen, insbesondere der *annona*, der Hauptsteuer der Römer, die auf allen landwirtschaftlichen Vermögen lag und deren jährliche Höhe er bestimmte. Ihm unterstellt waren zwei Vikare, die ihm bei der Kontrolle der sechzehn Statthalter halfen. Diese bereisten ihre Provinzen, um Recht zu sprechen und den Verlauf der Steuereintreibung zu überwachen, für die die führenden Curialen in den Städten verantwortlich waren. Über Vergehen der zivilen Amtsträger konnten sich die Provinzialen durch Bittschriften oder Gesandtschaften entweder direkt beim König beschweren oder, um ihren Anliegen größeren Nachdruck zu verleihen, über die Landtage der einzelnen Provinzen.[24]

Eine Sonderstellung in der Zivilverwaltung nahm weiterhin die Stadt Rom ein, die einem Stadtpräfekten unterstellt war. Dieser trug die Hauptverantwortung für die Versorgung, die Finanzen und die innere Sicherheit der altehrwürdigen Stadt, seine jurisdiktionellen Kompetenzen entsprachen denen des Prätorianerpräfekten. In die führenden Ämter der römischen Hof- und Provinzialverwaltung berief Theoderich Vertreter der alteingesessenen Senatsaristokratie. Dabei verfuhr er ähnlich wie Odoaker, indem er bei den Ämterbesetzungen und bei den Ernennungen zum Konsul die Angehörigen der alten, einflussreichen Familien, beispielsweise der Anicii, Petronii, Ceionii und vor allem der Decii, bevorzugte. Diese Familien kamen mit wenigen Ausnahmen aus Rom und seiner Umgebung.

In der zweiten Hälfte seiner Regierungszeit wandte sich Theoderich allerdings immer mehr Personen zu, die aus weniger angesehenen Familien stammten. Ihnen übertrug er vor allem die führenden Hofämter, deren Amtsinhaber in besonderem Maße das Vertrauen des Königs besitzen mussten. Unter den Prätorianer- und Stadtpräfekten dominierten dagegen die Vertreter der illustren stadtrömischen Familien. Indem Theoderich die Karriere und den sozialen Aufstieg bestimmter Italiker förderte, band er sie enger an sein Königshaus. Dass diese Aufsteiger vorwiegend aus Norditalien stammten, wo der Siedlungsschwerpunkt der Goten lag, braucht nicht zu verwundern; denn im Umgang mit ihnen waren die Norditaliker vertrauter und konnten so leichter Kontakte knüpfen. Es blieb allerdings nicht aus, dass Theoderich mit dieser Personalpolitik eine Polarisierung innerhalb der Senatsaristokratie förderte. Die Vertreter der altehrwürdigen Familien standen Neuankömmlingen, auch wenn sie sich über längere Zeit in verschiedenen Ämtern erst noch hochdienen mussten, oft ablehnend gegenüber, wie das Beispiel eines Armentarius und dessen Sohnes Superbus zeigt. Deren Aufnahme in den Senat konnte Theoderich nur mit Strafandrohung gegenüber dem Stadtpräfekten durchsetzen.[25]

Da die Goten als römisches Föderatenheer im Auftrag des Kaisers nach Italien gekommen waren und sich als Beschützer des Landes fühlten, gingen sie nach ihrer Ankunft nicht in dem Bürgerverband der italischen Städte auf, sondern bewahrten ihre Eigenständigkeit. Theoderich sah sich daher genötigt, die Verwaltung des Landes um eine ethnische Komponente zu erweitern. So führte er ganz bewusst nach dem Vorbild der Westgoten die Ämter eines Stadtcomes und eines Provinzcomes ein, die in Konkurrenz zu dem römischen Verwaltungsapparat standen. Da für die Übernahme dieser Ämter Gelder gezahlt wurden, konnte er führende Goten für sich gewinnen. Während das Amt des Provinzcomes wohl nur in den Grenzprovinzen vorkam, war das des Stadtcomes weiter verbreitet. Dieser war in erster Linie das Oberhaupt einer Gotengemeinde und folglich ein militärischer Befehlshaber. In Friedenszeiten fungierten beide Comites vornehmlich als Richter.

Wie sich Theoderich diese Aufgabe vorstellte, ist der Ernennungsurkunde für einen solchen Stadtcomes zu entnehmen: *Da wir mit Gottes Hilfe wissen, dass die Goten mit euch vermischt zusammenwohnen, halten wir es für nötig, damit nicht unter Teilhabern, wie es gewöhnlich zu geschehen pflegt, Disziplinlosigkeit aufkommt, einen erhabenen Mann, der bei uns bislang durch seine guten Sitten Anerkennung gefunden hat, zu euch als Comes zu schicken, damit er gemäß unserer Edikte zwischen zwei Goten pflichtgemäß einen Streit schlichtet und damit er, wenn vielleicht sogar zwischen einem Goten und einem Römer irgendein Rechtsstreit aufkommt, unter Hinzuziehung eines kundigen Römers den Streit auf unparteiische Weise lösen kann. Aber zwischen zwei Römern sollen die Römer die Untersuchungsrichter anhören, die wir in die Provinzen schicken, damit jedem Einzelnen seine Rechte bewahrt werden und bei unterschiedlichen Richtern eine einzige Gerechtigkeit alle zusammenhält.*[26]

Danach führten die Comites in allen Prozessen den Vorsitz, in denen mindestens eine Partei zu den Goten zählte; die Regelung zeigt einmal mehr deren Vormachtstellung. Damit sie nicht allzu deutlich wurde, nahm an Prozessen zwischen ihnen und Römern ein römischer Jurist teil. Außer Gerichtsverfahren übertrug Theoderich den Stadtcomites noch Sonderaufgaben. So überwachten sie die Dienstleistungen von Kaufleuten, befassten sich mit Fragen der Steuererhebung, der Festlegung von Höchstpreisen und der Finanzierung von Stadtmauern; es konnte auch einmal zu ihren Aufgaben gehören, nach einer verschwundenen Bronzestatue zu fahnden.[27]

Aus den Goten rekrutierte Theoderich auch die Saionen, die als Boten seine Befehle überbrachten und zugleich weitere Aufträge ausführten, indem sie beispielsweise Amtsträger kontrollierten, Steuern bei Goten eintrieben, einen Missbrauch bei der Staatspost verhinderten oder den Befehl über Truppeneinheiten übernahmen.[28]

Wie ein Kaiser stand Theoderich somit allen Bereichen der Verwaltung vor, gleich ihm verfügte er auch über legislative Kompetenzen. Auch wenn er im Unterschied zu Anastasius I. keine Gesetze erließ, so griff er doch auf eine andere Tradition der kaiserlichen Gesetzgebung zurück, indem er in der Form eines Ediktes für die Rechtsprechung allgemein verbindliche Richtlinien festlegte und dabei auch den Senat einband. In einem seiner ersten Erlasse nach seinem Sieg über Odoaker entzog Theoderich so den Anhängern seines Gegners jegliche Verfügungsrechte über ihr Vermögen. Diese Maßnahme löste einen so heftigen Unmut in Italien aus, dass die einflussreichen Bischöfe von Pavia und Mailand nach Ravenna zu dem Gotenkönig reisten. Sie konnten ihn schließlich dazu bewegen, diese Anordnung zurückzunehmen.

Offenbar hat Theoderich aus diesem Vorgang gelernt. Bei seinem Rombesuch im Jahre 500 versprach er öffentlich, dass er alles unverletzt einhalten werde, was die Kaiser vor ihm angeordnet hätten. Spätere

Edikte des Königs waren denn auch weniger politisch und spektakulär und dienten eher der allgemeinen Sicherheit und Ordnung. In ihnen wandte sich Theoderich dagegen, dass senatorische Grundbesitzer zu Lasten der Curialen zu wenig Steuern zahlten und die Saionen ihr Amt missbrauchten. Ferner regelte er durch ein Edikt das Gerichtsverfahren vor den gotischen Comites.[29]

Sein bekanntester und umfangreichster Erlass ist das *Edictum Theoderici*, das er bald nach der Anerkennung seiner Herrschaft durch Anastasius I. um 500 herausgab und in den Provinzen bekannt machen ließ. Es besteht aus 154 Einzelverordnungen zum Privat-, Straf- und Prozessrecht.[30] Dieses Edikt war ein wichtiger Bestandteil der von ihm propagierten Wahrung und Einhaltung der bestehenden Ordnung und Gesetze *(civilitas)*. Danach galt für Goten und Römer dasselbe Recht. Da es sich hierbei um das römische Recht handelte, glich sich insofern die Benachteiligung der Römer aus, die vor ein gotisches Gericht kamen. Im Gegensatz zu den Gesetzen anderer germanischer Völker schuf Theoderich also keine eigene Rechtsordnung für die Goten. Die Redaktoren des Edictum Theoderici orientierten sich vielmehr an dem römischen Recht und griffen bei der Auswahl der einzelnen Bestimmungen auf frühere Gesetzessammlungen und Schriften der Juristen zurück.

Allerdings blieben gewisse Neuerungen nicht aus. Die Institution des Militärtestaments ging nun auch auf die Goten über. Ferner fallen die Einführung des germanischen Reinigungseides für die Römer und – wie in anderen Germanenreichen – die Strafverschärfungen für Unfreie auf. Bei der Formulierung der Erlasse konnte Theoderich vor allem seinen Hofquästoren vertrauen. Mit Urbicus stand ihm ein Mann zur Verfügung, der angeblich so beredt wie Cicero war, und mit dessen Nachfolger Cassiodor einer der gebildetsten Senatoren seiner Zeit. Cassiodor wurde dafür bekannt, dass er in seinen Schriftstücken den Stil der spätantiken Kaiserkanzlei mit der Sprache der Gerichtsrede verband und so einen Weg einschlug, der Vorbildcharakter erlangen sollte.[31]

Als Richter erkannte Theoderich wie ein Kaiser niemanden über sich an. In allen Fällen der Rechtsprechung war er zugleich die erste und letzte Instanz, das heißt, dass sich Untertanen direkt an ihn wenden oder von anderen Gerichten, wie denen der Statthalter, an sein Hofgericht appellieren konnten; dorthin konnten sich auch Amtsträger während oder nach einem Gerichtsverfahren wenden. Allerdings lehnte Theoderich auch die Annahme von Fällen ab, die wenig Aussicht auf Revision versprachen.[32]

In seiner kaiserlichen Funktion als Richter gewährte der König einzelnen Personen oder Personengruppen Schutz vor Übergriffen und beauftragte zu dessen Durchsetzung sowohl gotische als auch römische Amtsträger. So versprach Theoderich den Besitz eines Senators zu schützen, während dieser für ihn nach Nordafrika reiste, und sicherte den Angehörigen der Kirche auf Sizilien und ihren Gütern sowie den Juden in Mailand für ihre Synagoge seinen Schutz zu.[33] Im Unterschied zu seinen Comites richtete Theoderich demnach auch in den Fällen, in denen beide Seiten Römer waren. Doch achtete er darauf, dass die bestehenden Gerichte ihre Kompetenzen bewahrten, insbesondere das Fünfmännergericht, das Standesgericht des Senats. Als der Stadtpräfekt Argolicus Theoderich um ein Urteil im Falle zweier wegen Magie angeklagter Senatoren bat, verwies der Gote den Fall nach Rom an dieses Gericht zurück.

Die Zusammensetzung des Hofgerichts und auch die Anzahl seiner Mitglieder waren nicht fest geregelt. Zu seinen Sitzungen lud Theoderich Goten und Römer ein, wobei es sich auf der einen Seite um Angehörige des gotischen Hofrates und auf der anderen um solche des Konsistoriums handelte. Letztere waren allerdings in der Minderzahl, sodass das Hofgericht die Überlegenheit der gotischen Befehlshaber verdeutlichte.

Während der Gerichtsverhandlungen hielt Theoderich sich an die bestehenden Verfahrensregeln und Gesetze und war bestrebt, Missstände abzustellen. Einige Beispiele mögen dies belegen: Die Römerin Agapita hatte nach ihrer Scheidung einem Patrizier ein Landgut verkauft. Nachdem sie zu ihrem Ehemann zurückgekehrt war, focht dieser das Rechtsgeschäft erfolgreich an. Theoderich hob daraufhin die Verträge auf und ordnete die Rückgabe des Landgutes an. Obwohl der davon betroffene Patrizier sich offensichtlich nicht zu verteidigen suchte, bot der König ihm nachträglich an, seinen Anspruch vor dem Hofgericht zu vertreten. Nachdem er das getan hatte, bat Theoderich Agapitas Ehemann seine Einwände ebenfalls vorzubringen. Als sich eine andere Angehörige der Senatsaristokratie namens Iuvenalia bei dem König beschwerte, dass sich ihr Prozess mit dem Patrizier Firmus, bei dem es wohl um die Regelung von Besitzansprüchen ging, die für sie von existentieller Bedeutung waren, schon seit drei Jahren hinzöge, ordnete der Gote an, dass die Anwälte beider Parteien innerhalb von zwei Tagen den Streit ordnungsgemäß beizulegen hätten. Obwohl sie dies tatsächlich schafften, ließ Theoderich sie dennoch zur Abschreckung köpfen.

Seine gerechte, geradezu salomonische Rechtsprechung rühmt der Verfasser der Excerpta Valesiana. Er berichtet von dem Fall einer Witwe, die sehr früh ihren Sohn aus den Augen verloren hatte. Als er später zu ihr zurückkehrte, verleugnete sie ihn, um ihre Verlobung zu retten. Der Sohn wandte sich daraufhin an Theoderich, um seinen Erbanspruch auf ihr Vermögen zu bewahren, und der König lud die Witwe vor sein Gericht. Als sie auf seine Nachfragen hin wiederholt die Mutterschaft leugnete, brachte er sie dazu, sich zu ihr zu bekennen, indem er der Mutter befahl, ihren Sohn zu heiraten.[34]

Besonders unerbittlich ging Theoderich gegen seine innenpolitischen Gegner vor, wie bereits sein erwähnter Erlass über die Gefolgsleute Odoakers verdeutlicht. Den Comes Odoin, der 500 einen Anschlag auf ihn geplant hatte, verurteilte Theoderich bald nach seiner Ankunft in Rom ohne Zögern zum Tode und befahl, ihm im Sessorischen Palast, in dem er residierte, das Haupt abzuschlagen. Vielleicht aus einem ähnlichen Grund ließ er am 7. Juni 514 in Mailand einen anderen Comes umbringen.[35]

Sein besonderes Augenmerk richtete der König auf die öffentlichen Finanzen seines Reiches. Dafür gab es für ihn zunächst zwei wichtige Gründe: Zum einen war sein gotisches Heer von den Steuereinnahmen abhängig, zum anderen hatte er bei seiner Machtübernahme infolge des Krieges die Staatskasse leer vorgefunden. Als ein besonderer Glücksfall erwies sich hier für ihn der Prätorianerpräfekt Liberius, den er mit der Ansiedlung der Goten betraut hatte. In der für einen Präfekten ungewöhnlich langen Amtszeit von 493 bis 500 gelang es Liberius unter großem persönlichem Einsatz, die Steuereinnahmen zu ordnen und erheblich zu steigern.[36] Theoderich ehrte ihn daher am Ende seiner Amtszeit für seine Verdienste, indem er ihm den Titel 'Patricius' verlieh.

In seiner Finanzpolitik ging es Theoderich nicht allein um eine Erhöhung der staatlichen Einnahmen, sondern auch um Steuergerechtigkeit, wie sein bereits erwähntes Edikt zur Steuererhebung beweist. Bei der Gewährung von Steuererleichterungen und -nachlässen hielt sich der König zurück. So gewährte er zwar einen Erlass nach einem Vesuvausbruch, forderte aber gleichzeitig, in Nola und Neapel das Ausmaß der Schäden zu prüfen und davon die Reduzierung der Steuerzahlungen abhängig zu machen. Als in Campanien eine große Hungersnot herrschte, gab er gegen den Willen des Prätorianerpräfekten dem Drängen des *magister officiorum* Boëthius nach, dort keinen Zwangskauf von Getreide zu staatlich festgesetzten Preisen durchzuführen.

Nachsicht zeigte Theoderich eher bei Schäden, die seine Truppen verursacht hatten, um keinen Unmut gegen die Goten aufkommen zu lassen. Den Bewohnern der Cottischen Alpen, die unter dem Durchmarsch seines Heeres gelitten hatten, gewährte er daher 509 eine Steuererleichterung. Ein ähnlicher Grund hatte ihn ein Jahr zuvor veranlasst, 1500 Solidi an den Bischof Severus zu schicken, damit er Provinzialen entsprechend der ihnen entstandenen Schäden abfinden konnte. Theoderichs finanzpolitische Bemühungen waren letztlich erfolgreich. Immerhin konnte seine Tochter Amalasuintha nach seinem Tode ohne weiteres 400 Kentenarien (Zentner) Gold für sich beanspruchen.[37]

Einen großen Teil seiner Einnahmen verwendete Theoderich für den Bau und die Instandhaltung öffentlicher Bauten und anderer Wohltaten. Wie für einen Kaiser, so war für ihn die Bautätigkeit ein wichtiger Bestandteil der politischen Propaganda; denn durch entsprechende Maßnahmen konnte ein Herrscher seine Macht dokumentieren, das Ansehen seiner Herrschaft erhöhen und die Bevölkerung für sich gewinnen. Aus der Regierungszeit Theoderichs sind zahlreiche Bauprojekte bekannt. So kümmerte er sich um die Errichtung und Wiederherstellung der Stadtmauern in Rom, Verona, Pavia und Catania, um die Aquädukte in Rom, Ravenna, Verona und Parma, um die Thermen in Verona, Pavia, Spoleto und Abano Terme und um Säulengänge in Ravenna und Verona. In Rom sorgte er sich überdies um den Erhalt des Senatsgebäudes, des Colosseums, des Pompeius-Theaters, verschiedener Tempel, der Kloake und der Getreidespeicher. In Ravenna ließ er die Herkulesbasilika mit Marmor auskleiden und zwei arianische Kirchen erbauen, darunter seine Palastkirche. Der Bau von sechs weiteren Kirchen in und außerhalb dieser Residenzstadt fällt ebenfalls in seine Regierungszeit.[38]

Repräsentative Bauten soll Theoderich an allen bedeutenden Orten besessen haben. Bekannt ist, dass er bei seinem Rombesuch 500 anordnete, den Kaiserpalast zu restaurieren, den er aber nicht oft benutzte. Weitere Palastanlagen lassen sich in Verona, Pavia, Monza, Galatea, auf der Insel Portus Leonis bei Ravenna und in Ravenna selbst nachweisen.[39] Dort bestand die Palastanlage aus einer apsidialen Basilika und einem Peristylhof. Ein Mosaik in Sant'Apollinare Nuovo vermittelt eine Vorstellung von diesem Komplex. Es zeigt wahrscheinlich den Eingang zur Basilika, der durch seine Portiken einen offenen Eindruck machte. Im Hintergrund sind schwer zu identifizierende Gebäude der Stadt abgebildet (Abb. 13 auf S. 76).[40]

Geographisch gesehen konzentrierte sich Theoderichs Bautätigkeit

Verwaltung 87

auf Oberitalien und dort auf das Dreieck Mailand, Treviso, Rimini. Die Höhe der Kosten lässt sich nicht mehr abschätzen. Oft ist nicht einmal sicher, ob ein Bauwerk gänzlich neu errichtet oder nur erneuert wurde. Lediglich für Rom ist überliefert, dass jährlich 200 Pfund für die Restaurierung des Kaiserpalastes und der Stadtmauer aufgewendet wurden; der Betrag kam allerdings nicht aus dem Vermögen des Königs, sondern aus der für die Weinversorgung der Stadt eingerichteten Kasse.[41] Ferner ist zu bedenken, dass Theoderich die einzelnen Baumaßnahmen nicht selbst überwachte. Vielmehr beauftragte er damit seine zuständigen Amtsträger und die vermögenden Grundbesitzer vor Ort. Diese forderte er beispielsweise auf, das Gestrüpp von einer Wasserleitung zu entfernen, damit sie wieder einwandfrei funktionierte. Bei der Restaurierung des Pompeius-Theaters unterstützte der König eine Initiative des Senators Quintus Aurelius Memmius Symmachus Iunior. Ebenfalls in Rom prüften Senatoren die Rechnungen und Arbeiten an der Stadtmauer.[42] Die Baukosten werden oft immens gewesen sein, da Theoderich, wofür die in Ravenna erhalten gebliebenen Bauwerke sprechen, die besten Künstler und Handwerker heranzog. Insgesamt gesehen übertraf seine Bautätigkeit in Italien die der letzten Jahrzehnte. Selbst Kaiser wie Honorius und Valentinian III., die eine fast ebenso lange Regierungszeit vorzuweisen haben wie der Gote, standen hinter ihm zurück. Dies ist umso erstaunlicher, wenn man bedenkt, dass die Goten keine 'Bautradition' besaßen; aber auch in dieser Hinsicht dürfte Theoderich seine Zeit in Konstantinopel nachhaltig geprägt haben.

Von ihm ist darüber hinaus bekannt, dass er zwei neue Städte anlegen ließ, eine bei Trient und eine vielleicht im Bodenseeraum; ferner ordnete er an, die Pontinischen Sümpfe bei Rom zu entwässern und ein ähnliches Gebiet bei Ravenna trockenzulegen.[43] Leider liegen über die entsprechenden Maßnahmen keine näheren Angaben vor. Obwohl er Spiele nicht mochte, ließ Theoderich auch Zirkusspiele veranstalten und jedes Jahr 120000 Scheffel (etwa 1050 Tonnen) Getreide an das Volk in Rom verteilen, um die Bevölkerung für sich einzunehmen.[44]

Auf diese Weise verwirklichte Theoderich seinen Anspruch, den er zwischen 507 und 511 in einem Schreiben an den Senat formuliert hatte. Darin heißt es, dass er alles in seinen früheren Zustand zurückführen wolle. Auch wenn Theoderich Italien während seiner langen Regierungszeit tatsächlich in einen glücklichen Zustand versetzte, so bedeutet dies noch lange nicht, dass unter ihm die Reichsverwaltung besser funktionierte, wie es Ennodius in seiner Lobrede seinen Zuhörern zu suggerieren versuchte. Es gab weiterhin zahlreiche Klagen über Amtsmissbrauch und Korruption insbesondere im Gerichtswesen, bei der Steuererhebung und bei der Staatspost. Theoderich schuf bei allem Lob über seine Regierungstätigkeit keinen besseren Staat, sondern führte den römischen mit all seinen Problemen fort.[45]

Verhältnis zwischen Goten und Römern

Theoderich und sein Gefolge waren als Feinde Odoakers und letztlich als Eroberer nach Italien gekommen. Nach ihrem Sieg mussten sie ihr Image wandeln, wenn sie auf Dauer von der Bevölkerung akzeptiert werden wollten. Das erwies sich indes als nicht so einfach, denn in ihrer Sprache, Konfession und Lebensführung unterschieden sich die Goten doch erheblich von den Römern. Aber es waren die Goten, die an einem guten Einvernehmen interessiert sein mussten, nicht nur weil sie kulturell in vielfacher Hinsicht der einheimischen Bevölkerung unterlegen waren, sondern auch auf der Apenninenhalbinsel eine verschwindend kleine Minderheit darstellten. Wie in den anderen von Germanen beherrschten Reichsgebieten dürften sie schätzungsweise gerade einmal knapp zwei Prozent der Gesamtbevölkerung ausgemacht haben.

Zusammen mit seinen Beratern entwickelte Theoderich ab 493 im Unterschied zu Odoaker eine eigene ethnische Idee für seine Herrschaft, um einen Konsens zwischen den gotischen Siedlern und der einheimischen Bevölkerung herzustellen. Diese Idee der *civilitas*, die auch Angehörige der Senatsaristokratie vertraten und seine Nachfolger übernahmen, war einzigartig in den Germanenreichen. Sie besagt, dass unter einem König und einem Recht zwei Völker, die aufeinander angewiesen sind, einträchtig und einmütig zusammenleben.[46] In diesem Völkerverbund übernahmen die Goten mit ihrem Heer eine Schutzfunktion, damit die Römer in Ruhe ihren öffentlichen und privaten Geschäften nachgehen und in Frieden leben konnten. In der Ernennungsurkunde für die gotischen Stadtcomites heißt es daher: *Wie ihr die Römer durch ihre Besitzungen als Nachbarn habt, so seid ihnen mit Liebe verbunden. Ihr aber, Römer, müsst mit großem Eifer die Goten hoch achten, die im Frieden euch zu einem zahlreichen Volk machen und in Kriegen den gesamten Staat verteidigen.*[47] In diesem Zusammenhang versuchte Theoderich den Eindruck zu vermitteln, dass die Goten keine Barbaren, sondern vielmehr den anderen barbarischen Völkern überlegen seien. So schrieb der

König an Colosseus, den Statthalter Pannoniens, dass die Goten mit ihrer Gerechtigkeit anderen Barbaren als Vorbild dienten und in sich die Klugheit der Römer und die Tapferkeit der Barbaren vereinten.[48]

Die Wirklichkeit sah indes etwas anders aus. Immer wieder kam es zu Disziplinlosigkeiten der gotischen Soldaten, die sich über Jahre hinweg daran gewöhnt hatten zu plündern. Besonders ärgerlich und problematisch waren dabei aus der Sicht des Gotenkönigs Übergriffe auf die römischen Grundbesitzer. Die schnellen und großzügigen Zahlungen, die Theoderich als Entschädigung für Verwüstungen seines Heeres gewährte, dienten daher wohl auch dazu, das Ansehen der Goten zu wahren und Antipathien nicht allzu groß werden zu lassen.[49]

Die Truppen Theoderichs bestanden allerdings nicht, wie oft angenommen wird, nur aus Goten. Vielmehr ist davon auszugehen, dass durch deren Ankunft die Armee Italiens lediglich einen deutlich höheren Anteil an Barbaren erhielt als früher. Zu ihr sind neben dem gotischen Heer auch noch die Grenztruppen in Savia, Dalmatia, Noricum, Rätien und in der Gallia Narbonensis zu zählen, unter denen die Römer dominierten. So standen die rätischen Einheiten ebenso unter dem Befehl eines Römers wie die Truppen in Noricum. Auch in der italischen Flotte dürften vornehmlich Römer gedient haben. Überdies befehligten diese auch gotische Verbände. Für den ehemaligen Prätorianerpräfekten Liberius, für den *magister officiorum* Cyprianus und den Senator Valentinianus ist dies bekannt. Umgekehrt gelangten gegen Ende der Regierungszeit Goten in Ämter, die bislang den Römern vorbehalten waren, wie beispielsweise Wilia, der als *comes patrimonii* fungierte.[50]

Die gotischen Soldaten besaßen allerdings ein ausgeprägtes Selbstbewusstsein und fühlten sich als kriegerische Elite des Landes. Sie waren stolz auf ihre militärischen Erfolge, insbesondere auf die Schlagkraft ihrer Reiterei. In einem Schreiben an seine Landsleute aus dem Jahre 508 hob Theoderich daher auch hervor, dass man den Goten Kämpfe nur mitteilen und sie nicht dazu überreden müsse.[51] Dementsprechend legten er und viele führende Goten sehr großen Wert darauf, dass die Jugend möglichst bald das Kriegshandwerk erlernte und sich in Wettkämpfen im Bogenschießen und Speerwerfen übte und Scheingefechte ausführte. Eine Ausbildung in Lesen und Schreiben bei einem Grammatiklehrer wie die römischen Kinder erhielten sie dagegen nicht.[52]

Für Theoderich bestand nun die Schwierigkeit vor allem darin, seinen weit verstreuten multiethnischen Truppenverband zusammenzuhalten und zu überwachen (Abb. 14). Zu diesem Zweck dürfte er in regelmäßi-

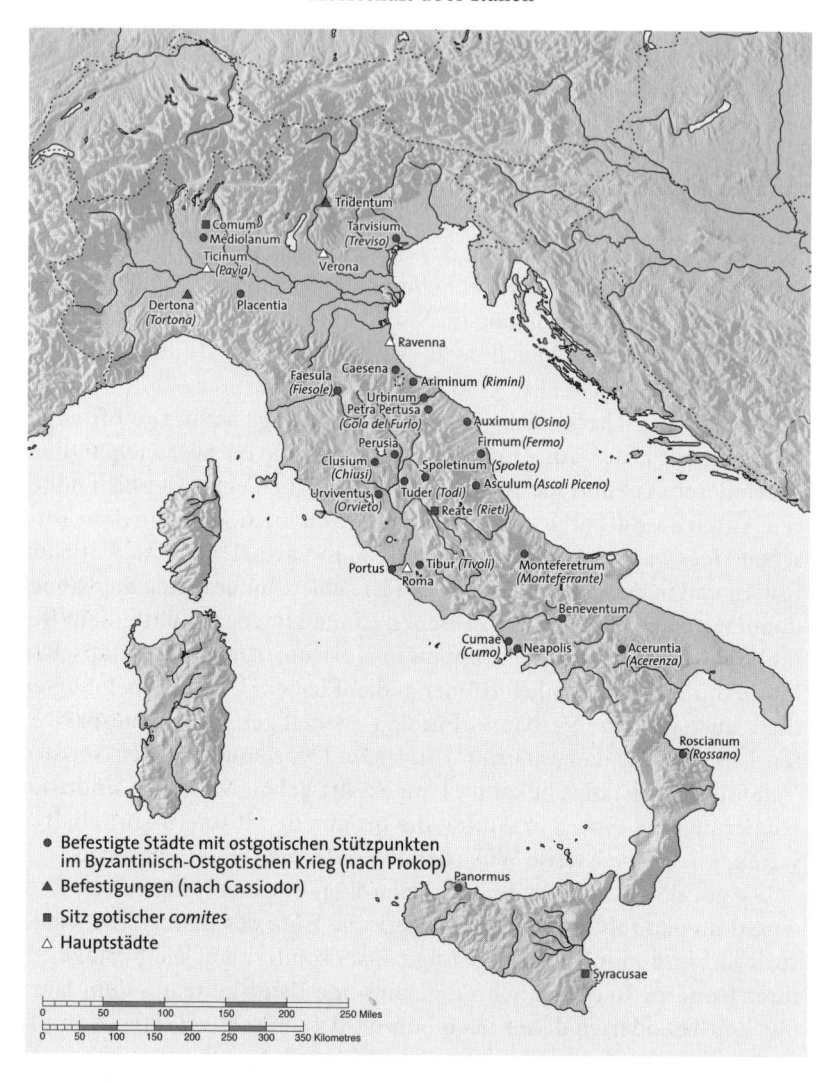

Abb. 14: Militärische Stützpunkte der Goten in Italien.

gen Abständen die für ihn wichtigsten Orte seines Herrschaftsbereiches bereist haben. Ferner hielt er persönlichen Kontakt zu den meisten seiner gotischen Krieger, indem er sie jedes Jahr im Juni an seinen Hof einlud. Dort verteilte der Gotenkönig zusätzlich zu dem Sold Geldgeschenke, die aus dem Steueraufkommen der Römer finanziert wurden. Damit

sich nach Möglichkeit niemand dieser Pflicht entzog, zahlte der königliche Hof auch die für die Anreise erforderliche Verpflegung.
Da die Goten oft in eigenen Militärsiedlungen getrennt von der übrigen Bevölkerung lebten, bestand die Gefahr, dass sie sich immer mehr abgrenzten. Und es gab in der Tat Römer, die sich über das äußere Erscheinungsbild und die Habgier der Goten mokierten.[53] Aufgrund seiner eigenen Erziehung und Erfahrung wandte sich Theoderich gegen eine derartige Entwicklung und trat dafür ein, jegliche Form der Barbarei abzulegen und nach den römischen Sitten zu leben. Er erklärte sogar einmal: *Ein armseliger Römer ahmt einen Goten nach, ein tüchtiger Gote ahmt dagegen einen Römer nach.*[54] Folglich hatte er nichts dagegen, wenn Goten ihre Lebensweise derjenigen der Römer anpassten. So forderte er sie nachgerade auf, wie die Römer auf Grabbeigaben zu verzichten.[55]

Unter den Amalern gab es einige, die wie der König eine höhere Bildung genossen. Seine Tochter Amalasuintha beherrschte Griechisch und Latein, sein Enkel Athalarich erhielt Unterricht bei einem Grammatiker, seine Nichte Amalabirga war wissenschaftlich gebildet, sein Neffe Theodahad kannte sich sogar in der lateinischen Literatur und platonischen Philosophie aus. Ähnliches lässt sich für andere Goten sagen, wie den Kämmerer Triwila, der mit den gelehrten Klerikern Ennodius und Helpidius verkehrte, und den Heerführer Tuluin, der Land in der Nähe des Klosters Lucullanum besaß, das unter der Leitung des gebildeten Abts Eugippius stand.

Theoderichs aufgeschlossene Haltung gegenüber den Römern dürfte bei vielen Goten auf Verständnis und Zustimmung gestoßen sein; denn in Italien lebten sie in geregelten Verhältnissen und waren sie zu Wohlstand gekommen. Diese Landnahme förderte allerdings gleichzeitig die soziale Differenzierung, und viele hochrangige Goten glichen sich dabei den führenden römischen Familien an. Dies zeigte sich zunächst im Sprachgebrauch. Da die gotischen Comites auch über Römer zu Gericht saßen und mit römischen Amtsträgern verkehrten, mussten sie die lateinische Sprache beherrschen. Überhaupt wird man davon ausgehen können, dass in zivilen Angelegenheiten Latein für gotische Funktionäre die Amtssprache war, wie die zahlreichen entsprechenden Schreiben in den Variae Cassiodors belegen. Ebenso dürfte in der Armee, die eben nicht nur aus Goten bestand, Latein eine wichtige Rolle gespielt haben. Und jene Goten, die Aufnahme in den Senat fanden, mussten sich schließlich ohnehin der Lebensweise der senatorischen Kreise anpassen.

Hingegen gab es nur sehr wenige Römer wie Cyprianus, die das Gotische beherrschten und es auch ihren Kindern beibrachten. Die Folge dieser gesamten Entwicklung war, dass die gotische Sprache kaum Spuren im Italienischen hinterließ.[56]

Im Laufe der Zeit kamen einige Eheschließungen zwischen Goten und Römern zustande. Ausschlaggebend dafür dürfte gewesen sein, dass sich einige der führenden Goten der römischen Lebensweise annäherten und aufgrund ihres umfangreichen Landbesitzes über Macht und Ansehen verfügten. Der konfessionelle Gegensatz zwischen den arianischen Einwanderern und der einheimischen katholischen Bevölkerung spielte dabei offensichtlich kein so unüberwindbares Hindernis, wie oft angenommen wurde.

Der allmähliche Annäherungsprozess zwischen Goten und Römern ist für uns noch in der Namensgebung sichtbar. Einige Goten nahmen nämlich lateinische oder griechische Namen an. So wurde auch Theoderichs Tochter Ostrogotho nach einer oströmischen Kaiserin Ariadne genannt. Die Amaler gingen allerdings, solange ihr Familienoberhaupt lebte, keine 'Mischehen' mit Römern ein. Obwohl germanische Heerführer wie Stilicho, Athaulf und Rikimer Römerinnen als Ehefrauen gehabt hatten, schlug Theoderich das ehrenvolle Angebot einer Eheschließung mit Anicia Juliana, der Tochter des Kaisers Olybrius, aus. Möglicherweise befürchtete er, dass Kinder aus einer solchen Ehe gerade im Hinblick auf seine Nachfolge nicht die nötige Akzeptanz unter seinen gotischen Gefolgsleuten gefunden hätten. Immerhin ist überliefert, dass einige Goten bereits an der römischen Schulerziehung seines Enkels Athalarich Anstoß nahmen. Erst einige Zeit nach Theoderichs Tod fanden amalisch-römische Eheschließungen statt, interessanterweise aber nur zwischen Amalerinnen und Römern und nicht umgekehrt. Theoderichs Enkelin Matasuintha heiratete Germanus, den Neffen des oströmischen Kaisers Justinian, und eine andere Amalerin den ehemaligen Konsul Flavius Maximus, einen Nachkommen des Kaisers Petronius Maximus.

Verhältnis zur katholischen Kirche

Im Laufe des 5. Jahrhunderts hatten die Goten den christlichen Glauben übernommen, allerdings in der Form des Arianismus. Im Unterschied zu den Katholiken beziehungsweise zum Glaubensbekenntnis von Nikäa sahen sie Gott und Christus in allem als wesensgleich an und sprachen nicht von der Wesenseinheit von Vater und Sohn.[57] Obwohl der Arianismus 381 auf dem Zweiten Ökumenischen Konzil als Ketzerei verurteilt worden war, wirkte sich dies nicht nachteilig auf das Verhältnis zwischen Goten und Römern aus. Es kam zu keinen anti-arianischen Reaktionen der Kirche und der Bevölkerung, obwohl der Papst offiziell den Arianismus verdammte; stattdessen hatte es sogar Sympathiebekundungen katholischer Bischöfe nach der Ankunft der Goten gegeben. Dies lässt sich damit begründen, dass die Existenz arianischer Gemeinden für Italien nichts Neues darstellte; denn es gab sie dort schon seit langem. Die Bewohner des Landes hatten sich zudem bereits daran gewöhnt, dass arianische Heerführer wie Rikimer, Gundobad und zuletzt Odoaker mit ihren Truppen den Schutz des Landes übernahmen.

Die Goten ließen es ihrerseits zu keinem Konflikt kommen, sondern waren in religiösen Fragen tolerant. Bereits unter den Kriegern, die Theoderich vom Balkan nach Italien gefolgt waren, dürften sich viele Anhänger des katholischen Glaubens befunden haben. Ein Austragen des konfessionellen Gegensatzes hätte ohnehin das Heer des Gotenkönigs nur unnötig gespalten. In Italien zwangen die Goten denn auch niemandem ihren Glauben auf und akzeptierten es ohne weiteres, wenn ihre Landsleute zum katholischen Glauben übertraten. Das beste Beispiel lieferten hierfür die Amaler selbst. Theoderichs Mutter Erelieva konvertierte zum katholischen Glauben und nahm nach ihrer Taufe den griechischen Namen Eusebia an. Wie sie dürften insbesondere die Amalerinnen, die in römische Familien einheirateten, katholisch gewesen sein.[58] Infolge dieser Haltung beanspruchten die arianischen Goten auch keine Kirchen der Katholiken, sondern bauten sich dort, wo sie größere Gemeinden bildeten, ihre eigenen Gotteshäuser, in denen sie mit ihren Priestern und Bischöfen Gottesdienste feierten.

Was Theoderich betrifft, so war er ein religiöser Mensch. Von Kindheit an hatte er eine christliche Erziehung erfahren. Alle seine Erfolge schrieb er daher dem Willen Gottes zu.[59] Dazu war er ein überzeugter Arianer, der 'seine Kirche' tatkräftig unterstützte. Er gewährte ihr nicht nur steuerliche Erleichterungen, sondern ließ auch arianische Gotteshäuser erbauen.[60] Ein eindrucksvolles Beispiel liefert hierfür seine mit zahlreichen wertvollen Mosaiken ausgestattete Palastkirche in Ravenna, die ursprünglich eine Christuskirche war und den Namen Goldener Himmel trug. Erst um 856 erhielt sie ihren heutigen Namen Sant'Apollinare Nuovo.

Als gläubiger Arianer sah Theoderich aber keinen Grund, gegen den

Katholizismus vorzugehen. Vielmehr wurde er dafür gerühmt, dass er sich wie ein Katholik verhalte und in religiösen Dingen genauso duldsam gewesen sei wie die Kaiser Traian und Valentinian I. Wie tolerant und einsichtig er war, verdeutlicht die folgende Äußerung von ihm: *Wir können nicht die Religion befehlen, da niemand gezwungen werden kann, gegen seinen Willen zu glauben.*[61]

Wie sehr Theoderich die religiöse Überzeugung seiner Mitmenschen schätzte und achtete, wollte der griechische Historiker Theodorus Lector wohl mit einer Geschichte verdeutlichen, die eher den Legenden über den König zuzuordnen ist. Danach ließ der Gote einen von ihm hoch geschätzten Diakon, der ihm zuliebe zum arianischen Glauben übergetreten war, umbringen, weil man jemandem, der seinen Gott verrate, nicht vertrauen könne.[62]

Im Gegensatz zu dem fränkischen König Chlodwig dachte Theoderich nie daran, aus machtpolitischen Erwägungen zu konvertieren. Auch war er nicht wie die Vandalenkönige daran interessiert, den Arianismus gewaltsam durchzusetzen. Seine tolerante Kirchenpolitik dürfte indes nicht allein auf seine persönliche Überzeugung zurückzuführen sein, sondern es werden pragmatische Überlegungen eine erhebliche Rolle gespielt haben. Die sehr kleine arianische Minderheit war auf die Zusammenarbeit mit der großen katholischen Mehrheit, vor allem mit deren Bischöfen, angewiesen. Dies hatte Theoderich bereits bei seiner Ankunft in Italien erkannt und sogleich praktiziert. Er befand sich dabei zunächst in Konkurrenz mit Odoaker, der es verstanden hatte, viele Katholiken auf seine Seite zu bringen; später setzte der Gote dann dessen Kirchenpolitik fort.[63]

Das Verhältnis zum Papst spielte für Theoderich dagegen nur eine untergeordnete Rolle. Dies wird vor allem daran deutlich, dass es in den historisch-politischen Quellenwerken über seine Zeit kaum zur Sprache kommt. Als Herrscher über Italien musste sich Theoderich dennoch irgendwie mit dem Oberhaupt der Kirche arrangieren, von dessen Ansehen, Einfluss und Reichtum er bereits während seiner Geiselhaft in Konstantinopel einiges erfahren haben dürfte. Ein gutes Verhältnis zu ihm trug letztlich mit zur Legitimation seiner Herrschaft bei, allerdings kam es zu keinen intensiven Beziehungen. In der päpstlichen Korrespondenz, die relativ umfangreich überliefert ist, spielt der Briefwechsel zwischen dem Papst und Theoderich keine nennenswerte Rolle. Der Gotenkönig war vielmehr darauf aus, nicht in kirchliche Angelegenheiten hineingezogen zu werden, sondern sich nach Möglichkeit neutral zu verhalten und ganz im Sinne seines politischen Konzeptes Konflikte zu vermeiden. Als sich Papst Gelasius noch zu Beginn seiner Alleinherrschaft darüber beschwerte, dass sich zwei Kleriker, die ihren geistlichen Stand verheimlicht hatten, wegen der Zahlung von Kirchengeldern an das Gericht des Goten gewandt hatten, überstellte der König sie sogleich an das bischöfliche Gericht. Ebenso hielt sich der Papst mit Kontakten zum Goten zurück. Nur in einem kurzen Schreiben wandte sich Gelasius an die Mutter Theoderichs mit der Bitte um Unterstützung für die Armen. Allerdings unterließ er es nicht, dem neuen arianischen Machthaber in Anbetracht von dessen Frömmigkeit sein Vertrauen auszusprechen, obwohl er seine religiöse Einstellung nicht akzeptierte.[64]

Dieses Verhalten des Papstes ist aus rein politisch-pragmatischen Überlegungen verständlich; denn er profitierte in zweifacher Hinsicht von Theoderich: Zum einen konnte dieser nicht die Stellung eines orthodoxen Kaisers einnehmen, wodurch die katholische Kirche einen größeren Freiraum erhielt und sich besser entfalten konnte, zum anderen zögerte sich durch die wohlwollende Neutralität, die der Gote gegenüber dem Papst an den Tag legte, seine Anerkennung durch den Kaiser hinaus; denn durch das Akakianische Schisma, das Theoderich fast seine ganze Regierungszeit über begleiten sollte, war das Verhältnis zwischen der Ost- und Westkirche und somit auch zwischen den politischen Reichshälften erheblich belastet.

Auf dem Konzil von Chalcedon 451 hatten sich die Vertreter des Bischofs von Rom mit ihrer Glaubensauffassung durchgesetzt, dass Jesus Christus und Gott wesenseins seien und in Christus zwei Naturen unvermischt, unverwandelt und ungetrennt bestehen. Gleichzeitig beschlossen die auf dem Konzil anwesenden Bischöfe, dass dem Patriarchen von Konstantinopel dieselben Privilegien zustanden wie dem Bischof von Rom. Dessen Legate protestierten zwar gegen diesen Beschluss, der Papst nahm ihn jedoch zunächst ohne größeren Widerstand hin.

Im griechischen Osten, insbesondere in Ägypten und Syrien, kam es indes nach 451 immer wieder zu Protesten und Aufständen der Monophysiten, die abweichend vom Konzil eine andere Trennungs- und Einheitschristologie vertraten. Nachdem der Usurpator Basiliscus die Konzilsgegner unterstützt hatte, bemühte sich der Kaiser Zeno nach seiner Rückkehr nach Konstantinopel um einen religionspolitischen Ausgleich. Gemeinsam mit Akakios, dem Patriarchen der Stadt, verkündete er 482 ein Religionsgesetz, das Henotikon, in dem er die Beschlüsse des Chalcedonense umging, aber monophysitische Auffassungen berücksichtigte. Dem Papst konnte nicht nur aus theologischer Sicht die neue Glaubensformel nicht recht sein, denn bei genauerer Betrachtung gefährdete ihr Zustandekommen seine eigene Position. Immerhin regelte hier ein Edikt des Kaisers und nicht ein Konzil eine grundlegende Glaubensfrage. Außerdem hatte Akakios, der das Henotikon nicht nach Rom übermittelte, eigenständig und eigenmächtig gehandelt.

Die treibende Kraft in der Auseinandersetzung mit dem Osten war Gelasius, der zunächst als Kanzlist unter Papst Felix III. (483–492) maßgeblich die römische Position bestimmte. Felix III. hatte, da es keinen weströmischen Kaiser mehr gab, seine Wahl noch Zeno angezeigt und, indem er ihn dadurch als Reichsoberhaupt anerkannte, auf eine bessere Zusammenarbeit gehofft. Als er und Gelasius Akakios aufforderten, von der monophysitischen Häresie abzulassen und dieser nicht reagierte, verhängten die Römer 484 den Kirchenbann über den Patriarchen.

Auch als nach Akakios' Tod 489 ihm Anhänger des Chalcedonense als Patriarchen nachfolgten, verlor die Auseinandersetzung nicht an Schärfe. Gelasius, der 492 selbst den Papstthron bestieg, arbeitete jetzt darauf hin, dass sich der Bischof von Konstantinopel ihm unterordnete. Er ging sogar so weit zu behaupten, dass es auf der Welt zwei Gewalten gebe, die bischöfliche und die kaiserliche. Von ihnen komme der bischöflichen ein umso größeres Gewicht zu, weil die auf Gottes Anordnung regierenden Kaiser sich vor den Priestern verbeugen müssten, wenn sie etwas für ihr Seelenheil tun wollten.[65]

Obwohl er von einem Kaiser, der mit dem Papst zerstritten war, nach Italien geschickt worden war, erwarb Theoderich bald das Vertrauen von Felix III. und Gelasius. Allerdings verzögerte sich dadurch seine Anerkennung durch den oströmischen Kaiser Anastasius I., der am Henotikon festhielt. Gelasius selbst warnte in einem Schreiben an Theoderichs Gesandten Faustus diesen vor den ketzerischen Griechen. Als Anastasius I. einen nicht weiter bekannten Kompromiss vorschlug, lehnte ihn der Papst strikt ab. Die Lage entschärfte sich, als Gelasius 496 mit Anastasius II. ein Papst nachfolgte, der auf einen Ausgleich mit Konstantinopel bedacht war.

Gemeinsam mit Theoderichs Gesandten Festus reisten daher 497 auch zwei Bischöfe zum Kaiser. Festus erreichte in Konstantinopel die Anerkennung Theoderichs, indem er den Kaiser davon überzeugte, er könne den Papst dazu bewegen, das Henotikon anzuerkennen. Kirchenpolitisch hatte die Gesandtschaft dem Papst nichts gebracht. Inwieweit die Emissäre dabei im Sinne des Gotenkönigs gehandelt haben, der als Arianer von einem Konflikt zwischen der West- und Ostkirche profitiert hätte, bleibt unklar. Entscheidend war jedoch, dass Festus seine Intentionen nicht mehr durchsetzen konnte; denn bald nach seiner Rückkehr starb am 19. November 498 Papst Anastasius II. Am 22. November kam es dann in Rom zu einer Doppelwahl, die zusätzlich zu dem Akakianischen Schisma zur bis dahin längsten Kirchenspaltung in Italien führte – zu dem Laurentianischen Schisma, das Theoderichs Herrschaft phasenweise erheblich belastete.

In der Lateranbasilika wurde der aus Sardinien stammende Diakon Symmachus, der erst vor einigen Jahren zum Christentum übergetreten war, zum Papst gewählt und geweiht. Ihn unterstützten vor allem die Kleriker und jene Senatoren, die gegen einen Ausgleich mit Konstantinopel waren. Unter dem Einfluss der ehemaligen Konsuln Petronius Probus und des soeben genannten Festus stellte dagegen eine probyzantinische Partei, der vor allem die alten einflussreichen stadtrömischen Senatorenfamilien angehörten, die mit ihren Stiftungen viel zum Vermögen der Kirche beigetragen hatten, den Presbyter der römischen Kirche Laurentius als Gegenpapst auf.

In dieser verzwickten Lage verständigten sich beide Parteien darauf, Theoderich als Schiedsrichter anzurufen, und begaben sich an seinen Hof nach Ravenna. Dieser Entschluss ist nicht nur wegen der Konfession des Goten erstaunlich, sondern auch angesichts der Theorie des Gelasius, dass die Kirche der weltlichen Autorität überlegen sei. Offensichtlich hatten die katholischen Bischöfe sie noch nicht so recht verinnerlicht, sondern folgten vielmehr einer alten Tradition der Kaiserzeit. Immerhin genoss Theoderich wegen seiner toleranten Haltung und seiner kaiserlichen Anerkennung ihr Vertrauen.

Der Gote wollte aber getreu seiner bisherigen Haltung nicht weiter in die innerkirchlichen Streitigkeiten hineingezogen werden. So entschied er sich rein formaljuristisch für Symmachus, weil dieser zuerst ordiniert und mit einer eindeutigen Mehrheit gewählt worden war. Die Anhänger des Laurentius zweifelten die Richtigkeit dieser Entscheidung auch nicht an, kritisierten aber, dass in deren Vorfeld mehr als 400 Solidi an den königlichen Hof bezahlt worden seien.

Symmachus berief seinerseits am 1. März 499 eine Synode in die Peterskirche nach Rom ein. Die Akten dieser und der nachfolgenden Synoden sind überliefert, sodass sich recht detailliert der Verlauf des Schismas bis zum Jahre 501 rekonstruieren lässt. Die Versammlung in der Peterskirche sprach sich, wie eigentlich nicht anders zu erwarten war, gegen Tumulte und unlautere Methoden bei der Papstwahl aus. Als Zeichen ihres Dankes ließen die anwesenden Priester Theoderich dreißigmal hochleben. Fürs Erste schienen sich die Verhältnisse danach beruhigt zu haben, und Theoderich nahm dies wohl mit zum Anlass, die alte Reichshauptstadt zu besuchen. Als er im April oder Mai 500 nach Rom kam, zog ihm außer dem Senat und dem Volk auch Papst Symmachus entgegen und dokumentierte damit sein herzliches Einvernehmen mit dem Amaler.[66]

Allerdings verhärteten sich bald darauf wieder die Fronten in der katholischen Kirche. Die Anhänger des Laurentius gewannen an Macht, weil vermutlich viele Kleriker mit dem kompromisslosen kirchenpolitischen Kurs und der Amtsführung des Symmachus unzufrieden waren. Eine Gelegenheit, um erneut gegen ihn vorzugehen, bot sich, als Symmachus 501 Ostern nach dem römischen Kalender am 25. März feierte. Die Laurentianer warfen ihm daraufhin vor, dieses hohe und wichtige Fest nicht mit der gesamten Christenheit begangen zu haben, denn ganz im Sinne ihrer byzanzfreundlichen Haltung traten sie dafür ein, die Osterfeierlichkeiten nach dem alexandrinischen Kalender am 22. April abzuhalten. Sie zeigten ihn daraufhin bei dem König an. Ihre Vorwürfe erschienen diesem so bedeutend, dass er meinte, eingreifen zu müssen. Er bat daher Symmachus, wieder an seinen Hof zu kommen. Dieser folgte der Aufforderung und reiste mit großem Gefolge nach Ravenna. Als die Reisegruppe in Rimini Rast machte, begegnete der Papst am Strand Frauen, die er, wie man ihm vorwarf, in seiner Amtszeit verführt haben sollte. Symmachus erkannte nun, dass in Ravenna nicht nur der Osterstreit zur Sprache kommen würde, sondern auch andere Anklagepunkte gegen ihn vorbereitet wurden. Mit einem einzigen Vertrauten floh er um Mitternacht und kehrte nach Rom zurück. Dort zog er sich in die Peterskirche zurück, da die Laurentianer in der Zwischenzeit die anderen Gotteshäuser der Stadt unter ihren Einfluss gebracht hatten.

Bei Theoderich weiteten sie unterdessen die Anklage gegen den Papst aus. Ihm wurde jetzt noch vorgeworfen, entgegen den Bestimmungen eines Dekretes aus dem Jahre 483 Kirchengüter verschleudert und sich so in den Fängen des Kirchenbanns verstrickt zu haben. Die Senatoren Festus und Probinus setzten sich zudem dafür ein, dass Theoderich einen Visitator bestimmte, der nach Rom kommen sollte, um dort nach dem griechischen Kalender das nächste Osterfest zu feiern. Obwohl der König Symmachus bereits als rechtmäßigen Papst bestätigt hatte, hielt er nicht zuletzt wegen dessen überstürzter Flucht nach Rom allem Anschein nach das Anliegen der Laurentianer für gerechtfertigt. Theoderich ging auf deren Ersuchen ein und ließ sich so entgegen seiner sonstigen Haltung weiter in die Ereignisse hineinziehen. Er ernannte Petrus, den Bischof von Altino, zum Visitator. Für dessen Wahl sprach, dass er aus Venetien und somit aus dem unmittelbaren Herrschaftsbereich der Goten kam. Wegen der großen Entfernung seiner Diözese von Rom verfügte er wohl nur über wenige Kontakte zum dortigen Klerus und schien somit ein einigermaßen neutraler Vermittler zu sein. Mit der Berufung eines Visitators griff Theoderich auf ein bewährtes Mittel zurück, dass bereits im Jahre 418 ebenfalls bei einer Doppelwahl von Kaiser Honorius angewandt worden war.

Symmachus, der offensichtlich an Rückhalt bei dem Amaler verlor, reagierte auf die neuen Vorwürfe, indem er für den 6. November 501 ein Konzil in St. Peter auf dem Vatikan einberief. Auf ihm wurde das Dekret von 483 über die Veräußerung von Kirchenbesitz als Wahlgeschenk für ungültig erklärt, weil es von einem Laien verfasst worden war. Symmachus formulierte nun selbst ein viel umfassenderes Verbot für die Veräußerung von Kirchengütern, das ab sofort galt.[67]

Ungeklärt blieben indes die Einsetzung des Visitators, der immer mehr Partei für Laurentius ergriff, und die weiteren Vorwürfe. Theoderich beraumte daher nach dem Osterfest 502 für Mai eine weitere Synode in S. Maria in Trastevere an. Wahrscheinlich hoffte er, auf ihr den Kirchenstreit beenden zu können. Auf ihrer Anreise nach Rom suchten die Bischöfe Liguriens, der Aemilia und Venetiens den König auf. Sie wollten sich über den Stand des Verfahrens informieren und äußerten zugleich Bedenken, dass ohne Zustimmung des Papstes ein Konzil einberufen werde. Der Gote unterrichtete sie nicht nur über den Stand der Anklage, sondern zeigte ihnen auch ein Schreiben des Symmachus, in dem er seinen Wunsch nach Einberufung eines neuen Konzils bekundete.

Auf der Synode, deren Leitung die drei Metropoliten Laurentius von Mailand, Marcellianus von Aquileia und Petrus von Ravenna übernahmen, erschien auch Symmachus. Er bedankte sich beim König für deren Einberufung und bestätigte, dass dies durchaus in seinem Interesse sei. Gleichzeitig brachte der Papst aber seine Hoffnung darüber zum Ausdruck, dass der Visitator, der gegen die Religion und gegen alte Statuten und Regeln eingesetzt worden sei, aus Rom weggehe und er wieder mit all seinen Rechten, die ihm seine Gegner genommen hätten, ausgestattet werde. Nur dann werde er sich auf der Synode der gegen ihn erhobenen Anklage stellen. Die Mehrheit der Bischöfe gab ihm Recht, wollte jedoch nicht ohne Theoderichs Zustimmung verhandeln. Dieser befand sich nun in einer verzwickten Lage. Hätte er dem Anliegen der Bischöfe ohne weiteres stattgegeben, wäre dies bereits als eine Art Freispruch für Symmachus gewertet worden. Der Gote bestand daher darauf, dass vor der Rückgabe des Kirchengutes und der Kirchen an Symmachus sich dieser mit den Vorwürfen seiner Ankläger auseinander zu setzen habe.[68]

Die Bischöfe trafen sich daraufhin erneut nach dem Pfingstfest Ende Juni oder Anfang Juli 502 in S. Croce in Gerusalemme. Einige von ihnen setzten durch, dass die Anklageschrift gegen den Papst verlesen wurde. Aus ihr griffen dessen Anhänger zwei Punkte heraus, die unhaltbar erschienen: zum einen, dass die Vergehen des Papstes Theoderich längst bekannt seien und er nur noch verurteilt werden müsse, zum anderen, dass sie Sklaven als Zeugen gegen Symmachus ins Spiel brachten, obwohl diese nicht gerichtsfähig seien.

Die Lage spitzte sich dramatisch zu, als sich Symmachus selbst zu der Synode begab und ihn mit seinem Gefolge gewalttätige Anhänger seiner Gegner überfielen. Mehrere Priester kamen dabei ums Leben. Der Papst selbst entkam schwer verwundet in die Peterskirche. Er verweigerte nun jede Zusammenarbeit mit der Synode mit der Begründung, dass er bereits zweimal vor seinen Richtern erschienen und es zudem neu und ohne Beispiel sei, dass ein Papst von Bischöfen verurteilt werde.[69]

Angesichts dieser Ereignisse verließen einige Bischöfe Rom, und die Synode schien zu platzen. Daraufhin verständigten sich die Vertreter beider Parteien denn doch auf ein gemeinsames Vorgehen. Die drei von Theoderich mit der Leitung beauftragten Metropoliten, von denen zwei auf der Seite des Symmachus standen, wandten sich an den König mit der Bitte, ein Konzil nach Ravenna einzuberufen. In seinem Antwortschreiben, das auf den 8. August datiert ist, forderte dieser, dass die Bischöfe erneut am 1. September zu einem Konzil zusammentreten. Ferner schrieb er:

Also ist unweigerlich davon auszugehen, dass Eure Heiligkeit die Anwesenheit der Übrigen erwartet, sodass nach der Unterdrückung des Tumults und der Beseitigung der Meinungsverschiedenheit, die von allen angefangen worden ist, der Fall von allen vorangetrieben wird. Denn nach Ravenna, wie Ihr hofft, darf nach unserer Meinung das Konzil nicht einberufen werden, während uns die Mühe der einen, das Alter der anderen sehr bewegt; wir sind dazu bereit, wenn in einer zweiten Versammlung das synodale Gericht kein Ende des Falles herbeiführt, gemäß Eurem Begehren, in dem Ihr fordert, dass wir zugegen sind, eher auf Geheiß Gottes nach Rom zu kommen, nachdem wir unsere Verpflichtungen aus Liebe zur Ruhe in Rom zurückgestellt haben, damit wenigstens in unserer Anwesenheit abgesehen von dem Durcheinander und der Zwietracht gemäß der Furcht vor Gott ein so großer Fall sein Ende findet, auf dass die kaiserliche Stadt nicht länger von der Gewalt des Volkes heimgesucht wird, sondern durch Euer gerechtes Urteil zur Ruhe zurückkehrt.[70] Den Befürwortern eines Konzils in Ravenna hatte Theoderich damit eine Absage erteilt, als Gegenleistung jedoch sein persönliches Erscheinen in Rom in Aussicht gestellt.

In einem rhetorisch geschickt formulierten und bewegenden Schreiben mit Datum vom 27. August rief er alle Bischöfe erneut dazu auf, wieder zu einem Konzil zusammenzukommen. Er verwies auf das Verlangen des Senates und des Klerus, dass die Bischöfe über den Fall des Symmachus beraten sollten, und beschwor einmal mehr die Synodalen, ein gerechtes Urteil im Interesse des Klerus, des Senates und des römischen Volkes zu fällen. Um zu verdeutlichen, wie sehr er um eine Beruhigung der ganzen Angelegenheit bemüht war, beauftragte der Gotenkönig seine Berater Gudila und Bedeulf sowie den Comes Arigern, nach Rom zu reisen, um Symmachus sicheres Geleit beim Besuch der Synode zu gewähren.[71]

Die neue Synode lud Symmachus viermal vor. Dieser lehnte trotz des königlichen Schutzes jedes Mal mit dem Hinweis auf bereits gemachte Zugeständnisse und auf das Attentat ab. Zudem scheiterten Versuche, den Senat und abtrünnige Kleriker zum Einlenken zu bewegen. In dieser Lage wandten sich die Bischöfe erneut an Theoderich. Sie deuteten Symmachus' Äußerung, dass es in der Macht Gottes und des Königs sei, über ihn zu bestimmen, dahingehend, dass er, an den ansonsten in der katholischen Kirche Appellationen zu richten seien, nun selbst an den König appelliert habe und sie in dieser Situation nicht wüssten, wie sie verfahren sollten. Am Ende ihres Briefes erklärten sie ganz offen: *Wir bitten jetzt darum, dass Ihr (Theoderich) wie ein frommer Herrscher unseren Unzulänglichkeiten und unserer Schwäche zu Hilfe kommt, da die Arglosigkeit der Bischöfe der weltlichen Schläue nicht gewachsen ist und wir nicht mehr länger die Todesfälle der Unsrigen und die eigentümlichen Gefahren Roms ertragen können. Aber gestattet uns mit Eurer sehr erwünschten Verordnung, dass es erlaubt ist, dass wir in unsere Kirchen zu-*

rückkehren, weil es nach dem, was wir zur Sprache gebracht haben, nichts gibt, was von uns in Ordnung gebracht werden kann.[72]

Theoderich reagierte recht ungehalten auf das neue Hilfegesuch der Bischöfe. In seinem Schreiben vom 1. Oktober an die Synode erklärte er, hätte er die Angelegenheit übernommen, wäre sie längst mit seinen Beratern zur Zufriedenheit aller erledigt. Unmissverständlich wies er darauf hin, dass es nicht an ihm sei, über kirchliche Angelegenheiten zu entscheiden, und forderte daher das Konzil auf, selbst ein Urteil zu fällen. Sein früheres Angebot, nach Rom zu kommen, überging Theoderich nun stillschweigend.[73]

Weil allem Anschein nach die gewünschte Reaktion ausblieb, ließ der Gotenkönig ein weiteres Reskript verfassen, das auf der erneut einberufenen Synode am 23. Oktober den Bischöfen zur Begrüßung vorgelesen wurde und in dem er noch einmal seine Auffassung und seine Forderungen über die ganze Angelegenheit direkt und unverhohlen mit den folgenden Worten wiederholte:

Wenn der Fall, der behandelt wird, mir zugesagt oder ich ihn für eine gerechte Sache gehalten hätte, auf dass er anzuhören gewesen wäre, hätte ich ihn mit den Vornehmen meines Palastes verhandeln und über ihn urteilen können, wie es Gott gefallen und die Nachwelt dankend anerkannt hätte. Aber weil der Fall eine Angelegenheit Gottes und der Kleriker ist, habe ich daher nur auf Bitte des Senates und besonders des Klerus veranlasst, dass Bischöfe aus den verschiedenen Städten zusammenkommen, damit Ihr auf Vermittlung Gottes das befolgt, was Ihr im Evangelium (Matthäus 18,15–18) und in dem Brief des Apostels an die Korinther (1. Korinther 5,4ff.) lest. Denn wenn Ihr nach meiner Meinung fragt, mögt Ihr, wie ich weiter oben gesagt habe, das befolgen, was Gott im Evangelium vorschreibt. Wenn es Euch aber richtig erscheint, beendet den Fall ohne Untersuchung: Urteilt mit oder ohne Untersuchung, wie es Euch richtig erscheint. Fürchtet meine Person nicht, die Ihr vor dem Antlitz Gottes Rechenschaft ablegen werdet. Es geht nur darum, dass Ihr den Senat, den Klerus und das Volk in Frieden entlasst und das, was Ihr urteilt, aufschreibt. Denn wir werden es bestätigen, dass Ihr alles gut ordnet, wenn Ihr dem Volk, dem Senat und dem Klerus einen ungeschmälerten Frieden bringt. Wenn Ihr das nicht fertig bringt, zeigt Ihr damit, dass Ihr eine Partei begünstigt habt. Niemandes Person mögt Ihr daher vor Augen haben, obwohl Ihr, wenn Euch jemand gewaltsam aufbürden wollte, was unrecht ist, die Gerechtigkeit bewahren müsst, indem Ihr Eure Angelegenheiten hintanstellt: Denn viele Bischöfe Eures und unseres Glaubens sind wegen der Sache Gottes aus ihren Kirchen und von ihrem Besitz vertrieben worden und leben dennoch. Ich erlege es nicht nur auf, sondern bitte auch darum, dass Ihr macht, was Gott vorschreibt und was Ihr im Evangelium und bei dem Apostel lest. Wenn Ihr aber den Fall sogar mit Leidenschaft untersucht, urteilt Ihr besser über den Fall. Wenn Ihr ihn aber nicht untersucht, liefert Ihr den Bischöfen in jeder Hinsicht ein Beispiel für schlechtes Verhalten.[74] Abschließend verwies Theoderich auf den Begleitschutz für Symmachus, forderte, dass die Synode ganz gleich, wie das Urteil ausfiele, den Lateranpalast und das Kirchenvermögen zurückgeben solle, und bot sich sogar an, die Bestrafung der Schuldigen zu übernehmen.

Theoderichs für das Zeitempfinden harsche Worte zeigten Wirkung. Das Konzil erklärte daraufhin Symmachus für frei und schuldlos. Die Bischöfe rechtfertigten ihre Entscheidung damit, dass sie nicht über einen Höherstehenden richten dürften, und überließen die Angelegenheit dem Urteil Gottes. Wegen der vom König verliehenen Vollmacht setzten sie den Papst innerhalb und außerhalb Roms wieder in alle seine geistlichen Rechte ein und forderten alle Christen auf, von ihm die Kommunion zu empfangen. Allen abtrünnigen Klerikern gewährten sie Amnestie, sofern sie ihrem obersten Bischof Genugtuung leisteten. Wenn jemand gegen den Willen des Papstes eine Messe hielt, sollte er als Schismatiker bestraft werden.[75]

Von anfangs 115 Bischöfen unterzeichneten allerdings nur noch 76 diesen Beschluss, und die damit verbundene Hoffnung auf eine Beilegung des Streites erfüllte sich daher nicht; denn trotz ihrer Verurteilung gaben die Gegner des Papstes nicht auf. Sie erklärten, dass die Synode nicht repräsentativ gewesen und die Vorwürfe nicht geklärt worden seien, und zweifelten die Rechtmäßigkeit der Beschlüsse an. Wohl Pfingsten 502 hatten sie mit Theoderichs Zustimmung Laurentius, der inzwischen zum Bischof von Nuceria geweiht worden war, von Ravenna nach Rom geholt, wo er wahrscheinlich Petrus von Altino als Führer der Papstgegner ablöste und vier Jahre lang als Gegenpapst regierte. In S. Paolo fuori le mura ließ er unter die Papstmedaillons auch sein abgebildetes Porträt aufnehmen (Abb. 15).

In Rom herrschten während dieser Zeit bürgerkriegsähnliche Zustände, in denen viele Menschen, unter ihnen vor allem Kleriker, ums Leben kamen. In den Auseinandersetzungen taten sich insbesondere die führenden Senatoren Festus und Probinus hervor.[76]

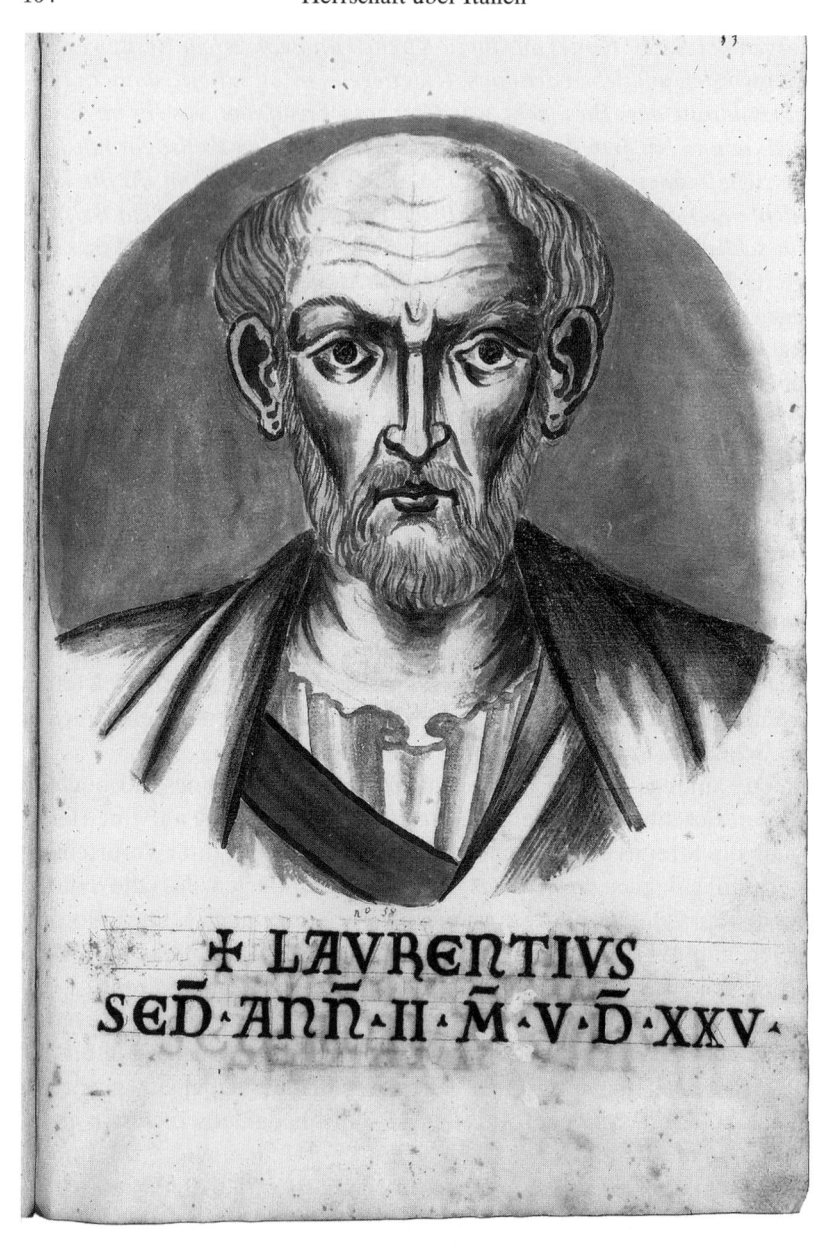

Abb. 15: Bild des Gegenpapstes Laurentius (498–499; 502–506).
Die Jahresangabe über seine Amtsdauer ist falsch.

Theoderich hätte in dieser Situation durchaus für Ruhe und Ordnung in der alten Reichshauptstadt sorgen können, aber angesichts seiner negativen Erfahrungen war er nicht mehr gewillt, diesem Treiben ein Ende zu setzen, und blieb bei seiner Haltung, sich nicht in Kirchenangelegenheiten einzumischen. Ihm dürfte immer klarer geworden sein, dass ihm keine der beiden Parteien in der damaligen Situation aufgrund ihres Verhaltens irgendwelche Vorteile einbrachte, auch nicht im Hinblick auf seine Beziehungen zum oströmischen Kaiser. Theoderich verhielt sich daher eine Zeit lang neutral. Dies kann man daran erkennen, dass er zwischen 502 und 506 Senatoren aus beiden Lagern als staatliche Amtsträger berief. Danach gab er allerdings seine Zurückhaltung wieder auf.

Während Laurentius den Lateran und andere wichtige Kirchen kontrollierte, hielt sich Symmachus weiterhin in St. Peter auf, wo er sich einen Bischofssitz errichten ließ und damit den Grundstein für den späteren Vatikanspalast legte. Indes hatte er einflussreiche Fürsprecher am Hofe Theoderichs, wie den Diakon Ennodius, der sich mit seinen Schriften vehement für ihn einsetzte. Avitus, der sich als Bischof von Vienne zum Sprecher des gallischen Episkopats machte, forderte zudem in einem Brief an Faustus Iunior den Senat auf, sich um den Stuhl Petri zu kümmern, und bewirkte unter den Senatoren einen Stimmungsumschwung zu Gunsten des Symmachus.[77]

Wohl auf Grund seiner Kenntnisse über die Verhältnisse im Ostreich konnte der Diakon Dioscorus aus Alexandria Theoderich dazu bewegen, seine bisherige Zurückhaltung aufzugeben und wieder eindeutig Stellung für Symmachus zu beziehen. Der Gote war überdies an einem innerkirchlichen Frieden interessiert, weil sich ab 504 die außenpolitischen Beziehungen zu dem Kaiser verschlechterten. Dieser suchte auf das Schisma Einfluss zu nehmen, indem er Symmachus vorwarf, nicht rechtmäßig gewählt worden zu sein.

Folglich musste der byzanzfreundlichen Partei des Laurentius ihre Macht genommen werden. Theoderich beauftragte damit keinen Geringeren als ihren führenden Kopf, den Senator Festus, was für dessen Prestige in Rom sprach. Festus hatte dafür zu sorgen, dass alle Hauptkirchen der Stadt Symmachus übertragen wurden und man ihn als alleinigen Papst anerkannte. Laurentius zog sich daraufhin auf die Güter des Festus zurück, wo er in strenger Askese bis zu seinem Tod lebte. Symmachus ließ über ihn und Petrus von Altino den Kirchenbann aussprechen. Darüber hinaus erkannte Theoderich in einem Schreiben an den Senat am 11. März 507 die Entscheidung über die Veräußerung von Kirchengut an, die Symmachus auf seiner Synode im November 501 hatte treffen lassen.[78] Theoderichs Eintreten für den Papst nahm Ennodius schließlich zum Anlass, den Goten in einer großen Lobrede öffentlich zu ehren. Jedoch gaben einige Anhänger des Laurentius trotz dieser Ereignisse nicht auf und widersetzten sich Symmachus, zumal er sich in finanziellen Dingen ungeschickt verhielt, sodass erst Ruhe in die römische Kirche einkehrte, als der Papst 514 starb.[79] Damit war das Laurentianische, aber noch nicht das Akakianische Schisma beigelegt.

Mit Hormisdas bestieg 514 ein Anhänger des Symmachus den Papstthron. Inwieweit sich Theoderich in seine Wahl eingemischt hat, bleibt unklar; eine solche Maßnahme war angesichts der Mehrheitsverhältnisse in Rom, aber auch wegen Hormisdas' Beliebtheit und Ansehen im Klerus nicht nötig. Der neue Papst, der sehr vorsichtig und umsichtig agierte, richtete seine Kirchenpolitik nach Theoderich aus und tat viel in Absprache mit ihm. Seine Wahl zeigte er übrigens nicht Kaiser Anastasius I. an. Der geriet allerdings wegen seiner monophysitischen Neigungen immer mehr in Schwierigkeiten. In Konstantinopel wurde 512 Areobindus, der Urenkel des Heermeisters Aspar, als Gegenkaiser ausgerufen. Der Gote Flavius Vitalianus, der ein Föderatenheer befehligte und sich zum Vertreter der Orthodoxie ernannte, belagerte 513 und 514 Konstantinopel. Anastasius I. nahm daraufhin Kontakt zu Hormisdas auf, woraufhin der Papst 515 in Absprache mit den Bischöfen und Theoderich eine Gesandtschaft nach Konstantinopel schickte. Unter der Leitung des Symmachianers Ennodius stellte sie indes für den Kaiser unannehmbare Forderungen, indem sie auf dem Bekenntnis von Chalcedon, der Verurteilung des Akakios und dem Recht des Papstes bestand, über abgesetzte und katholikenfeindliche Bischöfe zu urteilen.

Nach diesem Scheitern der päpstlichen Gesandtschaft ermahnte Anastasius I. seinerseits 516 den römischen Senat, sich für die Einheit der Kirche beim Papst und bei Theoderich einzusetzen. Es spricht für den Einfluss des Gotenkönigs, dass der Senat dieses kaiserliche Ersuchen nach Rücksprache mit ihm ablehnte.[80] Als sich im Osten immer mehr Bischöfe der katholischen Kirche zuwandten, sandte Hormisdas 517 wiederum eine Gesandtschaft nach Konstantinopel, die erneut Ennodius leitete. Ihr Ziel bestand nicht mehr darin, eine Verständigung mit dem Kaiser herbeizuführen, als vielmehr die orthodoxe Opposition gegen ihn zu stärken. Dass Anastasius I. die Gesandten schlecht behandelte, braucht daher nicht zu erstaunen.

Ein kirchenpolitischer Umschwung trat erst ein, als nach dem Tod des

Kaisers 518 Justin, der Befehlshaber der kaiserlichen Leibwache, den Thron bestieg. Der neue Kaiser bekannte sich offen zur Orthodoxie und trat gegen die Monophysiten für einen Ausgleich mit dem Westen ein. Über seinen Hofbeamten Gratus ermunterte er Hormisdas, eine dritte Gesandtschaft zu diesem Zweck nach Konstantinopel zu schicken. Ganz im Sinne des Kaisers informierte Gratus, bevor er in Rom eintraf, Theoderich in Ravenna über die kirchenpolitischen Absichten Justins. Der Gote befürwortete sie, weil er bereits an seine Nachfolge dachte und ihm deswegen an einem Einvernehmen mit dem Ostreich gelegen war.

Die päpstliche Gesandtschaft, die unter der Leitung des alexandrinischen Diakons Dioscorus stand, der 506 Theoderich überredet hatte, das Laurentianische Schisma zu beenden, wurde in Konstantinopel am 25. März 519 mit großen Ehren empfangen. Justins Neffe, der spätere Kaiser Justinian, reiste ihr sogar bis auf zehn Meilen vor die Stadt entgegen. Auf einem in Anwesenheit des Kaisers abgehaltenen Konzil wurden nicht nur, wie es Hormisdas sich gewünscht hatte, der Patriarch Akakios, sondern auch seine vier Nachfolger sowie die Kaiser Zeno und Anastasius I. als Ketzer verurteilt. Angesichts eines so großen Entgegenkommens akzeptierte es der Papst, dass sich der Patriarch von Konstantinopel ihm gegenüber als gleichberechtigt bezeichnete und sich nicht unterordnete. Der entsprechende Beschluss des Konzils von Chalcedon blieb also auch nach der wiedererlangten Kirchenunion bestehen.

Für Theoderich barg diese Entwicklung einige Risiken in sich. Der oströmische Kaiser war nun wieder der eigentliche Beschützer der katholischen Kirche – auch in Italien. So überbrachte Justin der Peterskirche viele wertvolle Geschenke, woraufhin sich Theoderich veranlasst sah, ihr ebenfalls zwei schwere silberne Kerzenleuchter zu übergeben.[81] Die Gegensätze zwischen den katholischen Römern und den arianischen Goten, die das Akakianische Schisma überdeckt hatte, traten jetzt wieder stärker hervor. Zudem stellte sich erneut und zugleich mehr als zuvor die Frage, warum der kirchenpolitischen Einheit von Ost und West nicht auch eine politische folgen könnte.

Verhältnis zu den Juden

Dem Arianer Theoderich kann man unterstellen, dass er sich gegenüber den Katholiken nur deshalb tolerant verhielt, weil sie die Mehrheit der italischen Bevölkerung ausmachten. Ob seine Religionspolitik lediglich auf machtpolitische Überlegungen oder auf eine persönliche Überzeugung zurückzuführen ist, lässt sich am ehesten an seinem Verhalten gegenüber religiösen Minderheiten wie den Heiden und den Juden ablesen. Erstere stellten wohl eine so verschwindend kleine und unbedeutende Gruppierung in Italien dar, dass Theoderich sich mit ihnen nicht weiter auseinander zu setzen brauchte. Dagegen kennen wir eine Reihe von Maßnahmen gegenüber den Juden, die gerade in größeren Städten eigene Gemeinden bildeten.

Um die Bedeutung dieser Regelungen besser einschätzen zu können, muss man wissen, dass die Juden in der Spätantike im Gegensatz zu den Häretikern und Heiden eine privilegierte Stellung besaßen; denn die Kaiser nahmen sie trotz des Absolutheitsanspruches der christlichen Religion hinsichtlich der Ausübung ihres Kultes in Schutz. Allerdings war es ihnen verboten, zu missionieren und neue Synagogen zu bauen. Zudem durften die Juden seit dem 5. Jahrhundert keine zivilen und militärischen Ämter mehr bekleiden.

In seinem Gesetzeswerk, dem *Edictum Theoderici*, erklärte der König, dass die den Juden durch die Gesetze gewährten Privilegien bewahrt werden sollten. Ferner gestattete er den orthodoxen Juden, sich bei Rechtsstreitigkeiten untereinander an die Lehrer ihrer Religion zu wenden.[82] Indem der Gote die Sonderstellung der Juden anerkannte, musste er sie auch gegen etwaige Übergriffe in Schutz nehmen. So schritt er ein, als es um 510 zu Krawallen in Rom kam. Nachdem bekannt geworden war, dass christliche Sklaven ihre jüdischen Herren umgebracht hatten, brannte die Bevölkerung der Stadt die Synagoge nieder, zerstörte jüdisches Eigentum und misshandelte Juden. Aufgrund eines Berichtes seines Comes Arigern wandte sich Theoderich an den Senat in der Hoffnung, dass die wenigen Rädelsführer bestraft und Vorwürfe gegen Juden vor das Gericht des Senats gebracht würden.[83]

Weitere Nachrichten über derartige Vorfälle fallen in die Zeit nach dem kirchenpolitischen Ausgleich mit Konstantinopel. Um 519 steckte die Bevölkerung von Ravenna die Synagogen der Stadt in Brand, weil Juden, die sich nicht taufen lassen wollten, angeblich die Christen verspottet hatten, indem sie Hostien in den Fluss warfen. Ähnliches ereignete sich zur gleichen Zeit in Rom. Die Juden wandten sich deshalb direkt an den Gotenkönig, der zu diesem Zeitpunkt in Verona weilte. Er beauftragte daraufhin seinen Schwiegersohn Eutharich und den Bischof von Ravenna, dafür zu sorgen, dass die Bevölkerung der beiden Städte für den Aufbau der zerstörten Synagogen aufkam.[84] Zwischen 523 und

526 verübten Kirchenleute Gewalttätigkeiten gegen die jüdische Gemeinde in Mailand. Als diese ebenfalls Theoderich um Hilfe bat, sicherte er ihr seinen Schutz zu.[85]

Allerdings wäre es falsch, aufgrund der gesetzlichen Bestimmungen und der verschiedenen Schutzmaßnahmen auf eine judenfreundliche Einstellung des Gotenkönigs zu schließen. Seine amtlichen Briefe zeugen – vielleicht auch unter dem Einfluss der christlichen Senatoren – von deutlichen Ressentiments. Die Juden waren für ihn Menschen, die in ihrem Glauben irrten. Folglich sprach er von ihren Überzeugungen als samaritischem Aberglauben. Den Juden Genuas empfahl er, dass sie, die von der Gnade Gottes verlassen worden seien, dem Anschein nach nicht pathetisch frohlocken sollten. Und sein Schreiben an die Mailänder Gemeinde schließt mit der Frage: *Aber warum, Jude, suchst du flehentlich die zeitliche Ruhe, wenn du nicht die ewige Ruhe finden kannst?*[86]

Die Frage, warum Theoderich trotz solcher Vorbehalte für die Juden eintrat, lässt sich nicht eindeutig beantworten, weil klare Aussagen in den Quellen fehlen. Denkbar wäre, dass er sie im Interesse seiner Herrschaft benötigte, weil sie vielleicht irgendwie für die Versorgung mit Lebensmitteln wichtig waren. Indes liegen keine Angaben über die Zahl und die wirtschaftliche Bedeutung der Juden vor. Wesentlich plausibler ist hingegen die Annahme, dass Theoderich die Juden beschützte, weil dies der Tradition und damit der Kontinuität der römischen Kaiserherrschaft entsprach. In seiner Judenpolitik ist daher die Fortsetzung seines Bemühens um die Wiederherstellung der römischen Lebensordnung zu sehen.[87] Dies wird besonders deutlich in seiner Reaktion auf ein Gesuch der jüdischen Gemeinde in Genua. Ihr erlaubte er zwar, das Dach ihrer Synagoge zu erneuern, verbot ihr aber gleichzeitig, ihr Gotteshaus zu vergrößern und zu verschönern. Eine solche Einschränkung nahm er wohl aufgrund kaiserlicher Gesetze vor. Gegenüber dieser Gemeinde hob er ferner hervor, dass alle den Juden gewährten Rechte eingehalten werden müssten; denn die Bewahrung der Gesetze stelle ein Zeichen der zivilen Lebensordnung dar, und die Ehrfurcht vor den früheren Kaisern sei ein Beispiel für seine Frömmigkeit.[88]

Obwohl er keinen neuen Kurs gegenüber den Juden einschlug, wurde Theoderich wegen seiner entsprechenden Haltung am Ende seiner langen Herrschaft angegriffen. Die in den Excerpta Valesiana überlieferten Berichte über die Ereignisse in Ravenna und Rom zeigen deutlich, wie sich die innenpolitische Stimmung gegen ihn verschlechterte. So wurde Theoderich unterstellt, dass sein Kämmerer Triwila die Juden begünstigt und durch seine einseitige Darstellung der Geschehnisse den König dazu gebracht habe, drakonische Strafen über die katholische Bevölkerung zu verhängen. Angeblich wurden auf Theoderichs Befehl hin Leute, die kein Geld für den Wiederaufbau der Synagogen aufbringen konnten, öffentlich ausgepeitscht. Die Erzählung in diesem Geschichtswerk gipfelt schließlich in der Behauptung, dass ein jüdischer Advokat Theoderich dazu überredet habe, noch wenige Tage vor seinem Tode anzuordnen, dass die Arianer alle katholischen Kirchen besetzen sollten.[89]

Eine Konfiskation des Kirchenvermögens oder gar eine Katholikenverfolgung werden indes durch keine andere Quelle bestätigt. Eine solche Maßnahme, die der bisherigen Politik Theoderichs grundsätzlich widersprochen hätte, wäre sicherlich nicht unerwähnt geblieben. Die prosemitischen Unterstellungen sind letztlich als ein Indiz dafür zu bewerten, dass gerade in einer Zeit des religionspolitischen Ausgleichs mit Konstantinopel auf einmal die Haltung des Gotenkönigs gegenüber den Juden Angriffspunkte bot. Am Hof des oströmischen Kaisers war es jedenfalls nicht möglich, dass Juden irgendein Amt bekleideten und somit Einfluss auf die kaiserlichen Regierungsgeschäfte nahmen. Am Hof Theoderichs gab es dagegen jüdische Amtsträger, wenn auch in sehr geringer Zahl. Allein diese Tatsache nahmen seine katholischen Gegner zum Anlass, den alternden König trotz seiner skeptischen Haltung gegenüber dem Judentum zu verleumden.

V. Außenpolitik

Mit Italien hatte Theoderich einen der bedeutendsten Teile des Römischen Reiches unter seine Herrschaft gebracht. Sosehr dies für ihn und seine Goten von Vorteil war, so sehr mussten sie mit Einfällen und Angriffen aus den benachbarten Gebieten rechnen. Gerade die zentrale Lage Italiens und der nördlichen Gebiete des gotischen Machtbereichs machten viele Sicherheitsvorkehrungen notwendig. In den Alpenprovinzen und in den auf dem Balkan gelegenen Teilen war immer wieder mit Einfällen der Nachbarvölker zu rechnen (Abb. 16).

Im Osten stellte der oströmische Kaiser trotz aller Vereinbarungen mit seinem Machtanspruch eine stete Gefahr dar, und auch im Westen verhielten sich die germanischen Machthaber keineswegs solidarisch mit dem Gotenkönig, sondern waren auf ihren Vorteil bedacht. Dies hatte Theoderich bereits erfahren müssen, als im Bürgerkrieg mit Odoaker Italien nicht ausreichend geschützt war. Die Burgunder, die zwischen 456 und 475 ihr Reich entlang der Rhône über Lyon nach Süden ausgedehnt hatten, drangen 490 unter ihrem König Gundobad plündernd in Ligurien ein und nahmen 6000 Gefangene mit. Die Vandalen, die unter Geiserich mit ihren Schiffen die Vorherrschaft über das westliche Mittelmeer erlangt hatten, bedrohten Italien von Süden her und überfielen 491 Sizilien. Offensichtlich hatten sie sich aber auf diesen Raubzug nicht gründlich vorbereitet, denn trotz der großen räumlichen Entfernung zu Oberitalien gelang einer Abteilung des Gotenheeres ein überzeugender Sieg über sie. Jedenfalls baten die Vandalen Theoderich um Frieden und verzichteten auf die jährliche Zahlung von Tributen.[1] Allein die Westgoten, die die Expansion ihres Reiches nach Spanien und im Süden Frankreichs bis in die Provence fortgesetzt hatten, hielten wohl aus Verbundenheit mit ihren gotischen Stammesbrüdern und aus Feindschaft mit den Franken zu Theoderich und halfen ihm im Kampf gegen Odoaker.

Angesichts dieser Lage konnte der Gotenkönig keineswegs daran denken, in irgendeiner Form die römische Herrschaft im Westen wiederherzustellen.[2] Gerade in einer Zeit, in der die gewünschte Anerkennung aus Konstantinopel ausblieb, musste er auf die außenpolitische Absicherung seiner Herrschaft bedacht sein. Vor allem musste er verhindern, dass sich der oströmische Kaiser hinter seinem Rücken mit an-

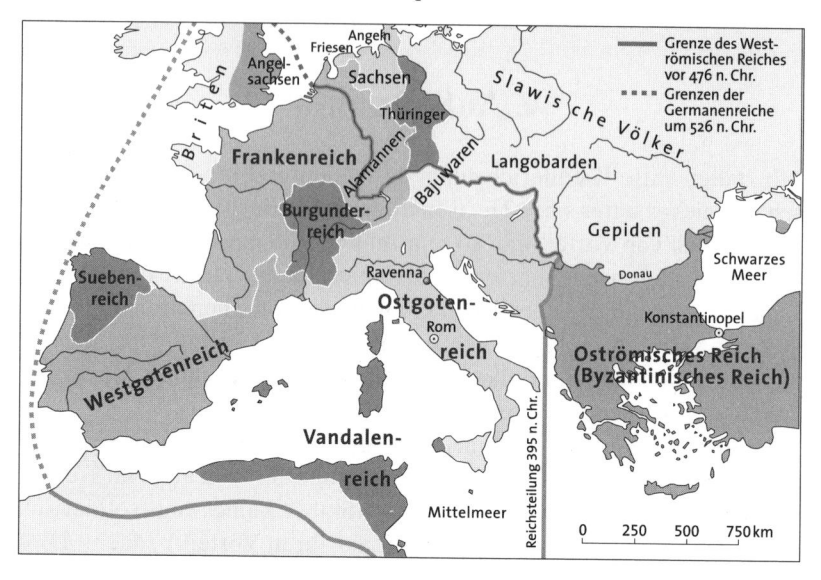

Abb. 16: Das Römische Reich um 500.

deren Staaten verbündete, um ihn dann von zwei Seiten angreifen zu können, was Theoderich zunächst durch ein ausgeklügeltes Bündnissystem gelang. Dabei beschritt er keine neuen Wege, sondern griff auf das bei germanischen Fürsten und römischen Kaisern seit jeher bewährte Mittel zurück, sich durch Eheschließungen andere Herrscher zu verpflichten. Dafür boten sich neben anderen Verwandten in erster Linie seine beiden Töchter an, die ihm während seines Aufenthaltes in Mösien eine namentlich nicht bekannte Konkubine geboren hatte. Die eine namens Theodegotho heiratete vor 496 den Westgotenkönig Alarich II. Durch diese Ehe waren nun die beiden führenden gotischen Familien, die Balthen und die Amaler, miteinander verbunden und die alte Waffenbrüderschaft bestätigt worden. Die andere Tochter, Ostrogotho, ehelichte den burgundischen Thronfolger Sigismund, Gundobads Sohn. Theoderich besiegelte mit dieser Ehe höchstwahrscheinlich den Ausgleich mit seinem alten Gegner, nachdem es 494 Epiphanius, dem Bischof von Pavia, zusammen mit Ennodius gelungen war, die von den Burgundern verschleppten Italiker wieder freizukaufen.[3]

Die Verbindung mit der burgundischen Königsfamilie muss noch im Zusammenhang mit einer anderen Eheschließung gesehen werden. Bald nach der Ermordung Odoakers hatte Theoderich eine Gesandtschaft zu dem Frankenkönig Chlodwig geschickt und ihn um die Hand seiner Schwester Audefleda gebeten. Die Beziehung zu ihm war für den Goten sehr wichtig; immerhin hatte Chlodwig, der 482 seinem Vater Childerich als König der Salfranken nachgefolgt war, durch seine Siege über den römischen Feldherrn Syagrius 486 und die Thüringer 491 seine Macht im Norden Galliens immer weiter ausgedehnt und die verschiedenen fränkischen Teilstämme unter seiner Herrschaft vereinigt. Dass Chlodwig mit Gundobad verfeindet war, störte Theoderich keineswegs – ganz im Gegenteil, denn indem sich der Franken- und der Gotenkönig zusammenschlossen, konnten sie die Burgunder in Schach halten. Ein erneuter burgundischer Angriff auf Italien schien damit erst recht ausgeschlossen.

Den Abschluss und Höhepunkt fand Theoderichs Heirats- und Bündnispolitik während seines Rombesuches im Jahr 500. Zu diesem Zeitpunkt wurde die Ehe zwischen dem verwitweten Vandalenkönig Thrasamund und Amalafrida, der ebenfalls verwitweten Schwester Theoderichs, geschlossen. Sie brachte als Mitgift die sizilianische Hafenstadt Lilybaeum sowie 1000 auserwählte Goten als Leibwächter und 5000 streitbare Männer mit in die Ehe. Aus den Quellen geht nicht eindeutig hervor, von wem die Initiative für diese Heirat ausging. Für beide Könige bedeutete sie in jedem Fall eine Absicherung ihrer Herrschaft gegenüber Konstantinopel. Für Theoderich, der bereits aus seiner Geiselhaft in Konstantinopel wusste, wie schwer die Vandalen zu besiegen waren, dürfte ausschlaggebend gewesen sein, dass sie sich bereits neun Jahre ruhig verhalten und keine weiteren Überfälle auf Italien unternommen hatten. Seine großzügige Mitgift, insbesondere die Tatsache, dass er den Vandalen einen Flottenstützpunkt auf Sizilien überließ, lässt sich damit erklären, dass er in Zukunft mit der Unterstützung ihrer Flotte rechnete. Jedenfalls unterließ er es auch weiterhin, eine eigene Flotte aufzubauen.[4]

In den ersten sieben Jahren seiner Alleinherrschaft hatte Theoderich die bedeutendsten germanischen Könige durch seine Heiratspolitik an sich gebunden. Erstmals in der europäischen Geschichte hatte er damit eine 'Familie der Könige' geschaffen. Dementsprechend dachte er bei seinen 'internationalen' Beziehungen in persönlichen und familiären Kategorien und nicht in abstrakten völkerrechtlichen, transpersonalen Begriffen und Strukturen. Die mit ihm verbündeten Könige bezeichnete er nicht nur als Freunde, sondern als Verwandte, Bruder oder gar als Sohn, wenn sie wie Alarich II. und Chlodwig wesentlich jünger waren als er. Entsprechend seinem sicherheitspolitischem Denken spielten für Theoderich die Eintracht und der Frieden eine wichtige Rolle. Folglich begann er einen Brief an den Frankenkönig mit den Worten: *So sehr wollten unter den Königen die gottgegebenen Rechte der Verwandtschaft zusammenwachsen, damit durch deren versöhnlichen Geist der erwünschte Frieden der Völker vorankommt. Dies ist nämlich etwas Heiliges, das nicht duldet, durch irgendeine Aufregung beunruhigt zu werden. Denn welchen Geiseln soll man Vertrauen schenken, wenn man nicht an Empfindungen glaubt? Die Herrscher verbinden sich durch Verwandtschaft, auf dass getrennte Völker sich eines gleichen Willens rühmen sollen und sich in Sammelbecken der Eintracht vereint die Wünsche der Völker verbinden können.*[5]

Wenn nun einer der 'Verwandten' den Frieden zu brechen drohte, war Theoderich nicht bereit, dies hinzunehmen, wie er seinem burgundischen 'Bruder' Gundobad schrieb: *Nicht ohne unser Missfallen wird gehandelt, wenn zu unserem Leidwesen die Niederlage von Verwandten riskiert wird. Ihr alle habt durch mich die Pfänder großer Gunst: Nicht ein Einziger ist vom anderen getrennt worden, wenn Ihr bei Euch irgendeinen Fehler begeht, versündigt Ihr Euch schwer mit meinem Schmerz. Es ist unsere Pflicht, junge Könige durch Vorhalten der Vernunft zu lenken, weil jene, wenn sie in der Tat merken, dass ihr schlechtes Begehren uns missfällt, sie ihre dreiste Absicht nicht beibehalten können. Sie fürchten die alten Männer, obwohl sie in der Blüte ihres Alters stehen, weil sie so aufbrausend sind. Sie sollen wissen, dass wir Gegner ihrer Widersprüche sind und jenes verfolgen wollen, damit es nicht von beiden überschritten werden kann. Denn es steht uns zu, harte Worte zu sagen, damit unsere Verwandten nicht zum Äußersten gelangen dürfen.*[6]

Die Hinweise auf seine Gunst und sein Alter zeigen, dass Theoderich sich durchaus als Oberhaupt der 'Familie der Könige' sah. Dies bedeutet jedoch nicht, dass er seine kaisergleiche Stellung herausstrich oder sich als neuer weströmischer Herrscher sah, dem die anderen Germanenkönige unterstellt waren. Um den Eindruck hegemonialer Bestrebungen klar und deutlich zu vermeiden, sprach er von dem Königreich Italien als seinem Herrschaftsgebiet.[7]

Obwohl die anderen Herrscher für ihn ebenbürtige Partner blieben, unterließ es Theoderich nicht, ihnen gegenüber seine Vorrangstellung zu betonen, indem er auf seine Lebenserfahrung, auf die besondere Würde, die er seinem Amalergeschlecht zuschrieb, und auf die kulturelle Bedeutung Italiens hinwies. So sah er sich nämlich als Mittler römischer

Außenpolitik

Kultur. Hierauf kam er zu sprechen, als er Gundobad, der selbst kurze Zeit als Heermeister über die Apenninenhalbinsel geherrscht hatte, einen Stundenmesser mit den Worten schenkte: *Ihr sollt in Eurer Heimat haben, was Ihr einst in Rom gesehen habt. Es ist würdig, dass Euer Gnaden, die uns auch durch Verwandtschaft verbunden ist, unsere Güte genießt. Burgund möge unter Euch die geschmackvollsten Dinge kennen lernen und die Erfindungen der Alten loben, durch Euch legt es das Stammesvorhaben ab und, während es auf die Klugheit seines Königs schaut, begehrt es mit Recht die Taten der Weisen. Er (der Stundenmesser) möge die Länge des Tages durch seine Handlungen ausschmücken und aufs Passendste die Momente der Stunden bestimmen. Die Ordnung des Lebens wird durcheinander gebracht, wenn angesichts der Wahrheit eine solche Aufteilung nicht gewusst wird. Überhaupt ist es eine Sitte der wilden Tiere, aus dem Hunger des Bauches die Stunden zu fühlen und nichts Sicheres zu haben, was man bekanntlich den menschlichen Gebräuchen zuschreibt.*[8]

Diese Sicherheits- und Bündnispolitik Theoderichs bekam erste Risse, als er dazu überging, seine Herrschaftsansprüche auch auf dem Balkan durchzusetzen, und damit den oströmischen Kaiser provozierte. Die pannonische Stadt Sirmium hatte einst zu der Prätorianerpräfektur Italien gehört, und deshalb zählte sie Theoderich zu seinem Königreich. Sie war aber inzwischen an die Gepiden verloren gegangen, die Theoderich auf seinem Zug nach Italien nicht weit von Sirmium besiegt hatte. Unter deren König Traserich, dessen Vater im Kampf gegen die Goten gefallen war, hatten sie wieder an Macht gewonnen und provozierten durch ständige Überfälle nun die Goten. Daran konnten auch verschiedene Gesandtschaften nichts ändern, die auf friedlichem Weg die Streitigkeiten zu regeln suchten.

Aus eigener Erfahrung wusste Theoderich nur zu gut, dass der pannonische Raum allzu leicht als Aufmarschgebiet für Angriffe auf Dalmatien und Italien genutzt werden konnte. Er wollte ihn daher unter seine Kontrolle bringen, um mögliche Attacken rechtzeitig abwehren zu können. Die Bedrohung für die Goten nahm zu, als Traserich sich mit Gunderit, dem anderen Gepidenfürsten, verbündete. Ein vereinigtes Gepidenreich forderte Theoderich, der sich selbst die Schuld für den Verlust Sirmiums gab, erst recht zu härteren Gegenmaßnahmen heraus. Er schickte 504 seinen Comes Pitzias nach Sirmium und ließ Traserich das Angebot unterbreiten, dass er seine Herrschaft behalten dürfe, wenn er sich auf die Forderungen des Goten einließe. Dann brach jedoch die

Herrschaft des Gepidenkönigs schnell zusammen, ohne dass es zu größeren Kämpfen kam. Während Traserich noch fliehen konnte, fiel seine Mutter in Pitzias' Hände. Der Comes nahm anschließend Sirmium ein und machte sich daran, die Verwaltung in diesem Gebiet wieder aufzubauen.

Allerdings gerieten die Goten sogleich in den nächsten Konflikt. Etwas weiter östlich, dort wo die Morava in die Donau mündet, hatte Mundo, ein Mann gepidischer Abstammung, einige Viehdiebe, Wegelagerer und Räuber um sich geschart und ein eigenes 'Königreich' aufgebaut; als Stützpunkt diente ihm der Turm Herta auf dem rechten Donauufer. Gegen ihn und seine Leute zog, unterstützt von Truppen der Bulgaren, der illyrische Heermeister Sabinianus zu Felde. Als er Mundo so sehr bedrängte, dass dieser schon daran dachte aufzugeben, bat der Gepide Pitzias um Hilfe. Der Gote eilte sogleich mit nur 2000 Fußsoldaten und 500 Reitern herbei und besiegte das oströmische Heer. Daraufhin unterwarf sich Mundo dem Gotenkönig.

Die Truppen Theoderichs waren damit in ein Gebiet vorgestoßen, mit dessen Unterwerfung der Gote 471 den Beginn seiner Königsherrschaft begründet hatte. Hierin ist indes nicht der Grund für seinen militärischen Vorstoß zu sehen; vielmehr waren eher militärische als nostalgische Überlegungen dafür ausschlaggebend. Allerdings erscheint es auf den ersten Blick rätselhaft, warum sich Theoderich darauf einließ, dass seine Soldaten einen Mann unterstützten, der einen derart zweifelhaften Ruf besaß. In ihren Chroniken übergehen Cassiodor und Marcellinus denn auch dieses Ereignis. Die Annahme, die Goten wollten Rache dafür nehmen, dass Sabinianus' gleichnamiger Vater den Goten einst auf dem Balkan schwer zugesetzt hatte, erscheint gleichfalls wenig überzeugend. Theoderichs Verhalten leuchtet nur dann ein, wenn man davon ausgeht, dass Mundo der Sohn eines Gepidenkönigs war und ihn dessen Cousin Traserich um seinen Thron gebracht hatte. Der Gotenkönig konnte sich nach seinem Sieg deshalb der Unterstützung eines führenden Gepiden sicher sein und auf Ruhe an der östlichen Reichsgrenze hoffen.

Überdies ließen sich die Eroberungen des Pitzias auch propagandistisch gut ausnutzen. Gegenüber seinen Untertanen konnte Theoderich jetzt behaupten, die alte Grenze des Römischen Reiches wiederhergestellt zu haben. Gerade unter den Senatoren dürfte diese Nachricht auf große Resonanz gestoßen sein. Mit der Verwaltung und Verteidigung Pannoniens, des einstigen 'Sitzes der Goten', betraute der König allerdings einen eigenen Gefolgsmann, Colosseus.[9]

Außenpolitik

Mit dem Sieg über ein oströmisches Heer hatte Theoderich aber endgültig den oströmischen Kaiser brüskiert und – schlimmer noch – dessen Notlage ausgenutzt; denn wegen der Kämpfe gegen die Perser konnte Anastasius I. nicht sofort einschreiten und musste die Ereignisse auf dem Balkan tatenlos hinnehmen. Nachdem er endlich 506 nach einem verlustreichen Krieg mit den Persern Frieden geschlossen hatte, reagierte Anastasius I. sowohl mit einem Gegenangriff als auch mit diplomatischen Aktivitäten, deren Ziel es war, Theoderichs Bündnissystem zu durchlöchern.

In Chlodwig fand der Kaiser schließlich einen geeigneten Verbündeten für seine Pläne. Der Frankenkönig war nämlich weiterhin bestrebt, seine Herrschaft in Nordgallien auszudehnen. Ungeachtet ihrer Beziehungen zu Theoderich lebte er in stetem Streit mit den Westgoten und Burgundern. Mit den Westgoten gab es bereits seit 486 Konflikte, als der Römer Syagrius vor den Franken nach Toulouse geflohen war und ihn Alarich II. auf Druck Chlodwigs ausliefern musste. 498 stießen fränkische Truppen auf westgotischem Gebiet bis Bordeaux vor; die Kämpfe fanden erst ein Ende, als es 502 bei Amboise auf einer Loire-Insel zu einem Friedensschluss zwischen Franken und Westgoten kam. Den Burgunderkönig Gundobad hatte sich Chlodwig zum Feind gemacht, weil er dessen Bruder gegen ihn im Kampf um die Alleinherrschaft unterstützte. Allerdings konnte Gundobad im Jahre 500 den Machtkampf für sich entscheiden.

Mit Theoderich geriet der Frankenkönig wegen der Alamannen in Konflikt. Als diese nämlich ihre Herrschaft immer weiter nach Nordwesten zum Mittelrhein ausdehnten, besiegte Chlodwig sie in der Schlacht bei Zülpich. Es war dieser Sieg, der ihn dazu gebracht haben soll, sich katholisch taufen zu lassen. Mit seiner Taufe verließ er die von Theoderich geschmiedete 'Koalition der arianischen Könige' und wurde nicht nur für die gallorömische Mehrheit seiner Untertanen konfessionell ein akzeptabler Herrscher, sondern auch für Kaiser Anastasius I.[10] Im Jahre 506 griffen die Franken erneut die Alamannen an, stießen tief in deren Kernlande vor, okkupierten den nördlichen Teil Alamanniens und vertrieben viele seiner Bewohner. Dieser Sieg war auch für Theoderich nicht ohne Bedeutung. Zum einen konnte er zwar froh sein, dass Chlodwig die Alamannen, mit denen er nicht verbündet war und die in der Vergangenheit immer wieder Italien bedroht hatten, endgültig unterworfen hatte; zum anderen flohen Alamannen nun aber scharenweise in sein Herrschaftsgebiet. Der Gotenkönig sah darin jedoch keinen

Nachteil, sondern siedelte sie im Norden seines Reiches, insbesondere in Raetien und Noricum an. Dafür, dass sie jetzt sogar fruchtbareres Land besaßen als in ihrer Heimat, mussten sie die Grenze des 'lateinischen Reiches' schützen und Tribute zahlen.[11]

Allerdings befürchtete Theoderich, dass Chlodwig seinen Feldzug gegen die Alamannen fortsetzte. Um einen direkten Konflikt mit ihm zu vermeiden, wurde er daher diplomatisch aktiv und schickte eine Gesandtschaft zu dem Frankenkönig. Mit ihr reiste ein Zitherspieler, um den Chlodwig den Goten zur Verherrlichung seiner Taten einst gebeten hatte. Das Schreiben, das die Gesandten dem Frankenkönig überbrachten, begann wie folgt: *Wir freuen uns jedenfalls über die ruhmreiche Verwandtschaft mit Eurer Tapferkeit, weil Ihr den Stamm der Franken, der in früherer Zeit untätig war, erfolgreich zu neuen Schlachten angestachelt habt und die Alamannenvölker, die sich beugten, nachdem ihre recht tapferen Krieger gefallen waren, mit Eurer siegreichen Rechten unterworfen habt. Aber da ja immer bei den Anstiftern einer Treulosigkeit deren Vergehen anscheinend gehemmt werden kann und die strafbare Schuld der Anführer nicht eine Strafe für alle sein darf, mäßigt Euren Zorn gegenüber dem erschöpften Rest, weil diejenigen verdienen mit dem Recht der Gnade zu entkommen, die, wie Ihr seht, in den Schutz Eurer Verwandten geflohen sind. Seid nachsichtig bei jenen, die eingeschüchtert sich in unserem Gebiet verstecken.*

Es ist ein denkwürdiger Triumph, den äußerst wilden Alamannen so in Schrecken versetzt zu haben, dass du ihn zwingst, dich anzuflehen, ihm sein Leben zu schenken. Es soll ausreichen, dass jener König mit dem Stolz seines Stammes gefallen ist; es soll ausreichen, dass das sehr zahlreiche Volk sich teilweise dem Schwert, sich teilweise der Sklaverei beugte. Denn wenn du mit dem Rest in Konflikt gerätst, wird man nicht glauben, dass du bislang alle besiegt hast. Nimm in solchen Fällen den Rat eines erfahrenen Mannes an: Jene Kriege gingen für mich gut aus, die maßvoll beendet worden sind. Dieser nämlich siegt ununterbrochen, der alles mit Maßen auszuführen weiß, während ein erfreuliches Gedeihen eher jenen schmeichelt, die durch allzu große Strenge nicht hartherzig werden. Gib daher milde unserem Geist nach, weil der freundschaftliche Umgang untereinander für gewöhnlich dem gemeinsamen Beispiel folgt. So geschieht es nämlich, dass Ihr meine Bitten zu erfüllen scheint und nicht beunruhigt sein müsst über jenen Teil, der sich Eurer Erfahrung nach auf uns bezieht. Deshalb grüßen wir Euch mit der geziemenden Ehre und Zuneigung und schicken jenen und jenen als unsere Gesandten zu Eurer

Exzellenz in der gewohnten Hochachtung, durch die wir ein Zeichen Eures Wohlergehens erhalten und die Erfüllung unserer Bitten erreichen wollen.[12]

Bei aller Höflichkeit hatte Theoderich deutliche Worte gegenüber Chlodwig gefunden, die nicht ohne Wirkung blieben. Er konnte es zunächst als Erfolg der Mission verbuchen, dass die Franken von weiteren Attacken auf die Alamannen abließen. Der Zitherspieler konnte indes nicht, wie gedacht, durch seinen lieblichen Gesang die wilden Herzen der Franken beschwichtigen. Chlodwig wandte sich nämlich wieder den Westgoten zu und brach den mit ihnen geschlossenen Frieden. Und erneut versuchte Theoderich den drohenden Konflikt auf diplomatischem Wege zu lösen, um offene Feindseligkeiten zwischen seinen Bündnispartnern zu verhindern. Zuerst schickte er eine Gesandtschaft zu Alarich II., um ihn um Mäßigung und Zurückhaltung zu bitten, da noch niemand zu Schaden gekommen sei. Allerdings misstraute Theoderich gleichzeitig der Schlagkraft der einst so siegreichen Westgoten, denn er schrieb ihrem König: *Weil die Herzen wilder Völker durch einen langen Frieden erschlaffen, hütet Euch davor, sie plötzlich ins Ungewisse zu schicken, die bekanntlich in so großen Zeiten keine Praxis haben.*[13] Zu ihrer Sicherheit versprach er, andere Könige für ein Bündnis gegen die Franken zu gewinnen.

Unter seinen bisherigen Bündnispartnern war der Burgunderkönig Gundobad derjenige, der wegen seiner Feindschaft mit Chlodwig und der geostrategischen Lage seines Reiches als erster Ansprechpartner für eine Koalition gegen die Franken in Frage kam. Theoderich bat ihn denn auch sogleich um Unterstützung bei der Bewahrung der Eintracht. Bei dieser Gelegenheit dürfte Gundobad auch den bereits erwähnten Stundenmesser erhalten haben (S. 115). Gleichzeitig weitete der Gotenkönig sein Bündnissystem aus, indem er Gesandtschaften zu den Herulern, Warnen und Thüringern schickte. Diese drei Völker hatten im Osten der Franken eigene Reiche gegründet. Am bedeutendsten waren die Thüringer, deren Einfluss sich vom nördlichen Harzvorland bis zum Main und zur Donau sowie nach Böhmen erstreckte. Mit ihnen eng verbunden waren die Warnen, die östlich der Saale wohnten. Der Herrschaftsbereich der Heruler reichte von Oberschlesien über Mähren bis zur Donau.

In gleich lautenden Schreiben erinnerte Theoderich die Könige der drei Völker daran, dass sie Eurich, Alarichs Vater, oft vor Kriegen mit Nachbarvölkern bewahrt habe, und warnte sie zugleich vor der Bedrohung durch den Frankenkönig. In seinen Schreiben forderte er sie auf: *Schickt daher Ihr, die das Bewusstsein Eurer Tapferkeit Euch aufrichtet und die Ihr angesichts einer so abscheulichen Dreistigkeit erzürnt seid, Eure Gesandten zugleich mit den meinen und denen unseres Bruders, des Königs Gundobad, an den Frankenkönig Chlodwig, damit er unter Abwägung eines gerechten Verfahrens von dem Konflikt mit den Westgoten ablässt und die Gesetze der Völker achtet oder damit er den Angriff aller hinnimmt, der meint, den Willen so vieler missachten zu müssen.*[14]

Auch an seinen fränkischen Schwager schrieb der Gotenkönig und riet eindringlich von einem Kampf mit seinem (Schwieger-)Sohn Alarich II. ab. Bemerkenswert ist dabei sein Vorschlag eines 'internationalen Schiedsgerichtes'. Ausgewählte Richter sollten darüber entscheiden, was von den Verwandten gefordert werden dürfe. Der Vorschlag, der auch in den Schreiben an Gundobad und Alarich II. anklingt, blieb allerdings unkonkret. Um ihm aber Nachdruck zu verleihen, forderte Theoderich Chlodwig auf: *Jener Konflikt möge aufhören, sobald einer von Euch als Besiegter bedauert werden kann. Werft das Schwert weg, die Ihr zu meiner Schande kämpfen wollt. Mit dem Recht des Vaters und Freundes untersage ich es Euch. Jener wird uns und unsere Freunde zu Feinden haben, der glaubt solche Mahnungen, was wir nicht annehmen, missachten zu müssen.*[15]

Alle Mahnungen und diplomatischen Bemühungen erwiesen sich letzten Endes aber als vergeblich. Auf Grund ihrer militärischen Überlegenheit stießen die Franken ungehindert in das Reich der Westgoten vor; südlich von Poitiers kam es zur Entscheidungsschlacht, in der das Heer der Westgoten vernichtend geschlagen wurde. Ihr König Alarich II. fiel im Kampf. Die siegreichen fränkischen Truppen stießen anschließend bis Bordeaux und Toulouse und in die Auvergne vor.

Niemand kam den Westgoten zu Hilfe. Vielmehr sahen sie sich jetzt auch noch Angriffen der Burgunder ausgesetzt. Gundobad hatte die Situation für günstig gehalten, um in das Lager seines alten Feindes zu wechseln. Mit seinen Truppen drang er sogar noch weiter als die Franken über die Pyrenäen bis nach Barcelona vor.

Für Theoderich bedeutete die Niederlage der Westgoten eine gewaltige Blamage – nicht nur, weil sein versprochenes Militärbündnis gegen Chlodwig geplatzt war, sondern auch weil er selbst mit seinen Truppen nicht hatte eingreifen können und ihn das gemeinsame Vorgehen des Frankenkönigs mit dem oströmischen Kaiser daran hinderte. Ende 507 oder im Laufe des Jahres 508 griff eine oströmische Flotte, bestehend aus

100 Kriegsschiffen und 100 Schnellbooten, Italien an. Mit 8000 Soldaten war sie indes zu schwach, um einen Feldzug zu Lande zu wagen. Die beiden oströmischen Befehlshaber begnügten sich lediglich damit, die italische Ostküste bis hinunter nach Tarent zu verwüsten und deren Bewohnern, insbesondere den Kaufleuten von Siponto in Apulien, schweren Schaden zuzufügen. Diese Form der Piraterie war nicht gerade eine militärische Glanzleistung und bewies, wie wenig sich die oströmische Armee zutraute. Aber immerhin hatte sie mit ihrem Angriff gezeigt, wie verwundbar Theoderichs Herrschaft war und welche Schwachstellen sie besaß, da der Gotenkönig über keine eigene Flotte verfügte und keine Gegenwehr leisten konnte. Zwar hätten ihm die Vandalen helfen können, jedoch hielt sich sein Schwager, deren König Thrasamund, zurück und wahrte, obwohl die Goten mit dem Patricius Agnellus eine Gesandtschaft zu ihm schickten, wohlwollende Neutralität zu Gunsten des oströmischen Kaisers. Dieser bekundete seinerseits 508 ganz offen sein Wohlwollen gegenüber Chlodwig. Anastasius I. ließ ihm nämlich die Zeichen eines römischen Konsuls überbringen.[16]

Theoderich blieb allerdings in der Zwischenzeit nicht untätig. Er musste etwas unternehmen, zumal sich in dem Grenzgebiet eine gewisse Unruhe in der Bevölkerung breit machte, wie der Fall des Bischofs von Aosta zeigt, der wegen Landesverrats angeklagt worden war. Im Norden Italiens ließ der Gotenkönig daher die Reichsgrenze sichern. Dafür sprechen die Befehle, die Kastelle von Tortona und auf dem Verruca (Warze) genannten Felsen Dos Trento bei Trient auszubauen. Gleichzeitig traf er Vorbereitungen für einen Feldzug nach Gallien. Theoderich, der wohl zu diesem Zweck seinen Hof nach Mailand verlegt hatte, befahl allen gotischen Kriegern, sich am 24. Juni 508 mit Waffen und Pferden bei ihm zu versammeln.[17]

Der genaue Verlauf des Feldzuges lässt sich nicht mehr rekonstruieren. Möglicherweise teilte sich das gotische Heer in mehrere Gruppen auf und fiel auf unterschiedlichen Wegen und in mehreren Etappen in Gallien ein. Besonders erfolgreich war dabei der Comes Ibba, der mit seinen Soldaten mehr als 30 000 Franken im Kampf tötete. Er machte sich vor allem um die Befreiung von Narbonne und Arles verdient, wo sich vorwiegend burgundische Verbände aufhielten. Bei der Belagerung von Arles eilte ihm der Comes Tuluin zu Hilfe, der die nahe gelegene Rhônebrücke gegen die Franken verteidigte. Ein zweites Gotenheer unter Mammo plünderte 509 Gallien und kehrte mit reicher Beute nach Italien zurück. Theoderich nahm ebenfalls an dem Feldzug teil; mit seinem Heeresteil konnte er Carcassonne von seinen fränkischen Belagerern befreien und in seine Gewalt bringen. Diese Stadt war für ihn insofern wichtig, als sich dort der Schatz des Westgotenkönigs befand.[18]

Theoderich beanspruchte aber nicht alle gallischen Gebiete der Westgoten für sich. Das Gebiet zwischen Garonne und Loire, in dem sich diese vor neunzig Jahren niedergelassen hatten, überließ er ohne weitere Vereinbarungen den Franken.

Zu den gallischen Besitzungen des westgotischen Königreiches gehörten jetzt nur noch die Länder zwischen den Pyrenäen und der Rhône. In ihnen wurden weiterhin die Anordnungen der westgotischen Könige angewendet, wie die Vorgehensweise Ibbas bei der Restituierung des Kirchenbesitzes in Narbonne zeigte. Das Gebiet südlich der Durance zwischen der Rhône und den Alpen kam dagegen direkt unter Theoderichs Herrschaft.

Um deren Einwohner für sich zu gewinnen, war der Gote bereits zu Beginn des Gallienfeldzuges sehr geschickt vorgegangen. Seine Truppen ließ er von Italien aus versorgen und daher Getreide von Marseille zu den Kastellen an der Durance transportieren. Seinen Befehlshabern gab er ferner Geld, damit sie sich selbst mit dem Nötigen versorgen konnten. Auf diese Weise sollte die gallische Bevölkerung nicht zusätzlich unter den Folgen des Krieges leiden. Ferner ordnete Theoderich an, zur Linderung ihrer Not Lebensmittel aus Süd- und Mittelitalien nach Gallien zu liefern. Bereits während des Feldzuges hatte er sich für den Wiederaufbau zerstörter Bauwerke in den eroberten Gebieten eingesetzt. Die Bewohner von Arles, die besonders schwer unter den Kämpfen zwischen Goten und Franken gelitten hatten, erhielten im Winter 508/509 Gelder, um ihre Stadtmauer und Türme zu reparieren. Außerdem wurden ihnen Lebensmittel versprochen, wenn die Witterungsverhältnisse sich verbesserten. Der Bischof von Arles empfing zahlreiche Geschenke von dem Gotenkönig, die der Geistliche allerdings in Geld umtauschte, um von den Burgundern Kriegsgefangene freizukaufen. 510 befreite Theoderich dann alle Provinzialen Galliens von ihren Steuerzahlungen. Von dieser Regelung ausgenommen blieben die Personen, die nicht unter dem Krieg gelitten hatten und daher für die Versorgung der Soldaten aufkommen sollten. Die wichtige Hafenstadt Marseille erhielt zudem ihre Steuerprivilegien zurück. Dass Theoderich 510 den einheimischen Senator Flavius Felix als Konsul für das kommende Jahr nominierte, ist schließlich als weiterer Gunstbeweis für Gallien zu sehen.[19]

Mit der Eroberung des Landes belebte Theoderich zugleich die alten römischen Verwaltungsstrukturen. Bereits 508 setzte er einen Vikar für Gallien ein und ernannte, obwohl das eroberte Gebiet nur einen Bruchteil der früheren Präfektur Gallien ausmachte, auch einen Prätorianerpräfekten. Mit dieser Aufgabe betraute er 510 Liberius, der ihm bereits nach der Eroberung Italiens bei der Ansiedlung der Goten wertvolle Dienste geleistet hatte. Liberius oblag es nun, die Finanzverwaltung der neuen Präfektur zu reorganisieren. Wie in Italien so wurden auch hier gotische Comites zur Verteidigung des Landes eingesetzt; bezeugt sind sie für Marseille und Avignon. Propagandistisches Ziel dieser Maßnahmen war es, dass sich die neuen Untertanen in Gallien nicht nur über ihre wiedergewonnene Freiheit freuten, sondern auch merkten, dass die neuen Machthaber sie beschützten und dass es nach der Willkür der Barbaren, der viele Grundbesitzer zum Opfer gefallen waren, besser sei, wieder nach römischem Recht leben zu können.[20]

Mit diesen militärischen Erfolgen über die Franken und Burgunder gab sich Theoderich aber längst nicht zufrieden, sondern forderte schließlich das ganze Westgotenreich für sich. Dazu berechtigten ihn dynastische Ansprüche, die er nach einem Konflikt unter den Westgoten geltend machte. Alarich II. hatte aus seiner Ehe mit Theoderichs Tochter einen Sohn namens Amalarich hinterlassen. Da dieser bei dem Tod seines Vaters noch minderjährig und daher nicht waffenfähig war, erhoben die Westgoten 507 in Narbonne Gesalech, einen unehelichen Sohn Alarichs II., zu ihrem König. Theoderich scheint dies auch zunächst akzeptiert zu haben. Er mischte sich erst ein, als unter den Westgoten die Opposition gegen den neuen König zunahm. Der Konflikt eskalierte, als Gesalech, der vor Gundobads Truppen von Narbonne nach Barcelona geflohen war, einen angesehenen Westgoten tötete.

Theoderich schickte daraufhin seinen erfahrenen Feldherrn Ibba nach Spanien. Ihm gelang es wohl 511 ohne größere Probleme, Gesalech zu vertreiben; dieser floh nach Afrika, wo er am Hofe Thrasamunds freundliche Aufnahme fand. Der Vandalenkönig bewies damit einmal mehr, dass er nicht auf der Seite des Gotenkönigs stand. Theoderich sandte deshalb eine Gesandtschaft nach Carthago und teilte seinem treulosen Schwager mit: *Ich aber bin erstaunt, dass Ihr durch solche Begünstigung verpflichtet Gesalech, der sich mit unseren Feinden, während wir ihn begünstigten, verbündete, so sehr in Euren Schutz genommen habt, dass er, der von seinen Truppen verlassen und seines Vermögens beraubt zu Euch kam, plötzlich mit einem Übermaß an Geld ausgestattet nachweislich zu fremden Völkern geschickt worden ist. Obwohl er mit Gottes Hilfe keinen Schaden zufügen kann, hat er endlich das Wesen Eures Denkens offenbart. Was sollen Vereinbarungen mit Fremden erwarten lassen, wenn Verwandtschaft sich so auszahlt? Denn, wenn er aus Mitleid in Euer Reich aufgenommen worden ist, musste er festgehalten werden; wenn er unseretwegen vertrieben worden ist, dann war es nicht nötig, ihn mit Reichtümern in fremde Reiche zu schicken, bei denen unsere Kämpfe ohne Einschränkung dafür gesorgt haben, dass sie Euch nicht gefährlich werden. Wo ist die Zeit, als du, durch eine umfangreiche Lektüre gesättigt, andere über das gute Verhalten zu belehren pflegtest? Wenn du diese Angelegenheit mit unserer Schwester hättest besprechen mögen, hätte es Euch schlechterdings nicht widerfahren können, weil sie es nicht hingenommen hätte, dass ihr Bruder gekränkt wird, und nicht zugelassen hätte, dass ihr Ehemann bei solchen Machenschaften ertappt wird. Und deshalb ersuchen wir durch jenen und jenen als unsere Gesandten mit angemessener Ehrbietung grüßend, dass Ihr nach reiflicher Überlegung dieses ungerechte Verhalten überprüft, damit nicht unsere Verwandten aufgrund offensichtlicher Gründe beabsichtigen, etwas zu versuchen, das augenscheinlich den Frieden brechen würde. Tief schmerzt ja ein Unrecht, das unerwartet eintrifft, und wenn von da eine Hinterlist kommt, von wo man Hilfe erwartete. Einiges allerdings haben wir durch die Überbringer dieses Schreibens Euch mündlich mitteilen lassen, wie wir alles genau erwägen. Was in einem solchen Fall geschehen muss, mögt Ihr mit Eurer Klugheit wieder in Ordnung bringen, da es ja keine leichte Sache ist, wenn kluge Männer gegen Friedensvereinbarungen verstoßen.*[21]

Thrasamund sah offensichtlich keine Möglichkeit, sich Theoderich zu widersetzen, und befolgte den Rat seines Schwagers. Er lenkte schnell ein und entschuldigte sich bei Theoderich, indem er ihn reich beschenkte. Der Amaler nahm allerdings nur die Entschuldigung dankend an. Er war klug genug, die vielen Goldgeschenke des Vandalen nicht für sich zu behalten, sondern ließ sie wieder zurückschicken, um sich in keine Abhängigkeit von ihm zu begeben und so auch seine Überlegenheit zu demonstrieren.[22]

Gesalech kehrte, nachdem er den Hof des Vandalenkönigs verlassen hatte, über Aquitanien nach Spanien zurück. Zwölf Meilen vor Barcelona konnte ihn Ibba 513 ein zweites Mal besiegen. Gesalech versuchte jetzt, in das Reich der Burgunder zu fliehen. Ein Aufenthalt am Hofe ihres Königs Gundobad hätte aber unweigerlich zu neuen Konflikten geführt. Die Goten setzten daher alles daran, Gesalech abzufangen, bevor er burgundisches Gebiet betrat. Als er die Durance überquerte, töteten sie ihn.

Die Westgoten blieben in der Zwischenzeit nicht ohne Herrscher, denn bereits 511 hatte Theoderich die Königswürde auf seinen Enkel Amalarich übertragen. Da dieser noch minderjährig war, übernahm Theoderich selbst die Vormundschaft über ihn und war damit faktisch Herrscher über das Westgotenreich. In den westgotischen Königslisten wird er denn auch bis zu seinem Tod geführt. Warum er seinen Enkel so zurücksetzte, lässt sich nicht genau sagen. Vielleicht waren es persönliche Gründe, die in dem Alter und in den Fähigkeiten Amalarichs zu suchen wären. Wahrscheinlicher ist indes die Annahme, dass Theoderich angesichts der fränkischen Bedrohung ein vereinigtes Gotenreich schaffen wollte. Dafür spricht, dass er den Königsschatz von Carcassonne nach Ravenna bringen ließ. Außerdem verwandte er die Tribute, die er jährlich von den Westgoten empfing, zum Unterhalt der Heere in Italien, Gallien und Spanien.

Da Theoderich sich nicht persönlich in Spanien aufhielt, entsandte er als Mann seines Vertrauens und als Beschützer für Amalarich einen Goten namens Theudis. Als Befehlshaber der Truppen und wegen seiner guten verwandtschaftlichen Beziehungen zur römischen Oberschicht war dieser letztlich der eigentliche Herrscher über die Iberische Halbinsel. Theoderich unternahm aber nichts gegen ihn, da zu befürchten war, dass der Versuch, Theudis zu stürzen, die Westgoten gespalten und dies wiederum eine mögliche Intervention der Franken nach sich gezogen hätte.[23]

Die Zeit zwischen 507 und 511 nutzte Theoderich, um sein Bündnissystem beziehungsweise das, was von ihm noch übrig geblieben war, auszubauen. Wichtig waren für ihn die Thüringer, die durch die Eroberungszüge Chlodwigs gegen die Chatten zu direkten Nachbarn der Franken geworden waren. Um die freundschaftlichen Beziehungen zu den Thüringern zu festigen, gab er ihrem neuen König Herminafrid, der kurz vor 510 die Herrschaft übernommen hatte, seine Nichte Amalabirga, die Tochter Amalafridas, zur Frau. Mit ihr verband sich für ihn die Hoffnung, dass ihre hohe Bildung auch auf dieses Volk ausstrahle.[24] Militärischen Beistand erwartete der Gotenkönig ferner von den Herulern. Nach dem Vorbild seines Vaters Theodemer, der seinerzeit den Suevenkönig Hunimund adoptiert hatte, adoptierte Theoderich ihren König Rodulf als Waffensohn und ließ ihm Pferde, Schwerter, Schilde und weitere Kriegsgeräte bringen. Zusätzliche Vorteile bestanden für Rodulf darin, dass durch diese Adoption sein Ansehen unter den Völkern stieg und Theoderich versprach ihn zu verteidigen. Als Rangniederer verpflichtete sich Rodulf zur Ergebenheit gegenüber seinem Adoptivvater und dazu, notfalls sein Leben für ihn zu opfern, wenn ihm Übles widerfahre. Allerdings hielt diese enge Bindung nicht lange, denn die Heruler unterlagen in einem von ihnen provozierten Streit den Langobarden, die womöglich von den Franken und Byzantinern Rückendeckung erhielten. Als ihr König Rodulf fiel, mussten die Heruler ihre Wohngebiete verlassen und zogen auf den Balkan.[25]

Für Theoderich war der Verlust seines Waffensohnes zu verkraften. Bereits 508 hatte er nach Beendigung des Laurentianischen Schismas den Ausgleich mit Anastasius I. gesucht und ihm in einem Schreiben seine Ergebenheit dargelegt. Zu dem Bemühen um eine politische Verständigung gehörte wohl auch die Gesandtschaft, die 510 nach Konstantinopel reiste. Zu welchem Ergebnis die Verhandlungen mit dem Kaiser führten, ist nicht bekannt. Vielleicht verzichtete Theoderich auf ein Gebiet im östlichen Teil seiner neuen Provinz Sirmium.[26] Entscheidend war für ihn letztlich, dass nach der Niederlage Alarichs II. und dem Verlust wichtiger Verbündeter keine Angriffe aus dem Osten mehr zu befürchten waren und sich die Beziehungen zwischen Ravenna und Konstantinopel stabilisiert hatten.

Die außenpolitische Krise in den Jahren 507 und 508 hatte Theoderich zwar in die Defensive gezwungen, aber dank der Schlagkraft seines Heeres konnte er sich aus ihr befreien. Mit seinen militärischen Erfolgen und der Ausdehnung seiner Herrschaft änderte sich seine Außenpolitik grundlegend. Aus Sicherheitspolitik war Machtpolitik geworden, an die Stelle eines mit diplomatischem Geschick fein gesponnenen Bündnissystems ein gesamtgotisches Reich getreten, das sich von Spanien bis zum Balkan erstreckte. Theoderich war damit zum mächtigsten Herrscher im westlichen Mittelmeer aufgestiegen. Diese Position war für ihn außerordentlich wichtig, denn durch sie konnte er sich am ehesten der Expansion der Franken widersetzen.

Theoderichs außenpolitisches Konzept bewährte sich über den Tod Chlodwigs 511 hinaus beinahe bis an das Ende seiner Regierungszeit. Über Jahre hinweg hatte er keinen Krieg zu führen. Erst 522 wurde er wieder in einen militärischen Konflikt mit seinen alten Rivalen, den Burgundern, hineingezogen.

Nach dem Tod seiner Tochter Ostrogotho hatte sein Schwiegersohn

Sigismund, der 516 von seinem Vater Gundobad die Königsherrschaft über das Burgunderreich übernommen hatte und der zum katholischen Glauben übergetreten war, noch einmal geheiratet. Seine zweite Ehefrau intrigierte so lange gegen Ostrogothos Sohn Sigerich, bis ihn Sigismund 522 umbringen ließ. Theoderich konnte und wollte diesen Mord an seinem Enkel nicht ungesühnt lassen, auch wenn der sehr gläubige Sigismund dafür Buße leistete. Überdies bot sich jetzt für ihn ein überzeugender Grund, gegen den Burgunderkönig vorzugehen, der als praktizierender Katholik und kaiserlicher Patricius eine antigotische Politik betrieb. Die Goten schlossen sich mit den Franken zusammen und vereinbarten mit ihnen einen Feldzug gegen die Burgunder. Für den Fall, dass einer den anderen dabei im Stich ließ, hatte er als Entschädigung einen bestimmten Beitrag in Gold zu zahlen. Die eroberten Gebiete versprachen sie indes unter sich aufzuteilen.

Mit dem Feldzug beauftragte Theoderich, der zu diesem Zeitpunkt in Verona weilte, den erfahrenen gotischen Feldherren Tuluin, der sich bereits 508 bei den Feldzügen in Gallien gegen die Franken bewährt hatte. In der Provence stellte Tuluin sein Heer auf. Als Verstärkung schickte ihm Theoderich Einheiten der Gepiden. Die gotischen Truppen hielten sich jedoch anfänglich zurück, vermieden einen Angriff und erweckten eher den Anschein, als wollten sie sich zurückziehen. Stattdessen fielen Chlodwigs Söhne mit ihren Truppen in das Gebiet der Burgunder ein. Nur ihr Bruder Theoderich, der Theoderichs Enkelin, die burgundische Prinzessin Suavegotho, geheiratet hatte, blieb von den Kämpfen fern. Die Franken waren sehr erfolgreich, denn die Burgunder lieferten ihnen Sigismund und seine Familie aus, die bald darauf umgebracht wurden. Damit waren die Burgunder aber noch nicht unterworfen. Die Herrschaft übernahm nun Godomar, Sigismunds Bruder, der im Jahre 524 einen zweiten Angriff der Franken überstand. Inzwischen nutzte Tuluin die Lage für sich aus und besetzte die burgundischen Gebiete zwischen den Flüssen Durance und Isère kampflos. Als sich die Franken daraufhin über das Verhalten der Goten beschwerten, bezahlten diese die vereinbarte Strafsumme. Theoderich war hierüber keineswegs erbost, vielmehr war er über die weitere Ausdehnung seiner gallischen Besitzungen so erfreut, dass er seinen Feldherrn Tuluin mit Gütern in dem eroberten Gebiet beschenkte.[27]

Einmal mehr war es dem betagten Gotenkönig gelungen, einen außenpolitischen Erfolg für sich zu verbuchen. Allerdings konnte er sich trotz seiner erfolgreichen Politik während seiner Herrschaft nie ganz sicher fühlen, da zwei wichtige Konkurrenten im Mittelmeerraum bestehen blieben – Ostrom und das Vandalenreich. Zu Letzterem verschlechterten sich, kurz bevor Theoderich starb, durch einen Verwandtenmord die Beziehungen.

VI. Die letzten Jahre der Herrschaft

Regelung der Nachfolge

Wenn doch nur ein purpurgekleideter Spross von dir das Glück unseres goldenen Zeitalters vermehrte! Wenn doch ein Erbe des Reiches auf deinem Schoß spielte, auf dass das geheiligte Kind eine solche Opfergabe, wie ich sie mit Worten darbringe, von uns entgegennimmt – als Zeugnis ähnlicher Freude![1] Als der Diakon Ennodius mit diesen Worten im Jahre 507 seine Lobrede auf Theoderich beendete, schien es bereits eher unwahrscheinlich, dass der Amaler angesichts seines fortgeschrittenen Alters noch einen Sohn bekommen würde. Ennodius berührte daher mit seinem Wunsch eine für den Goten heikle Frage und bewies, dass Lobredner durchaus auch Probleme ansprechen durften. Mit seiner fränkischen Ehefrau Audefleda hatte Theoderich nur eine Tochter namens Amalasuintha. Sie kam als seine Nachfolgerin ebenso wenig in Betracht wie ihre beiden älteren unehelichen Halbschwestern. Deren Söhne Amalarich und Sigerich spielten als westgotische und burgundische Prinzen in Theoderichs dynastischen Überlegungen wahrscheinlich nie irgendeine Rolle.

Für den Gotenkönig hatte sein Nachfolger zwei Kriterien zu erfüllen: Er musste im waffenfähigen Alter und mit dem Amalergeschlecht eng verbunden sein; denn trotz Theoderichs hohem Ansehen war die Stellung der Amaler noch nicht so gefestigt wie beispielsweise die der Merowinger. Als gotische Königsfamilie besaßen sie noch keine lange Tradition und standen in Konkurrenz zu anderen gotischen Adelsfamilien. Diese hätten, wenn Theoderich keine Erben hinterließ, aus ihren Reihen einen König gewählt. Nicht auszuschließen ist ferner, dass ein direkter Nachkomme für Theoderich wichtig war, um mögliche Konkurrenten aus der eigenen Familie, wie etwa seinen Neffen Theodahad, von der Thronfolge fern zu halten.

Theoderich verheiratete daher 515 Amalasuintha mit Eutharich Cilliga, einem aus Spanien stammenden Goten. Über dessen Alter gehen die Angaben der antiken Autoren erheblich auseinander: Er wird einerseits als junger Mann, andererseits als Altersgenosse seines Schwiegervaters – also als älterer Herr – beschrieben. Welche militärischen und politischen Verdienste er sich erworben hatte, ist nicht bekannt.

Ausschlaggebend für seine Wahl als Schwiegersohn waren letztlich seine verwandtschaftlichen Beziehungen zu den Amalern, was wiederum seine Herkunft aus dem Westgotenreich erklärt. Nach dem von Jordanes überlieferten Stammbaum der Amaler hatten Eutharich und Theoderich denselben Ur-Ur-Ur-Ur-Großvater. Eutharich stammte überdies von dem legendären Gotenkönig Ermanarich ab, dem Edelsten der Amaler, der sich im späten 4. Jahrhundert nach einer Niederlage gegen die Hunnen das Leben genommen hatte. Dass Eutharich aus Spanien kam, führte Jordanes darauf zurück, dass sein Großvater, ein Urenkel Ermanarichs, 418 wegen der Hunnen mit den Westgoten nach Westen gezogen war. Chronologisch erscheint dies eher unwahrscheinlich. Zeitliche und namenskundliche Erwägungen sprechen dafür, dass hier eine Verwechselung mit Vidimer, Theoderichs Onkel, vorliegt, der sich von den pannonischen Goten getrennt hatte. Dessen gleichnamiger Sohn, der vielleicht auch Viderich wie Eutharichs Vater hieß, hatte sich 413/414 den Westgoten angeschlossen. Wenn dies zutrifft, dann hätte Eutharich die Tochter des Cousins seines Vaters geheiratet und beide Ehepartner hätten in dem Gotenkönig Vandalarius denselben Urgroßvater gehabt. Derartige Verwandtschaftsehen waren bei den Römern, insbesondere bei der katholischen Kirche verpönt, weswegen durch die Darstellung einer amalischen Seitenlinie die wahren familiären Beziehungen Eutharichs verschleiert werden sollten. Überdies dürfte mit Eutharichs spanischer Herkunft die Überlegung verbunden gewesen sein, dass er gegebenenfalls nach Theoderichs Tod auch von den Westgoten akzeptiert würde und mit ihm das vereinigte Gotenreich fortbestehen könnte, auch wenn durch diese Regelung Amalarich, der Sohn Alarichs II. und Enkel Theoderichs, zurückgesetzt worden wäre.[2]

Theoderich war nach der Hochzeit sehr darum bemüht, Eutharichs Stellung als präsumptiven Nachfolger abzusichern. So stellte er das Verhältnis zwischen ihnen beiden wie das zwischen Vater und Sohn dar. Im Hinblick auf die römische Bevölkerungsmehrheit war es für den Amaler außerordentlich wichtig, dass der oströmische Kaiser seinen Schwiegersohn akzeptierte. Da kam es ihm sehr gelegen, dass nach Anastasius' I. Tod mit Justin 518 ein Mann den Thron in Konstantinopel bestieg, der an einem generellen Ausgleich mit dem Westen interessiert war – der kirchenpolitische Dissens wurde ja rasch beseitigt (S. 107). Auf Vorschlag Theoderichs machte der neue Kaiser bereits für das Jahr 519 Eutharich trotz dessen antikatholischer Haltung zu seinem Mitkonsul. Außerdem nahm er ihn als Waffensohn an und verlieh ihm den römi-

Regelung der Nachfolge

schen Gentilnamen Flavius. Eutharich waren damit die gleichen Ehren zuteil geworden wie einst vor 35 Jahren Theoderich durch Zeno.

Die Verleihung des Konsulats an seinen Schwiegersohn ließ der Amaler in Rom und Ravenna mit Triumphzügen feiern, bei denen Goten wie Römer reich beschenkt wurden. In Rom fanden im Amphitheater aufwendige Kämpfe mit Tieren statt, die aus Afrika importiert worden waren. Zudem zeichnete Eutharich Senatoren mit der Verleihung neuer Würden aus. Cassiodor hielt für den Konsul im Senat eine Festrede und verfasste ihm zu Ehren eine Weltchronik, die mit seinem Konsulatsjahr endete.[3]

Theoderich versuchte in der darauf folgenden Zeit, Eutharich stärker in die Verwaltung seines Reiches einzubinden. Er beauftragte ihn daher damit, dafür zu sorgen, dass die Bevölkerung von Rom und Ravenna die zerstörten Synagogen wieder aufbaute. Zu weiteren größeren Aufträgen ist es aber nicht gekommen, da Flavius Eutharich Cillica bald darauf verstarb, wahrscheinlich um das Jahr 523. Er hinterließ allerdings zwei Kinder, eine Tochter namens Matasuintha und einen Sohn namens Athalarich. Dieser kam für die Nachfolge Theoderichs in Frage, jedoch scheint sein Großvater diesbezüglich keine weiteren Maßnahmen getroffen zu haben.[4]

Das Jahr 523 brachte für den Gotenkönig noch zwei weitere Rückschläge. Am 6. Mai starb sein Schwager, der Vandalenkönig Thrasamund. Auf ihn hatte er sich zwar nie sonderlich verlassen können; doch dessen Nachfolger Hilderich, der Sohn der Kaisertochter Eudocia, kehrte sich gänzlich von ihm ab, da er anders als Thrasamund die katholische Kirche begünstigte. Da Hilderich vor seiner Thronbesteigung sich in Konstantinopel aufgehalten und mit Justinian, Justins Neffen, angefreundet hatte, wandte er sich ganz dem römischen Kaiser zu.

Am 6. August schied überdies Papst Hormisdas aus dem Leben. Auf ihn hatte sich Theoderich bei innerkirchlichen Auseinandersetzungen stets verlassen können. Mit dem Diakon Johannes bestieg jetzt ein Anhänger des Gegenpapstes Laurentius den Thron Petri, der ebenfalls dem oströmischen Kaiser sehr wohlgesonnen war. Mit diesem Papst sowie mit den Senatoren Boëthius und Symmachus geriet Theoderich in schwerwiegende Konflikte, jedenfalls legen dies Berichte hierüber nahe, die das Bild des Gotenkönigs nachhaltig negativ beeinflusst und Historiker hinsichtlich seines Verhaltens vor ein Rätsel gestellt haben.

Der Prozess gegen Boëthius und die Mission Papst Johannes' I.

Anicius Manlius Severinus Boëthius Iunior entstammte mütterlicherseits der angesehenen und reichen Senatorenfamilie der Anicier. Sein Vater war während Odoakers Herrschaft Prätorianer- und Stadtpräfekt sowie 487 Konsul gewesen. Da er früh verstarb, wuchs der noch minderjährige Boëthius im Haus des Senators Quintus Aurelius Memmius Symmachus Iunior auf, dessen Tochter Rusticiana er später auch heiratete. Symmachus war kein unbedeutender Senator; er hatte ebenfalls unter Odoaker die höchsten Würden erlangt und wurde schließlich unter Theoderich zum Vorsitzenden des Senates ernannt. Darüber hinaus hatte er sich einen Namen als Philosoph, Redner und Geschichtsschreiber gemacht. Unter seinem Einfluss wandte sich Boëthius in besonderem Maße den Wissenschaften zu. So befasste er sich als überzeugter Katholik eingehend mit religiösen Fragen. Dabei stand er wie Symmachus mit seinen theologischen Ansichten denen des Gegenpapstes Laurentius und der Ostkirche sehr nahe. Aber noch mehr als die Theologie faszinierte Boëthius allerdings die Philosophie. Als einer der ganz wenigen westlichen Senatoren seiner Zeit konnte er die Werke Platons und Aristoteles' lesen und kommentieren. Er plante sogar, sie ins Lateinische zu übersetzen.

Theoderich verstand es, Boëthius mit seinem Wissen und seiner Gelehrsamkeit für seine eigenen Zwecke einzuspannen. Er wandte sich an ihn, als er dem Burgunderkönig Gundobad einen Stundenmesser und dem Frankenkönig Chlodwig einen Zitherspieler schicken wollte. Als sich seine Fußsoldaten und Reiter am Hofe darüber beklagten, Münzen mit einem falschen Gewicht erhalten zu haben, nahm sich Boëthius der Angelegenheit an.

Schon früh ehrte der Gotenkönig Boëthius, indem er ihm vor 507 den Titel eines Patricius verlieh. Mit knapp dreißig Jahren wurde dieser, wie für Mitglieder alteingesessener Senatorenfamilien üblich, 510 Konsul. Trotz dieser Ehrungen verspürte Boëthius keine besondere Neigung, an herausgehobener Stellung Verantwortung zu übernehmen. Vor und nach seinem Konsulat hatte er, soweit bekannt, kein Amt in Theoderichs Herrschaftsbereich übernommen. Dazu sah er sich erst genötigt, als seiner Familie eine äußerst seltene und in der Gotenzeit einmalige Auszeichnung widerfuhr. Seine beiden noch nicht volljährigen Söhne Flavius Boëthius und Flavius Symmachus wurden zu Konsuln für das Jahr

522 ernannt. Dass der oströmische Kaiser Justin beide Konsuln aus dem Westen nahm, ist seinem Bemühen um einen Ausgleich mit diesem Reichsteil zuzuschreiben. Gleichzeitig lässt diese Tatsache darauf schließen, dass Boëthius eben über gute Kontakte zu den Machtzentralen beider Reichsteile, zu Theoderich und zum oströmischen Kaiser, verfügte. Bei dem Konsulatsantritt seiner Söhne hielt er denn auch eine Lobrede auf den Gotenkönig. Nun konnte er allerdings nicht umhin, ein führendes Amt am Hofe in Ravenna zu übernehmen. Seit September 522 diente er Theoderich als *magister officiorum* (S. 79).[5]

Allerdings bewies Boëthius in diesem Amt rasch sein wenig ausgeprägtes Fingerspitzengefühl im Umgang mit gotischen Amtsträgern und mit Senatoren, die aus den weniger etablierten, insbesondere von Theoderich geförderten Familien kamen. Durchdrungen von dem platonischen Grundsatz, dass die Philosophen die Leitung des Staates übernehmen müssten, um sie nicht kriminellen Bürgern zu überlassen, versuchte er viele Italiker vor den Übergriffen staatlicher Amtsträger zu schützen. Sein besonderes Augenmerk richtete er dabei auf die Armen, aber auch auf den Schutz von Standesgenossen, die wie er aus altehrwürdigen Familien kamen. Mit seinen abgehobenen Ideen und mit seinem von sich eingenommenen Verhalten zog er sich die Feindschaft mehrerer einflussreicher Personen zu, wie beispielsweise des Goten Triwila, des Vorstehers des königlichen Schlafgemaches, und des Senators und Referendars Cyprianus, dessen Familie erst unter Odoaker zu Ansehen und Einfluss gelangt war.

Letzterer beschuldigte Faustus Albinus Iunior, ein Mitglied des ehrwürdigen Geschlechtes der Decier, Briefe an Kaiser Justin gesandt zu haben, die sich gegen die Königsherrschaft Theoderichs richteten. Über den Inhalt der Briefe kann man nur Vermutungen anstellen. Da Albinus eng mit Papst Symmachus zusammengearbeitet und sich 518/519 mit Papst Hormisdas um einen Ausgleich mit Konstantinopel bemüht hatte, könnten sie sich mit kirchenpolitischen Fragen, insbesondere mit der Kirchenunion von Ost und West befasst haben. Überdies könnte sich Albinus zu Fragen der gotischen Thronfolge geäußert haben. Hierfür boten die antikatholische Haltung Eutharichs oder gar sein Tod Anhaltspunkte. Die Frage der Kirchenunion und der Nachfolge waren indes Punkte, auf die angesichts des wachsenden Einflusses der katholischen, kaiserfreundlichen Kreise der Arianer Theoderich sensibel reagieren musste, betrafen sie doch letztlich sein Lebenswerk.

Cyprianus war möglicherweise von einem der Boëthius unterstellten

Kuriere informiert worden. Da dieser als Minister keinen Anlass gesehen hatte, Theoderich über den Briefwechsel in Kenntnis zu setzen, ergriff Cyprianus von sich aus die Initiative. In seiner Eigenschaft als Referendar trug er in Verona vor Theoderich und dem Hofrat seine Anklage gegen Albinus vor. Boëthius, der von den Briefen irgendwie wusste, setzte sich vehement für seinen Standesgenossen ein. Vor dem König erklärte er: *Cyprianus' Anschuldigung ist falsch. Aber wenn Albinus dies getan hat, haben ich und der gesamte Senat in Übereinstimmung gehandelt, es ist falsch, mein Herr und König.*[6]

Boëthius' Eingreifen war vorschnell und ungeschickt. Es ist nur insofern zu rechtfertigen, als er nicht wollte, dass andere Senatoren mit in die Angelegenheit hineingezogen wurden. Aufgrund seines Ansehens und seiner Stellung hatte er angenommen, die Angelegenheit schnell bereinigen zu können, seine Rechnung ging jedoch nicht auf. Zwar zögerte Cyprianus anfänglich noch, weil er wohl nicht wusste, wie er auf das Verhalten des hoch geachteten Ministers reagieren sollte. Er musste aber letztlich selbst in die Offensive gehen, wollte er nicht an Glaubwürdigkeit und Ansehen verlieren. Boëthius' Aussage, dass Albinus' Verhalten mit seinem und dem des Senates übereinstimmen könne, bot genügend Angriffspunkte. Cyprianus weitete denn auch seine Anklage auf Boëthius aus.

Sie beinhaltete drei Vorwürfe: erstens, Boëthius habe einen Ankläger daran gehindert, Dokumente vorzulegen, die den Senat der Majestätsbeleidigung verdächtigten, zweitens, der Beamte habe in Briefen seine Hoffnung auf Freiheit für die Römer, das heißt auf Befreiung von der Gotenherrschaft dargelegt, und drittens habe Boëthius, um ein Ehrenamt zu erlangen, Zauberei angewandt. Als Zeugen benannte Cyprianus drei ehemalige Amtsträger, unter ihnen seinen Bruder und einen weiteren entfernten Verwandten. Theoderich hatte alle drei zwar wegen Unregelmäßigkeiten aus dem Dienst entlassen, jedoch konnte Cyprianus mit ihnen so überzeugende Beweise vorlegen, dass der König vor Empörung die Klage auf den ganzen Senat ausdehnen wollte. Außerdem enthob er Boëthius, der ihm nicht sonderlich nahe stand und der das Wohlwollen des Theoderich und sein eigenes Renommee falsch eingeschätzt hatte, seines Amtes und ließ ihn verhaften.

In Rom wurde unterdessen unter der Leitung des Stadtpräfekten das Fünfmännergericht, das Standesgericht der Senatoren, einberufen. Es hatte über Boëthius und Albinus zu urteilen. Theoderich hielt sich somit, nachdem sich sein Ärger gelegt hatte, wie in ähnlich gelagerten

Fällen aus dem weiteren Prozessverlauf heraus. Die Senatoren, die sich bewusst waren, dass der Sachverhalt möglichst rasch geklärt werden musste, führten das Verfahren zügig durch. Boëthius nahm an ihm nicht teil und konnte sich daher auch nicht angemessen verteidigen. Wie Albinus wurde er in dem Baptisterium einer Kirche gefangen gehalten. Die Haftbedingungen waren immerhin so komfortabel für ihn, dass er in einer Denkschrift, die leider nicht erhalten geblieben ist, den Sachverhalt aus seiner Sicht darlegen konnte. Dies tat er zudem noch ansatzweise in seiner berühmt gewordenen Schrift Trost der Philosophie (Abb. 17). Das Urteil fiel dennoch gegen ihn aus. Das Fünfmännergericht verurteilte Boëthius und wahrscheinlich auch Albinus zum Tode und bestrafte sie noch mit dem Verlust ihrer Güter.

Der Stadtpräfekt reiste nach Pavia und überbrachte Theoderich das Urteil des Senatsgerichtes, der es sofort akzeptierte und auf jegliche Revision verzichtete. Viele hatten wohl insgeheim gehofft, dass er die Verurteilten doch noch begnadigen würde. Offensichtlich waren die vorgelegten Beweise für den König so erdrückend, dass er keinen Grund sah, Gnade walten zu lassen. Zum einen muss er angesichts der besonderen Ehrung für Boëthius und seine Familie von der Amtsführung seines obersten Kanzleichefs enttäuscht gewesen sein, zum anderen muss ihn die Behauptung über die Unterdrückung der Römer empört haben, hatte er doch über Jahrzehnte Rom und Italien mit seinen Truppen erfolgreich geschützt und die Rechte und Freiheiten der Senatoren bewahrt. Nicht zuletzt wegen seines fortgeschrittenen Alters und der sich für ihn nicht gerade günstig entwickelnden politischen Lage reagierte er umso empfindlicher. Sein Verhalten brachte ihm später den Vorwurf ein, über Boëthius gerichtet zu haben, ohne ihn vorher anzuhören. Boëthius wurde schließlich 524 mit dem Beil auf dem Calventianischen Acker, der sich in der Nähe von Mailand oder Pavia befand, hingerichtet.[7]

Bald darauf wurde 525 Boëthius' Schwiegervater Symmachus von Rom nach Ravenna gebracht. Er war einer der wenigen Senatoren, welche die Vorwürfe und das Verfahren gegen seinen Schwiegersohn nicht ohne weiteres hinnehmen wollten und sich um dessen Rehabilitierung bemühten. Theoderich musste daher befürchten, dass sich die Streitigkeiten unter den Senatoren fortsetzten. Inwieweit er nun selbst gegen ihn vorging, bleibt offen. Jedenfalls wurde Symmachus, nachdem gegen ihn Anklage wegen Hochverrats erhoben worden war, zum Tode verurteilt und hingerichtet sowie sein Vermögen konfisziert.[8]

Abb. 17: In einer Handschrift aus dem frühen 13. Jahrhundert des Zisterzienserklosters Aldersbach bei Passau ist dargestellt, wie dem Senator Boëthius während seiner Kerkerhaft in Pavia die Philosophie erschien.

Der Prozess gegen Boëthius entsprach in seinem Verlauf den damaligen Vorstellungen von einem Gerichtsverfahren. Theoderich hatte sich korrekt verhalten und war nicht von der üblichen Verfahrensweise abgewichen. Ihm kann daher keine Willkür vorgeworfen werden, allenfalls, dass er sich von den Senatoren in seinem Urteil zu sehr täuschen ließ und das Für und Wider einer Begnadigung nicht genau abwog. Politisch hatte Theoderich sogar gewonnen, da sich das Senatsgericht und viele Senatoren ihm gegenüber loyal verhielten. Das von Boëthius ausgeübte Amt übertrug Theoderich keinem Geringeren als dem hoch angesehenen Senator Cassiodor, der in seiner umfangreichen Korrespondenz mit keinem Wort auf den Prozess eingeht. Überdies machten Boëthius' schärfste Widersacher sogar rasch Karriere. Cyprianus stieg bereits 524 zum Leiter der königlichen Finanzverwaltung auf, sein Bruder, der gegen Boëthius ausgesagt hatte, übernahm dieses Amt drei Jahre später. Die politische Bedeutung des Prozesses lag denn auch nicht so sehr in dem Dissens zwischen Boëthius und Theoderich, sondern in dem seit Jahren schwelenden Konflikt zwischen den alteingesessenen und den weniger etablierten Senatorenfamilien, der jetzt offen zu Tage trat und den Letztere für sich entschieden.

Mit der Hinrichtung von Boëthius und Symmachus verstummte aber nicht die katholische, antigotische Opposition in Italien. Sie profitierte letztlich von der Kirchenunion zwischen Ost und West; denn die Katholiken, welche die Gotenherrschaft ablehnten, konnten aufgrund des Akakianischen Schismas nicht mit einer Unterstützung durch den römischen Kaiser rechnen. Jetzt, da sie ihn auf ihrer Seite wussten, geriet Theoderich, der die Kirchenunion gefördert hatte, in eine verzwickte Lage. Seine katholischen Gegner brachten viele Gerüchte und Erzählungen in Umlauf, die den Gotenkönig als ungebildeten, ketzerischen Tyrannen verleumdeten, welcher der Kirche schweren Schaden zufügen wollte; in diesem Zusammenhang stilisierten sie Boëthius zu einem zweiten Sokrates und einen Märtyrer der Kirche. Die Vorwürfe gipfelten schließlich in der Behauptung, dass Theoderich Boëthius auf langsame Weise zu Tode habe foltern lassen. Angeblich banden Folterknechte dem Senator ein Seil so fest um seine Stirn, dass seine Augen hervortraten, und prügelten ihn anschließend zu Tode.

Als weitere Stimmungsmache gegen den Gotenkönig dienten persönliche Verunglimpfungen und schlechte Omina. So warf man ihm, wie auch anderen unbeliebten Herrschern, Analphabetismus vor. Der Vorwurf gipfelte in der Behauptung, dass er nicht einmal vier Buchstaben lernen konnte, um ein Edikt zu unterschreiben. Daher habe er eine goldene Schablone benutzt, mit der er das Wort *legi* (ich habe es gelesen) nachzeichnete. Ein derartiges 'Schicksal' teilte er übrigens mit dem oströmischen Kaiser Justin.

Bestimmte Maßnahmen Theoderichs stellten seine Gegner als Teufelswerk dar, so zum Beispiel die Umwidmung der Kirche des heiligen Stephanus, die in der Vorstadt von Verona nicht weit von Theoderichs Palast und der gotischen Siedlung lag, in ein arianisches Gotteshaus oder ein Waffenverbot für Römer in Friedenszeiten, mit dem Theoderich Unruhen vorbeugen wollte.

Des Weiteren wurde berichtet, dass Vorzeichen sein nahes Ende angekündigt hätten: In Ravenna gebar eine Frau in der Nähe seines Palastes vier Drachen. Zwei von ihnen flogen von Westen nach Osten und stürzten dann ins Meer. Die beiden anderen, die zusammengewachsen waren, konnten beseitigt werden. Ferner gab es mehrere Erdbeben und es war fünfzehn Tage lang ein Komet am Himmel zu sehen – dies war aber bereits 518/519 geschehen.[9]

Von einer starken antiarianischen Haltung sind auch die überlieferten Berichte über die Reise Papst Johannes' I. nach Konstantinopel geprägt. Diese fand zu einer Zeit statt, als Kaiser Justin gegen die dortigen Arianer vorging und sie zwang, den katholischen Glauben anzunehmen. Er ließ ihre Gottesdienste verbieten und ihre Kirchen in katholische umwandeln. Theoderichs Gegner berichten über den Verlauf der päpstlichen Gesandtschaft wie folgt: Als der Gotenkönig von der Verfolgung der Arianer hörte, wollte er ganz Italien über die Klinge springen lassen. Daran hinderte ihn schließlich die Mission Johannes' I. Theoderich hatte nämlich den Papst gebeten nach Ravenna zu kommen und ihn unter anderem damit beauftragt, dass er von Justin die Rückgabe der arianischen Kirchen und die Wiedereinführung der arianischen Gottesdienste forderte. Ferner sollte er den Kaiser darum bitten, dass die zwangsbekehrten Arianer wieder zu ihrem Glauben zurückkehren durften. Daraufhin erwiderte ihm Johannes, dass er nicht versprechen könne, dies zu tun oder dem Kaiser auszurichten, aber dass er alle anderen Verhandlungspunkte vortragen wolle.

Johannes I., der schon alt und gebrechlich war, reiste danach mit fünf Bischöfen und vier hochrangigen Senatoren, unter ihnen zwei Brüder des von Boëthius seinerzeit in Schutz genommenen Senators Albinus, im Frühjahr 526 nach Konstantinopel. Dort zeichnete ihn Kaiser Justin mit großen Ehrungen aus. Er empfing den Papst 15 Meilen vor der Stadt

Der Prozess gegen Boëthius und die Mission Papst Johannes' I.   139

mit einer Verbeugung und einem Kuss. Von noch größerer Bedeutung war die Tatsache, dass Johannes I. mit dem Kaiser nach lateinischem Ritus am 19. April das Osterfest feiern und ihm die Krone, die dieser beim Besuch des Gottesdienstes abgelegt hatte, wieder aufsetzen durfte. Damit war für alle deutlich, dass der Kaiser dem Papst den Vorrang vor dem Patriarchen von Konstantinopel gab.[10] In den Verhandlungen versprach Justin dem Papst alles – außer, dass die bekehrten Arianer wieder ihren alten Glauben annehmen durften.

Als Johannes I. zu Theoderich nach Ravenna zurückkehrte, war dieser über sein Verhalten verärgert. Der Papst fiel bei dem Gotenkönig in Ungnade und wurde zusammen mit den Senatoren, die ihn begleitet hatten, inhaftiert. Theoderich wollte sie sogar töten lassen. Lediglich aus Angst vor dem Zorn des Kaisers ließ er von dem Vorhaben ab. Während der Haft verstarb Johannes I. am 18. Mai 526. Unter großer Anteilnahme der Bevölkerung wurde er neun Tage später in Rom beigesetzt. Als bei seinem Leichenzug durch die Stadt ein Mann von seiner Besessenheit geheilt wurde, schrieben die Menschen dieses Wunder Johannes I. zu und machten aus seiner Kleidung Reliquien. Spätere Geschichtsschreiber haben den Verlauf der Ereignisse noch weiter verkürzt. Nach ihnen setzte sich der Papst für die verfolgten Katholiken ein und starb dafür von Theoderich verurteilt im Kerker.[11] Die Tendenz dieser Berichte zielt letztendlich darauf ab, aus Johannes I. durch seine Auseinandersetzung mit einem häretischen Herrscher einen Märtyrer und Heiligen werden zu lassen.

Aber nicht nur wegen solcher Verzerrungen sind die Werke mit Vorsicht zu genießen. Im Hinblick auf Theoderich ergeben sich einige Ungereimtheiten und Fragen. Zunächst überrascht die Tatsache, dass der Gotenkönig bereit gewesen sein soll, das friedliche, über Jahrzehnte bewährte Zusammenleben von Arianern und Katholiken aufzugeben, obwohl Justins Maßnahmen nicht Italien betrafen. Schwerlich dürfte er vergessen haben, dass die arianischen Gemeinden bei einem Konflikt mit den Katholiken in ihrer Existenz gefährdet gewesen waren, da ihre Mitglieder nur eine kleine Minderheit in Italien bildeten. Es verwundert weiter, dass Theoderich von heute auf morgen in einen kirchenpolitischen Streit des Ostreiches eingegriffen haben soll. In seiner mehr als dreißigjährigen Regierungszeit hatte er sich nie in innenpolitische, schon gar nicht in religionspolitische Angelegenheiten des Kaisers eingemischt. Der Kaiser hätte allein ein solches Ansinnen schon als Anmaßung auffassen müssen. Einer der antigotischen Chronisten ist sich dessen auch bewusst und unterstellt daher dem Gotenkönig, dass er glaubte, dass der Kaiser sich vor ihm fürchtete.[12]

Der Zeitpunkt für die Intervention war zudem äußerst ungünstig gewählt. Die katholische Partei in Italien war geeint und gestärkt, und die Hinwendung des Vandalenkönigs Hilderich zum römischen Kaiser mahnte zur Vorsicht. Außerdem hatte Theoderich seine Nachfolge noch nicht eindeutig geklärt. Dabei war ihm an der Zustimmung des Kaisers gelegen, wie die Adoption Eutharichs als Waffensohn durch Justin belegt. Bei einem Eingreifen zu Gunsten der Arianer hätte Theoderich mit einer Anerkennung oder gar Adoption seines Enkels durch den Kaiser überhaupt nicht mehr rechnen können.

Schließlich stellt sich die Frage, warum Theoderich gerade den Papst, einen Gegner der Arianer, bat, für seine Glaubensgenossen beim Kaiser zu intervenieren. Viel eher würde man vermuten, dass er eine Gruppe gotenfreundlicher Senatoren nach Konstantinopel geschickte hätte, die seine gute Kirchenpolitik und das gute Einvernehmen zwischen den Goten und Römern überzeugend vertreten hätten. Der Papst war für eine derartige Mission denkbar ungeeignet, weil er eine unabhängige Person war. Im Unterschied zu vielen Senatoren verdankte er seine Stellung nicht dem Gotenkönig. Johannes I. war außerdem noch ein ehemaliger Parteigänger des Gegenpapstes Laurentius gewesen. Eine längere Bekanntschaft, wenn nicht gar Freundschaft verband ihn mit Boëthius. Angesichts dessen Hinrichtung dürfte er ebenso wenig wie die ihn begleitenden Albinus-Brüder besondere Sympathie für den Gotenkönig empfunden haben. Dieser musste vielmehr davon ausgehen, dass Johannes I. gerade die Prozesse gegen Albinus, Boëthius und Symmachus als Beweise für die antikatholische Haltung des Goten benutzte. Zu guter Letzt erscheint es wenig einleuchtend, warum Theoderich einen Papst nach Konstantinopel schickte, der sich bereits vor seiner Abfahrt in Ravenna skeptisch über das kirchenpolitische Ansinnen des Königs äußerte. Umso weniger ist deshalb seine Enttäuschung nach der Rückkehr des Papstes zu verstehen.

Die Ereignisse um die Papstreise bekommen eher einen Sinn, wenn man sie vor dem Hintergrund der allgemeinen kirchenpolitischen Entwicklung betrachtet und man nicht so sehr auf den Konflikt zwischen Arianern und Katholiken schaut. Immerhin handelte es sich bei dieser Reise um die erste Fahrt eines Papstes nach Konstantinopel. Sie dürfte daher nicht, wie es die Quellen suggerieren, kurzfristig auf Veranlassung Theoderichs zustande gekommen sein, sondern vielmehr ein wichtiges

Anliegen der katholischen Kirche verfolgt haben und deshalb langfristig geplant und abgesprochen gewesen sein. Wie ihr Verlauf zeigt, bestand ihr Hauptanliegen darin, die wiedererlangte Kirchenunion zu bestätigen und zu bekräftigen. Hierfür bedurfte es einiger Absprachen und Klärungen mit dem oströmischen Klerus, insbesondere mit dem Patriarchen von Konstantinopel, der sich noch während des Papstaufenthaltes ablehnend verhielt. So lässt sich auch erklären, warum Johannes I. trotz seines hohen Alters die beschwerliche Reise selber antrat und nicht wie seine Vorgänger ranghohe Vertreter seines Klerus schickte.

Aufgrund dieser Überlegungen ist eher davon auszugehen, dass Theoderich die Reise des Papstes dazu benutzte, um dem Kaiser bestimmte Anliegen vorzutragen, unter anderem ihn für eine konziliante Haltung gegenüber den Arianern zu gewinnen. Angesichts seines grandiosen Empfangs sah der Papst indes, wie er bereits bei seiner Audienz in Ravenna angedeutet hatte, keinen Anlass, die Sache der Arianer zu vertreten. Dadurch hätte er letztlich den Erfolg seiner Mission gefährdet; denn wie gerade die Osterfeierlichkeiten zeigten, erkannte Justin nun den Vorrang des Papstes vor dem Patriarchen von Konstantinopel an. Dies hatte er 519 gegenüber der Gesandtschaft des Papstes Hormisdas noch nicht getan. Gleichzeitig schien der Kaiser damit die 451 auf dem Konzil von Chalcedon beschlossene Gleichrangigkeit beider Bischöfe aufzuheben und ein langer Streit, der die katholische Kirche über Jahrzehnte gespalten hatte, schien endgültig beigelegt.

Der Papst konnte mit einem derartigen Ergebnis hoch zufrieden seine Heimreise antreten. Justin vermochte sein Entgegenkommen gegenüber Johannes I. in den eigenen Reihen nur mit entsprechenden kirchen-politischen Erfolgen zu rechtfertigen, und dieses Kalkül ging auf. Theoderich war dagegen über den Verlauf des Papstbesuches keineswegs erfreut. Die katholisch-päpstliche Partei hatte weiter an Ansehen und Einfluss gewonnen, ohne dass der Kaiser direkt in Italien eingriff. Als Johannes I. Theoderich in Ravenna aufsuchte, empfing ihn der Gote dementsprechend kühl und abweisend.

Dass der Papst bald darauf starb, ist auf sein hohes Alter und seinen Gesundheitszustand, der unter der beschwerlichen Reise gelitten hatte, zurückzuführen und nicht auf schlechte Haftbedingungen. Wäre er an den Folgen einer Haft gestorben, hätte Theoderich wohl nicht so schnell den Leichnam des Papstes zur Überführung nach Rom freigegeben. Immerhin fand sein Begräbnis bereits am 21. Mai 526 statt, sodass der Leichnam trotz der damaligen Transportmöglichkeiten in weniger als neun Tagen auf dem langen Weg von Ravenna nach Rom transportiert worden sein muss. Ein Verschulden Theoderichs am Tod des Papstes hätte sein bis dahin gutes Verhältnis zur katholischen Kirche unweigerlich zerstört und zu heftigen Protesten des Klerus geführt. Aber das Gegenteil war der Fall. Es vergingen zwar fast zwei Monate bis zur Wahl eines neuen Papstes, doch ist dieser für die damaligen Verhältnisse vergleichsweise lange Zeitraum eher auf größere Kontroversen innerhalb des Klerus bei der Wahl eines geeigneten Nachfolgers zurückzuführen. Mit Felix IV. trat dann am 12. Juli 526 ein Papst sein Amt an, der Theoderich freundlich gesinnt war. Der Gote hatte offensichtlich auf die Wahl Einfluss nehmen und so weiterhin ein gutes Einvernehmen zwischen der katholischen Kirche und den Arianern sicherstellen können.[13]

Wie eine kritische Würdigung des Boëthius-Prozesses und der Papstmission zeigt, war Theoderich am Ende seiner Regierungszeit keineswegs zu einem unberechenbaren Tyrann geworden. Vielmehr behielt er seine zu Beginn seiner Herrschaft über Italien gefassten Grundsätze bei und bewegte sich in den gewohnten Bahnen. Nur gegenüber den Vandalen änderte er plötzlich seinen außenpolitischen Kurs.

Theoderichs Ende

Während Theoderich nach der Wahl des neuen Papstes mit einem für ihn günstigen kirchenpolitischen Kurs rechnen konnte, verschlechterte sich die außenpolitische Lage. Schuld daran waren vor allem die Vandalen unter ihrem neuen König Hilderich, der eine gegenüber dem oströmischen Kaiser und der katholischen Kirche freundliche Politik betrieb. Amalafrida, die sich anscheinend mit ihm nicht gut verstand, floh nach dem Tod ihres Gatten nach Süden. Bei der nordafrikanischen Stadt Capsa wurde sie jedoch mit ihrem gotischen Gefolge gefangen genommen. Mit dem Vorwurf, einen Umsturz versucht zu haben, wurde sie wahrscheinlich 526 getötet.

Theoderich, wollte er nicht an Ansehen verlieren, konnte diese Tat nicht ungesühnt lassen. Offensichtlich plante er einen Angriff auf das Vandalenreich. Nur so lässt sich der Bau von 1000 Schnellbooten erklären, den der Amaler im Jahre 526 anordnete. Er holte nun nach, was er während seiner gesamten Herrschaft in Italien vernachlässigt hatte: den Bau einer Flotte. Zunächst hieß es, dass die Flotte für den Transport von Getreide und zur Abwehr feindlicher Schiffe gedacht sei. Da sie um ein

Vielfaches größer war als die oströmische, die ehemals im Jahre 508 Italien angegriffen hatte, dürfte sie allerdings keine reine Schutzfunktion erfüllt haben.

Die Anstrengungen für den Flottenbau waren gewaltig. Überall in Italien ließ Theoderich nach geeignetem Holz suchen. Am 13. Juni 526 sollten sich alle Schiffe und Seeleute in Ravenna einfinden. Die neue Flotte lief aber nicht nach Nordafrika aus. Dies kann darauf zurückgeführt werden, dass sie infolge logistischer Probleme für einen Angriff noch nicht ausreichend gerüstet war oder außenpolitische, militärische Erwägungen es ratsam erscheinen ließen, den Angriffstermin zu verschieben.[14]

Vielleicht spielte auch Theoderichs Gesundheitszustand eine Rolle. Im August erkrankte er jedenfalls so schwer, dass er sein Ende nahen fühlte. Daher bemühte er sich um eine Regelung seiner Nachfolge, die seit dem Tod Eutharichs offen geblieben war. Einige seiner Untertanen waren daher beunruhigt, weil sie nicht wussten, wie es nach seinem Tod weitergehen sollte. Wichtig war für Theoderich, wie gesagt (S. 129), dass sein Nachfolger der Familie der Amaler entstammte. In Frage kamen sein Neffe Theodahad und seine beiden Enkel Amalarich und Athalarich. Theodahad schied trotz seines Alters aus, da er wegen seiner Charakterschwächen und seines geringen Interesses an militärischen Dingen bei den Goten wenig beliebt war. Da er selber Kinder hatte, hätte seine Wahl möglicherweise Theoderichs direkte Nachkommen von der Thronfolge ausgeschlossen.

Amalarich war als Herrscher für das Westgotenreich vorgesehen. So blieb nur noch Athalarich übrig, obwohl er erst acht Jahre alt und somit minderjährig und nicht waffenfähig war. Für ihn sprach, dass er der Sohn des präsumptiven Nachfolgers Eutharich war, den der oströmische Kaiser bereits anerkannt hatte. Solange Athalarich noch nicht volljährig war, sollte seine Mutter Amalasuintha für ihn die Regentschaft ausüben. Um seine Entscheidung abzusichern, schlug Theoderich denselben Weg ein wie 474 Theodemer bei seiner Königserhebung. Er berief nach Ravenna eine Versammlung hochrangiger Goten ein, an der auch einige einflussreiche Römer teilnahmen. Mit dem Hinweis, dass es letztlich Gottes Wille sei, dass Athalarich die Königsherrschaft übernehme, verpflichtete er sie mit einem Treueid auf seinen Nachfolger, und diese akzeptierten seine Entscheidung. Ferner soll Theoderich die Goten aufgefordert haben, den Senat und das römische Volk zu lieben und nach Gott den Kaiser im Osten immer friedlich und gewogen zu halten.[15]

Damit war in Italien zum ersten Mal ein germanischer Machtwechsel reibungslos vollzogen worden. Allerdings sollte es Theoderich nicht mehr gelingen, die Anerkennung des oströmischen Kaisers für seine Nachfolge einzuholen.

Der Gotenkönig verstarb bald darauf am 30. August 526. Seine katholischen Gegner umgaben dieses Ereignis mit einigen Legenden, um seinen Tod als gerechte Strafe Gottes für seine Vergehen darzustellen. So soll Theoderich noch kurz vor seinem Tod über einen jüdischen Advokaten den Arianern befohlen haben, alle katholischen Kirchen des Landes zu besetzen. Aber wie Arius, der Begründer der nach ihm benannten Glaubensrichtung, sei er an Durchfall erkrankt und drei Tage später genau an dem Tag gestorben, an dem die Kirchenbesetzungen stattfinden sollten. Einem anderen Bericht zufolge überkamen ihn Halluzinationen und Schüttelfrost, als ihm Diener den Kopf eines Fisches als Mahlzeit vorsetzten, der ihn an den hingerichteten Senator Symmachus erinnerte. Theoderich habe sich daraufhin zu Bett gelegt und seinem Leibarzt gestanden, gegenüber Symmachus und Boëthius ungerecht gehandelt zu haben. Ein auf der Insel Lipari lebender Eremit wollte gesehen haben, wie Papst Johannes I. und der Senator Symmachus den Gotenkönig an seinem Todestag gegen 15 Uhr ohne Gürtel und Schuhe, aber an den Händen gefesselt zu dem benachbarten Vulkan geführt und ihn in dessen Krater geworfen hatten.[16] Die Wirklichkeit sah indes ganz anders aus.

Theoderich wurde in dem Grabmal bestattet, das er sich bereits zu Lebzeiten hatte errichten lassen. Für dieses Bauwerk hatte er eigens Wanderarbeiter aus Kleinasien, insbesondere aus Isaurien anwerben lassen. Sein Tod kam für sie allerdings recht überraschend, sodass sie ihre Arbeiten nicht ganz abschließen konnten; die Steinmetzarbeiten im oberen Teil des Monuments blieben jedenfalls unfertig (Abb. 18).

Das Mausoleum befindet sich außerhalb der spätantiken Stadt im Nordosten Ravennas zwischen der Stadtmauer und der damals noch vorhandenen Lagune. Da hier im Osten der Stadt die Goten lebten, ist anzunehmen, dass es sich im Bereich eines ihrer Friedhöfe befand.

Das Bauwerk ist in seiner Art und Konzeption einzigartig. Es ist 16 m hoch und 14 m breit und war von einem heute nicht mehr vorhandenen Schrankengitter umgeben. Als Fundament dient eine runde Plattform aus festem Ziegelmauerwerk. Um dem Bau in dem sumpfigen Gelände eine größtmögliche Standfestigkeit zu verleihen, ist ihre Fläche fünfmal größer als die Grundfläche des Mausoleums. Dieses besteht aus zwei

Abb. 18: Das Grabmal Theoderichs.

Abb. 19: Der Sarkophag Theoderichs.

Stockwerken, die unterschiedlich gestaltet sind. Für ihren Bau ließ Theoderich Steinquader aus weißem Kalkstein von Istrien über die Adria nach Ravenna transportieren. Das Untergeschoss hat zehn Seiten, die einen kreuzförmigen Raum umschließen. Das Obergeschoss springt um 1,30 m zurück und ist bis zur siebten Quaderschicht ebenfalls zehneckig und dann kreisrund. Die äußere Gestaltung des zweiten Stockwerkes ist umstritten. Neuere Untersuchungen sprechen dafür, dass es keinen Umgang und keine Säulenportikus besaß, sondern nur gegliederte Außenwände. In seinem Innern befindet sich ein kreisrunder Raum. Dort stand vermutlich der Sarkophag des Königs, eine Porphyrwanne (Abb. 19).

Deren Farbe sollte darauf hinweisen, dass der Kaiser einst Theoderich erlaubt hatte, ein Purpurgewand zu tragen. Abgeschlossen wird das Bauwerk von einem gewaltigen Deckstein, den Theoderich aussuchen ließ. Der Stein hat einen Durchmesser von 10,76 m und eine Höhe von 3,09 m und wiegt 230 Tonnen. Auffallend an dem kuppelförmigen Monolithen sind die zwölf so genannten Henkel. Folgt man neueren Überlegungen, so wurde der Kuppelstein ebenfalls aus einem istrischen Steinbruch geholt (Abb. 20–22).

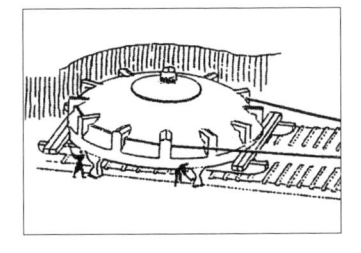

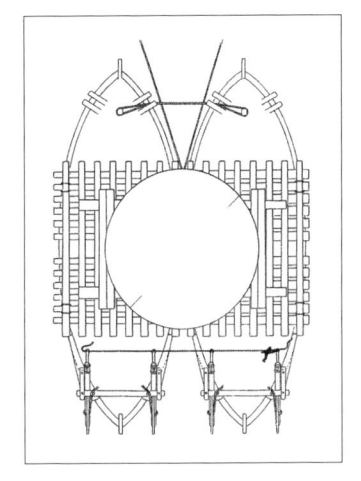

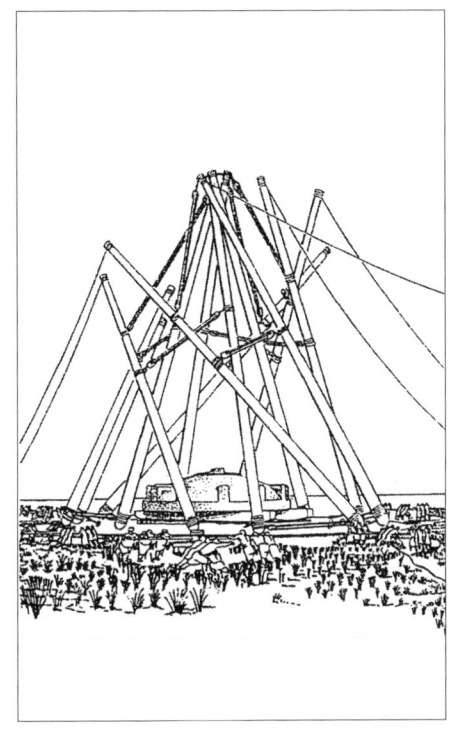

Abb. 20–22: Rekonstruktion der verschiedenen Bauphasen
von Theoderichs Mausoleum.

Nach Abschluss seiner Bearbeitung setzte man ihn auf einen Schlitten, der sich über eine geeignete Gleitbahn zu zwei Schiffen bewegte. Dabei zog man den Stein an einem durch die Henkel gelegten Seil. Die beiden Schiffe brachten den Monolithen entweder entlang der Küste oder quer über die Adria bei ruhiger See nach Ravenna. Da sich auf den beiden Schiffen die Last des Kuppelsteins besser verteilte, konnte er möglichst nahe an seinen Bestimmungsort gebracht werden. Dort angekommen, wurden an den henkelartigen Aufsätzen des Steins erneut Seile befestigt. Mit ihnen war es möglich, den Monolithen mittels Winden und Flaschenzügen, die an einem hohen Gerüst befestigt waren, in seine gedachte Lage zu bringen. Allein an dieser Arbeit dürften 700 Männer beteiligt gewesen sein. Erst als der Stein durch Stützen abgesichert war, begannen die Handwerker, die Mauern des Grabmals hochzuziehen.

Bislang konnte kein antikes Grabmal gefunden werden, das in derselben Art und Weise konzipiert wurde. So fällt es auch schwer, seine genaue propagandistische Absicht zu erschließen. Dabei ist zu bedenken, dass es im Gegensatz zur heutigen Lage frei in der Landschaft stand und mindestens zwei Meter über der damaligen Meereshöhe lag. Die monumentale Bauweise des Mausoleums, seine exponierte Lage in schwierigem Gelände und die technischen Probleme, die bei seinem Bau zu überwinden waren, sollten auf jeden Fall die Größe seines Erbauers verdeutlichen. Ob es gleichzeitig symbolisierte, wie sehr Theoderich trotz seiner römischen Erziehung und Lebensweise in seinem Reich ein Fremder blieb, bleibt ebenso Spekulation wie die These, dass der Gote den küstennahen Standort wählte, weil er den Gebieten seiner ursprünglichen Heimat auf der anderen Seite der Adria möglichst nahe sein wollte. Wie auch immer man es sieht, letztlich bleibt der Bau so exzeptionell wie Theoderichs Herrschaft selbst.[17]

VII. Ausblick

Politisches Erbe

Mit Theoderichs Tod löste sich das vereinigte Gotenreich sofort auf. Es war ohnehin nur durch die Person des Königs zusammengehalten worden. Die Teilung scheint langfristig vereinbart worden zu sein, denn sie vollzog sich rasch und einvernehmlich. Theoderichs gotische Enkel teilten Gallien unter sich auf: Amalarich erhielt die Gebiete westlich und Athalarich die östlich der Rhône. Den Königsschatz, den Theoderich einst von Carcassonne nach Ravenna hatte bringen lassen, kam zu den Westgoten zurück, an die fortan auch die von Theoderich erhobenen Tribute gingen.

Trotz des guten Verhältnisses zwischen den Goten musste Amalarich bald einsehen, dass er nicht mehr mit einer militärischen Unterstützung aus Italien durch seinen minderjährigen Cousin rechnen konnte. Um seine Herrschaft abzusichern, verbündete er sich daher notgedrungen mit den Franken und heiratete eine Tochter Chlodwigs. Als sie sich aber darüber beklagte, von ihrem arianischen Ehemann wegen ihres katholischen Glaubens misshandelt zu werden, griff ihr Bruder, der Frankenkönig Childebert, das Westgotenreich an und siegte im Jahre 531 bei Narbonne über Amalarich. Dieser floh nach Barcelona, wo er von Feindeshand fiel. Childebert kehrte indes mit seiner Schwester und reichlich Beute aus Spanien heim und beanspruchte einige gallische Gebiete der Westgoten für sich. Die Herrschaft über das übrige Westgotenreich übernahm jetzt Theudis, der ehemalige Vertraute Theoderichs, der schon zu dessen Lebzeiten die faktische Macht innegehabt hatte. In Italien setzte unterdessen Amalasuintha im Namen ihres Sohnes die prorömische Politik ihres Vaters fort (Abb. 23).

Da Theoderich die kaiserliche Anerkennung seiner Herrschaft nur für sich und nicht für seine Nachkommen erlangt hatte, zeigte sie sogleich bei Justin die Königserhebung Athalarichs an und bat ihn, seinem 'Adoptivenkel' die Herrschaft unter denselben Bedingungen zu bestätigen, wie es bereits seine Vorgänger bei Theoderich getan hatten. Innenpolitisch achtete die Regentin sehr darauf, dass der Konsens zwischen Goten und Römern erhalten blieb und es zu keinen Übergriffen zwischen den beiden Bevölkerungsgruppen kam. Die Goten traten somit

Abb. 23: Zeitgenössische Darstellung von Athalarich (links) und Amalasuintha (rechts). Athalarich trägt eine germanische Frisur und über einem einfachen Untergewand einen perlenbesetzten Mantel. Amalasuintha hat eine verzierte „Mütze" auf und ist mit Ohrringen, einem breiten Juwelenkragen und zwei Perlenschnüren geschmückt, die von den Schultern herabhängen.

weiterhin als Beschützer des Landes auf. Wohl nicht nur aus reiner Fürsorge, sondern auch um die oppositionellen Kreise innerhalb der Senatorenschaft für sich zu gewinnen, gab sie den Kindern des Boëthius und Symmachus das konfiszierte Vermögen ihrer Väter zurück. Verwandte aus der Familie der Anicier stiegen zudem in hohe Ämter auf.

Allerdings geriet Amalasuintha unter den Goten immer mehr in Gegensatz zu einer Gruppierung einflussreicher Stammesgenossen, die mit ihrer Herrschaft nicht einverstanden waren. Sie nahmen die Erziehung Athalarichs zum Anlass für eine offene Auseinandersetzung, indem sie seiner Mutter vorwarfen, ihn aufgrund seines Schulbesuches eher wie einen Römer zu erziehen, anstatt ihn wie einen gotischen Krieger aufwachsen zu lassen. Amalasuintha ging auf ihre Forderung ein und übergab ihren Sohn jungen Goten zur Erziehung. Als daraufhin ihre Gegner weiterhin gegen sie opponierten, ließ sie drei der Rädelsführer umbringen. Für den Fall, dass diese Attentate fehlschlügen, hatte sie mit Justinian (Abb. 24), der seit dem 1. August 527 über das Oströmische Reich regierte, Kontakt aufgenommen und einen Fluchtversuch nach Konstantinopel vorbereitet.

Dieser Konflikt verdeutlicht, wie groß Theoderichs Ansehen und Einfluss unter den Goten gewesen waren und wie integrierend er auf die verschiedenen Interessengruppen gewirkt hatte. Als am 2. Oktober 534 Athalarich nach längerem Leiden starb, ohne dass er je eigenverantwortlich und selbstständig die Regierungsgeschäfte geleitet hatte, musste seine Mutter befürchten, von der Herrschaft verdrängt zu werden, denn

Abb. 24: Münzbild des oströmischen Kaisers Justinian (527–565).

die Germanen akzeptierten keine allein regierende Königin. Amalasuintha beteiligte daher ihren Cousin Theodahad an der Herrschaft, um die Königswürde in der Amalerfamilie zu halten. Dies tat sie allerdings nur widerwillig, da er unter seinen Stammesgenossen recht verhasst war. Theodahad hatte nämlich versucht, sich in Tuskien widerrechtlich Ländereien anzueignen, darunter auch solche, die zum kaiserlichen Privatbesitz gehörten. Als Amalasuintha ihn diesbezüglich zur Rechenschaft zog, nahm er Kontakt zu Justinian auf in der Hoffnung, dass dieser ihm unter Überlassung Tuskiens ein sorgenfreies Leben in Konstantinopel verschaffe.

Der Kaiser lehnte jedoch das Angebot ab. Dafür lenkte nun Amalasuintha aus pragmatischen und dynastischen Erwägungen ein. Nachdem sie durch ein Gerichtsverfahren alle Vorwürfe gegen Theodahad aus dem Weg geräumt hatte, berief sie ihn ohne Zustimmung des Volkes zum Mitregenten und teilte dies pflichtgemäß Justinian mit. Theodahad zeigte sich allerdings in keiner Weise erkenntlich, sondern verbündete sich mit den Gegnern seiner Cousine. Alsbald ließ er Amalasuintha gefangen nehmen und nach Tuskien auf eine Insel im Bolsenasee bringen, wo sie kurze Zeit später am 30. April 535 von ihren Gegnern getötet wurde.

Ähnlich wie seine Vorgänger hatte Theodahad Kaiser Justinian in einem Schreiben um dessen Gnade und Gunst gebeten – vergebens, was nicht allein auf seine eigenen Verfehlungen zurückzuführen ist. Inzwischen hatte sich die außenpolitische Lage für das Gotenreich seit 526 zusehends verschlechtert. Das Flottenunternehmen gegen die Vandalen hatte Amalasuintha nicht durchgeführt. Sie begnügte sich damit, lediglich eine Gesandtschaft zu dem Vandalenkönig Hilderich zu schicken, der er seine Entschuldigung für die Ermordung Amalafridas mitteilen sollte. Nach dem Regierungswechsel wollte Amalasuintha wohl einen größeren, schwer zu kalkulierenden außenpolitischen Konflikt vermeiden, obwohl die Lage nicht gerade ungünstig war, da der römische Kaiser seit 527 durch den Krieg mit den Persern gebunden war.

Indes setzten die Franken die Expansion ihres Reiches fort. Die Auflösung des vereinigten Gotenreiches zeigte seine ersten Auswirkungen. Tatenlos mussten die Goten zusehen, wie die Franken 529 das Reich der Thüringer angriffen und 531 endgültig eroberten. Theoderichs Nichte Amalabirga, deren Mann ermordet wurde, floh nach Ravenna. Die Burgunder, gegen die 523 und 524 Goten und Franken noch gemeinsam vorgegangen waren, gerieten 534 ganz unter fränkische Herrschaft. Und nach der Niederlage der Westgoten bot sich daher für die Goten im Westen kein mächtiger Bündnispartner mehr an, mit Ausnahme ebenjener katholischen Franken.

Nach einem Friedensvertrag mit den Persern 533 setzte Justinian sofort seine Idee in die Tat um, die verlorenen römischen Provinzen zurückzuerobern und so im Westen das Römische Reich zu erneuern. Als Erstes wandte er sich gegen das Vandalenreich. Innerhalb weniger Monate gelang es seinem Feldherrn Belisar die Vandalen zu unterwerfen. Nach den Misserfolgen früherer Expeditionen überraschte die Schnelligkeit seines Sieges und machte Mut für weitere derartige Feldzüge, obwohl der Krieg gegen die Perser bewiesen hatte, dass die oströmische Armee nicht bestens gerüstet war. Amalasuintha hatte Justinians außenpolitische Ziele noch falsch eingeschätzt und geglaubt, ihn für die Goten einnehmen zu können, indem sie auf Sizilien die oströmische Flotte auf ihrem Vandalenfeldzug versorgen ließ. Dabei nutzten die Goten die Gelegenheit aus und brachten wieder Lilybaeum in ihren Besitz, das einst Theoderich seiner Schwester als Mitgift in die Ehe mit dem Vandalenkönig gegeben hatte (S. 113). Diese Tatsache und schließlich die Ermordung Amalasuinthas nahm der Kaiser zum Anlass, das Gotenreich anzugreifen.

Für seinen Feldzug wählte er zum einen den klassischen Weg von Osten über den Balkan, zum anderen nutzte er nach dem Fall des Vandalenreiches die neue strategische Lage für eine Offensive von Süden über Sizilien, da sich hier seit Theoderichs Zeiten die Schwachstelle der gotischen Verteidigung befand. Im Osten rückte Mundo in Dalmatien ein und zog nach Salonae. Er, dem einst Theoderich wieder zu Macht und Ansehen verholfen hatte, kündigte seine Loyalität gegenüber den Goten auf, nachdem ihn Justinian zum Heermeister berufen hatte. Obwohl Mundo bald darauf fiel, konnten die Goten Dalmatien nicht halten und mussten sich nach Italien zurückziehen.

Der unerwartete Widerstand der Goten in Dalmatien bewirkte, dass die Römer ihre Offensive verstärkten. Im Süden eroberte Belisar Sizilien und setzte nach Süditalien über. Dort lief Ebrimuth, Theodahads Schwiegersohn, zu ihm über. Die oströmischen Truppen belagerten schließlich Neapel und nahmen es nach heftigem Widerstand ein. Angesichts der sich verschlechternden militärischen Lage wuchs der Unmut im Gotenheer, und in Regata bei Terracina rief es im November 536 Vitigis, einen alten Gefolgsmann Theoderichs, der sich im Kampf gegen die Gepiden verdient gemacht hatte, zum König aus. Dieser ließ daraufhin Theodahad, der nach Ravenna flüchtete, von einem seiner Getreuen umbringen und Theodahads Sohn Theodegisclus verhaften, der als Amaler noch Ansprüche auf den Thron hätte anmelden können. Vitigis versprach, Theoderichs Herrschaft zu erneuern. Um seine Stellung als König besser zu legitimieren, heiratete er dessen Enkelin Matasuintha.

Zur Entlastung der Goten suchte Vitigis wie bereits Theodahad eine Annäherung an die Franken. Er überließ ihnen die gallischen Besitzungen der Goten und zahlte zudem noch eine bestimmte Summe Geld. Dafür versprachen die Franken ihm Truppen zu schicken – dies aber nur heimlich, da sie nicht den römischen Kaiser gegen sich aufbringen wollten, mit dem sie ebenfalls in Verhandlung getreten waren. Gleichzeitig konnte Vitigis die in Gallien stationierten Verbände im Kampf gegen die Römer einsetzen. Belisar dehnte inzwischen seine Macht in Italien weiter aus und besetzte Rom, woraufhin Vitigis ein Jahr lang vergebens die alte Metropole belagerte. Die römischen Truppen drangen jedoch immer weiter nach Norden vor. Lediglich Mailand konnte Vitigis wieder in seine Gewalt bringen, weil ihm der Frankenkönig Theodebert, ein Sohn von Theoderichs Enkelin Suavegotho, 10 000 Burgunder zu Hilfe geschickt hatte.

Belisar, der zwischenzeitlich durch neue Truppen unter dem Befehl des Eunuchen Narses Verstärkung erhalten hatte, schloss schließlich Vitigis 540 in Ravenna ein, wohin sich die Goten zurückgezogen hatten. Ein Friedensangebot seines Kaisers, das Vitigis die Herrschaft nördlich des Pos zusicherte, ignorierte Belisar. Vielmehr war er an einem endgültigen Sieg über die Goten interessiert, der ihm auch gelang. Mit seinen Truppen konnte er in Ravenna einrücken und Vitigis und Matasuintha gefangen nehmen. Theoderichs Enkelin wurde dabei sogar unterstellt, die Aufgabe der Stadt beschleunigt zu haben, indem sie die Getreidespeicher anzünden ließ.

Das auf den ersten Blick ehrenvolle Angebot einflussreicher Goten, die Königsherrschaft des Vitigis zu übernehmen, wies Belisar von sich, da er als oströmischer Feldherr ungeachtet aller Treueschwüre einen zu geringen Rückhalt bei den Goten und Italikern gehabt hätte. Außerdem wollte er seine Loyalität gegenüber Justinian nicht aufs Spiel setzen. So brachte er das gotische Königspaar sowie einige führende Goten und den Schatz Theoderichs nach Konstantinopel. Aus gotischer Sicht bedeutete das Jahr 540 das endgültige Ende der Amalerherrschaft und damit der Familie Theoderichs.[1]

Am Hof in Konstantinopel hoffte man damals, endlich den Krieg in Italien beendet zu haben, zumal im Osten die Konflikte mit den Persern wieder zunahmen. Allerdings fanden die Goten 541 in Totila einen neuen starken Herrscher. Mit ihm trat der Gotenkrieg in seine zweite und entscheidende Phase. Totila gelang es, 543 Neapel und 546 Rom zurückzuerobern. Gegen ihn konnte Belisar, der 544 erneut den Oberbefehl in Italien übernommen hatte, wenig ausrichten. Ohne nennenswerte Erfolge zog er sich daher 548 wieder nach Konstantinopel zurück. Der Feldherr Germanus, ein Cousin Justinians, versuchte hingegen, durch einen heiratspolitischen Schachzug die Goten zu spalten. Er heiratete Matasuintha, deren Mann zwei Jahre nach seiner Gefangennahme gestorben war, und hoffte so, viele Anhänger und Gefolgsleute der Amaler auf seine Seite zu ziehen. Als er jedoch zu seinem Feldzug aufbrechen wollte, starb er 550.

Nach Abschluss des Perserkrieges führte schließlich Narses eine große Streitmacht, an der auch langobardische Einheiten beteiligt waren, nach Italien. In Ravenna vereinigten sich die römischen Truppen und zogen gegen Totila, der von Rom aus aufbrach. Bei Busta Gallorum in Umbrien stießen 552 beide Heere aufeinander. Die Goten unterlagen, Totila fiel auf der Flucht. Noch einmal erhoben die Goten mit Teja einen neuen König. Nahe dem Vesuv am Mons Lactarius musste er sich allerdings noch in demselben Jahr den Truppen des Narses geschlagen geben.

Mit Tejas Tod verloren die Goten endgültig ihre politische und militärische Einheit. An verschiedenen Orten, vor allem aber in Oberitalien kämpften einzelne gotische Verbände unterstützt von fränkischen und alamannischen Truppen weiter. Die letzten Aufständischen ergaben sich erst 562. Narses ließ sich indes als der Feldherr feiern, welcher der Stadt Rom und ganz Italien ihre Freiheit erneuert hatte. Doch bereits 568 drangen die Langobarden unter Alboin wie einst Theoderich über den Isonzo nach Italien ein. Zwischen ihnen und den oströmischen Machthabern begann nun ein zähes Ringen um die Macht in Italien und damit eine neue Phase in der Geschichte des Landes.

Noch nicht einmal zehn Jahre hat die Gotenherrschaft nach Theoderichs Tod ungestört fortbestehen können. Die fast zwanzig Jahre andauernden Gotenkriege ruinierten mehr als die vorangegangenen das Land wirtschaftlich. Der Machtkampf zwischen Langobarden und Oströmern sollte zudem die politischen und sozialen Verhältnisse auf der Apenninenhalbinsel grundlegend verändern. So trat letztlich das Gegenteil von dem ein, was Theoderich gewollt hatte – die Bewahrung des römischen Erbes.

Nachleben und historische Bedeutung

Für seine katholischen Gegner waren Theoderichs politische Erfolge ohne Bedeutung. Sie sahen in ihm nur den Ketzer. Nach Beendigung der Gotenkriege taten sie das, was sie ihm vorgeworfen hatten: Sie besetzten Kirchen, und aus den arianischen Gotteshäusern wurden katholische. Das bekannteste Beispiel ist Theoderichs Palastkirche in Ravenna. Der Bischof der Stadt ließ diese Christuskirche dem heiligen Martin weihen und gleichzeitig die Mosaiken, welche die Erinnerung an den Amaler wach hielten, in ihrer Darstellung verändern. Theoderichs Porträt erhielt dabei die Züge Justinians. An die Spitze der Prozessionen, die Theoderich und seine Gemahlin mit ihrem jeweiligen Hofstaat anführten, traten nun der heilige Martin im Purpurgewand und die Heiligen Drei Könige.[2] Schließlich wurden aus dem Mausoleum die Gebeine des Königs entfernt. Dennoch ließen sich die Spuren des Amalers nicht völlig auslöschen. In Ravenna erinnerten an ihn noch sein Palast und ein Reiterstandbild aus vergoldetem Metall, das ihn als Krieger mit Schild und Lanze darstellte.

Karl der Große, der sich zwischen 787 und 801 mehrmals in Ravenna aufhielt, hielt San Vitale für die Palastkirche Theoderichs und nahm sie deshalb als architektonisches Vorbild für seine Pfalzkapelle in Aachen. Als er nach seiner Kaiserkrönung von Rom über Ravenna in das Frankenreich zurückkehrte, ließ er Theoderichs Standbild 801 ebenfalls nach Aachen bringen. Dort fand es auf einer hohen Säule zwischen Pfalzkapelle und Königshalle einen neuen Platz. Offensichtlich sah der Frankenkönig, der auch einen seiner Söhne nach Theoderich benannte, in dem Gotenkönig ein Vorbild und einen direkten Vorgänger; denn wie der Franke so hatte der Gote die kaiserliche Macht erneuert und einen großen Teil des Weströmischen Reiches in seine Gewalt gebracht und geeint.

Allerdings fand Karls Maßnahme keine einhellige Zustimmung. Insbesondere die Geistlichen an seinem Hof lehnten sie ab. Der Abt Walahfrid Strabo brachte 829 in einem längeren Gedicht über das Standbild deren Ansicht zum Ausdruck. In ihm bezeichnete er Theoderich als einen habgierigen, tyrannischen Herrscher, als einen Gotteslästerer und Dummkopf, der seine gerechte Strafe empfangen habe, indem er durch die Hölle schreite.[3]

Der Streit um die Theoderich-Statue am karolingischen Hof verdeutlicht, wie umstritten die Person des Gotenkönigs im Mittelalter war. In der gelehrten lateinischen Historiographie taucht sein Name immer wieder auf. Das in ihr gezeichnete Theoderich-Bild wird vor allem von den zeitgenössischen Quellen bestimmt. Die mittelalterlichen Geschichtsschreiber sind daher in der Regel über die Herkunft Theoderichs, seinen Aufenthalt in Konstantinopel, den Feldzug gegen Odoaker, die Herrschaft über Italien und seine Heirats- und Kirchenpolitik informiert. Eine besondere Rolle spielen bei ihnen die Auseinandersetzungen mit Boëthius, Symmachus und Papst Johannes I. und nicht zuletzt der von Papst Gregor dem Großen überlieferte Bericht über den Sturz in den Vulkan. Sie stellen Theoderich letztlich als Tyrannen und Ketzer dar, den Gott seiner gerechten Strafe zuführte. In der theologisch ausge-

Abb. 25: Portalrelief von San Zeno in Verona.

richteten Geschichtsschreibung wird das Schicksal des Goten zu einem Lehrbeispiel dafür, wie Gott in die Geschichte eingreifen kann.[4]

Dieses Bild hat auch Eingang in die darstellende Kunst gefunden. So sind am Portal der Kirche San Zeno in Verona um 1140 Reliefplatten angebracht worden, die zeigen, wie der törichte König (Theoderich) einem Hirsch nachjagt und dabei geradewegs auf das Höllentor zureitet (Abb. 25).

Schon sehr früh vermischten sich in den Berichten über Theoderich sagenhafte Erzählung und historische Fakten. Ein erstes Beispiel ist in der um 650 entstandenen Chronik des so genannten Fredegar zu finden. In ihr wird Theoderich zu einem Makedonen, der von Sklaven abstammte und, von einem oströmischen Patricius adoptiert, in Konstantinopel aufwächst. Kaiser Leo I., der Theoderich befahl, sich dem Militär anzuschließen, schickt ihn nach Italien. Dort besiegt er Odoaker und die Heruler. Als Theoderich nach Konstantinopel zurückbefohlen wird, will ihn der Kaiser aus Argwohn und auf Anraten des Senates töten, doch kann ihn ein treuer Freund mit einem Trick retten. Wieder in Rom bewährt sich Theoderich in Kämpfen gegen die Awaren, Hunnen, Vandalen, Sueben und andere Völker. Als er erneut einem Anschlag des Kaisers und der Senatoren auf sein Leben entgeht, verweigert er dem Reich seinen Gehorsam und regiert danach noch 22 Jahre über Italien. Aus Rache für die Ermordung von Papst Johannes I. und Symmachus tötet ihn schließlich sein Bruder Geiserich.[5]

Die in dieser Geschichte vorkommenden Verwechselungen und falschen Angaben halten sich, verglichen mit der Dietrichsage, noch in Grenzen. Diese Sage, die auch die volkssprachlichen Chroniken des hohen und späten Mittelalters beeinflusste, zeichnet ein vorwiegend positives Bild Theoderichs und ließ ihn zu der beliebtesten und berühmtesten Heldengestalt im deutschsprachigen Raum und in anderen europäischen Ländern, wie England und Skandinavien, werden. Wann die Verklärung Theoderichs zu dem legendären Dietrich von Bern einsetzte, lässt sich nicht genau sagen.

Dieser Prozess dürfte allerdings in karolingischer Zeit abgeschlossen gewesen sein, als Karl die Lieder über die Heldentaten früherer Könige aufzeichnen ließ. Es spricht einiges dafür, dass er bereits bald nach der Landnahme der Langobarden begann. Zum einen schlossen sich ihnen in Oberitalien die noch verbliebenen Verbände der Goten an, zum anderen betrachteten sich die Langobarden als Nachfolger der Goten, da ihr König Audoin mit der Tochter des Thüringerkönigs Herminafrid eine Großnichte des Amalers geheiratet hatte.[6]

Das Grundschema der Dietrichepik bilden die folgenden Aspekte: Von Bern (Verona) aus herrscht Dietrich über sein Erbreich in Oberitalien. Von dort vertreibt ihn Odoaker, nach späteren Erzählungen sein Onkel Ermenrich (Ermanarich). Anschließend geht Dietrich zum Hunnenkönig Etzel (Attila) ins Exil und zieht später mit Unterstützung der Hunnen nach Bern. Vor Mailand, das von Ermenrich abgefallen war, kommt es zur Schlacht, in der dieser eine Niederlage erleidet und nach Raben (Ravenna) flieht. Von Etzel mit einer neuen, gewaltigen Streitmacht ausgestattet zieht Dietrich ebenfalls nach Raben. Er schlägt zwar in einer mehrtägigen Schlacht Ermenrich vernichtend, dieser kann jedoch entkommen. Voller Gram über den Tod von Etzels Söhnen kehrt Dietrich an den Hof des Hunnenkönigs zurück, der ihm den Verlust der Söhne aber verzeiht. Nach (zweiund)dreißig Jahren Verbannung erlangt Dietrich endlich die Herrschaft über sein Reich.

An dieser Darstellung fallen im Vergleich mit den historischen Ereignissen die zahlreichen Ungenauigkeiten und falschen Angaben auf. Die Tatsache, dass Dietrich nur über Oberitalien herrschte, lässt sich noch mit dem Siedlungsschwerpunkt der Goten erklären. Dass Verona und nicht Ravenna als seine eigentliche Residenz angegeben wird, ist wohl auf die Besitzverhältnisse im späten 6. und im 7. Jahrhundert zurückzuführen: Die Langobarden hatten Verona eingenommen, aber nicht Ravenna, das im oströmischen Besitz blieb. So erklärten sie eben ihre Stadt zur Hauptstadt von Dietrichs Reich.

Gänzlich verwirrend sind schließlich die vielen Anachronismen, die bereits zu Beginn des 12. Jahrhunderts gelehrten Chronisten wie dem Bamberger Mönch Frutolf von Michelsberg und dem Bischof Otto von Freising auffielen. Der Gotenkönig Ermanarich, der um 370 im Kampf gegen die Hunnen unterlag, Attila und Theoderich haben nicht zur gleichen Zeit gelebt, und die Hunnen spielten zu Theoderichs Zeiten keine wichtige politische Rolle mehr. Und nicht zuletzt die Tatsache, dass Dietrich rund dreißig Jahre im Exil verbrachte, während Theoderich 33 Jahre über Italien herrschte, muss erstaunen.

Nun kann man beispielsweise darüber spekulieren, ob die Erzählung in der Dietrichsage nicht eher die Vernichtung des Gotenreiches durch Justinian oder die Ereignisse auf dem Balkan vor Theoderichs Zug nach Italien widerspiegelt, entscheidend ist indes, dass ihre Verfasser nach einem eigenen Schema vorgingen. Sie knüpften zwar an historische Begebenheiten an, bei ihnen stand jedoch das persönliche Leid und Schicksal ihres Helden im Vordergrund. Folglich nahmen sie den historischen Ereignissen ihren politischen Hintergrund und übertrugen sie in eine für ihre Zuhörer vertraute, persönliche Vorstellungswelt. So gesehen reflektiert die Dietrichsage das Empfinden der in Italien verbliebenen Goten oder ihrer Nachfolger, der Langobarden. Dabei wurden die sagenhaften Erzählungen weiterhin für historische Begebenheiten gehalten.

Schließlich ging es den Verfassern der Heldensagen darum, eine in sich geschlossene Welt zu konstruieren, in der die einzelnen Personen untereinander irgendwie in Verbindung stehen. Dieses Bestreben führte dazu, dass sich die Dietrichsage im Laufe der Zeit noch weiter von ihren historischen Voraussetzungen entfernte. Da Dietrich sich an Etzels Hof aufhielt, kam er mit den Nibelungen in Kontakt. Die Verbindung von Dietrich- und Nibelungenlied förderte seit dem 13. Jahrhundert die Literarisierung der Dietrichsage. Hinzu kamen nun märchenhafte Erzählungen von Kämpfen Dietrichs mit Zwergen, Riesen, Drachen und Menschenfressern. Bis zum 17. Jahrhundert lag daher, seit dem 16. Jahrhundert auch in Prosa und in zahlreichen Buchdrucken, eine umfangreiche Literatur über Dietrich von Bern vor. Ihre Grundlage bildeten, ebenso wie für die Geschichtsschreibung, die großen Taten eines mächtigen und ritterlichen Königs.[7]

Mit der Frage nach der historischen Größe und Bedeutung Theoderichs hat sich erst die Geschichtsschreibung der Neuzeit näher auseinander gesetzt. Sie verlieh ihm auch das Attribut 'der Große', das sich weder in den zeitgenössischen Quellen noch in den mittelalterlichen Chroniken findet.[8] Das rege Interesse an der Person Theoderichs lässt sich mit der im Zeitalter des Humanismus einsetzenden Idealisierung der Germanen und damit auch der Goten begründen. In ihnen sah man diejenigen, die den Römern ihre Freiheit wiedergegeben hatten. Im Rahmen dieser Idealisierung erkor der Habsburger Maximilian I. Theoderich zu einem seiner Ahnen, weshalb ein Bronzebild des Gotenkönigs das Grabmal des Kaisers und letzten Ritters in der Innsbrucker Hofkirche ziert.

Die erste Theoderich-Biographie der Neuzeit, die in ihrer Darstellung noch sehr den mittelalterlichen Chroniken verhaftet ist, legte 1542 auf Latein der katholische Theologe Cochläus vor. Bei aller Kritik an dem religiösen Bekenntnis des Gotenkönigs ist er ihm gegenüber letztlich positiv eingestellt. So vergleicht er ihn mit Hannibal und gelangt zu der Feststellung, dass es Theoderich unter schwierigeren Bedingungen gelungen sei, Italien zu erobern. In Skandinavien stieß das Werk des deutschen Theologen auf reges Interesse nicht zuletzt wegen der dort herrschenden Goten-Ideologie, des Gotizismus, der diesem Volk die Herrschaft über ganz Europa zuschrieb. Der schwedische Hofarchivar Peringskiöld versah daher Cochläus' Biographie mit ausführlichen Kommentaren und gab sie 1699 neu heraus.[9]

Einige Jahre vorher hatte der 1672 verstorbene Straßburger Geschichtsprofessor und ehemalige schwedische Reichshistoriograph Bökler ebenfalls eine Abhandlung über den Gotenkönig verfasst, die 1712 in seinen gesammelten Schriften erschien. In ihr geht er nicht näher auf dessen Konfession und Auseinandersetzungen mit Boëthius und Papst Johannes I. ein, vielmehr ist er bemüht, Theoderich als einen gerechten Herrscher darzustellen, unter dem Italien aufblühte, weil er es in dem Zustand der Kaiserzeit hinterließ und er sich vorbildlich um das Gerichtswesen, die Verwaltung und das Heer sorgte.[10]

Weitere, sehr ausführliche Studien zu Theoderich erschienen dann im 19. Jahrhundert. So legte bereits 1807/08 der Pfarrer und spätere österreichische Hofhistoriograph Hurter nach dem Abschluss seines Geschichtsstudiums in Göttingen die erste Biographie in deutscher Sprache vor, in der er Theoderich zu einem idealen Herrscher stilisierte.[11] Jedoch blieb sein Werk unvollendet, da er den abschließenden Teil nicht publizierte.

Ob Hurter seine Biographie auf Anregung des in Göttingen lehrenden Philosophieprofessors und späteren Politikprofessors Sartorius schrieb, lässt sich nicht mehr feststellen. Nahe liegend ist diese Vermutung insofern, als Sartorius und der französische Altphilologe und Historiker Naudet für ihre beim Institut de France eingereichten Untersuchungen über die Ostgotenherrschaft in Italien 1810 mit einem Preis ausgezeichnet wurden. In seiner Studie vertrat Sartorius die Ansicht, dass Theoderich ein ungebildeter Mensch gewesen sei, der aber durch seine Kraft und die Festigkeit seines Willens und die Größe seiner Seele Italien Achtung und Ruhe beschert habe. Naudet rühmte an dem Goten, dass er die Justiz des Landes wiederhergestellt und Italien gegen die Barbaren beschützt habe, gleichzeitig kritisierte er das Ungleichgewicht zwischen den versklavten Römern und den tyrannischen Goten.[12]

In seinem zweibändigen Werk aus dem Jahre 1846, das eher eine Geschichte der Goten als eine Biographie ihres bedeutendsten Königs darstellt, sah der französische Feldmarschall und Royalist Du Roure in Theoderich einen idealen Monarchen, der einen soliden Staat geschaffen habe, indem er eine glückliche Verbindung mit den Römern eingegangen sei. Aus der damaligen Sicht verständlich hob Du Roure hervor, dass es Theoderich zudem gelungen sei, in Zusammenarbeit mit dem Osten gegen die Barbaren die Einheit Italiens zu sichern, dass aber sein Werk letztlich zum Scheitern verurteilt gewesen sei.[13] Der französische Schriftsteller Deltuf rühmte in seiner 1869 erschienenen Biographie nicht nur die Art von Theoderichs Herrschaft, sondern auch die Tatsache, dass er die römische Reichsidee erneuert habe und somit zu einem Vorgänger von Karl dem Großen und Napoleon I. geworden sei. Da sich aber seitdem verschiedene Nationen gebildet hätten, sei eine kaiserliche Suprematie in Europa verhasst.[14]

Sachlich nüchtern und ohne irgendeine Wertung fiel dagegen die Darstellung über Theoderichs Leben aus, die der spätere Geschichts- und Geographieprofessor Garollo 1879 in Italien publizierte.[15] Der englische Historiker Hodgkin resümierte in seiner umfangreichen Darstellung aus dem Jahre 1891, dass Theoderich in seinem Leben eine radikale Wende vollzogen habe, indem er nicht mehr den römischen Staat bekämpfte, sondern sich als *preserver of the priceless blessings of Roman civilisation* hervortat. Seine Bemühungen seien gescheitert, weil die Zeit für ihn noch nicht reif gewesen sei.[16]

In Geschichtswerken des 16. bis 19. Jahrhunderts beispielsweise von Machiavelli, Giannone, Muratori, Gibbon und Sismondi wird Theoderich in erster Linie als ein guter und toleranter Herrscher gesehen, der das römische Erbe bewahrt und Italien eine glückliche Zeit beschert habe.[17] Eine neue Qualität erlangte die Wertschätzung Theoderichs durch den Kulturhistoriker Gregorovius. Sein Urteil ist geprägt von der überschwänglichen Idealisierung der Germanen, wie sie gerade im 19. und im frühen 20. Jahrhundert üblich war. In seiner zwischen 1859 und 1872 verfassten Geschichte der Stadt Rom sieht Gregorovius in Theoderich den Vorboten einer neuen Zeit, der die *noch flutende Völkerwanderung zum Stillstande* zwang und den ersten Versuch unternahm, *auf den Trümmern des Reiches jene neue Weltordnung einzurichten, welche sich allmählich aus der Verbindung der nordischen Barbaren mit der römischen Kultur und Nationalität ergeben musste*. Er sei letztlich gescheitert, weil ihm als Arianer die Unterstützung der katholischen Kirche fehlte und das Abendland noch nicht von der *byzantinischen Reichsgewalt* befreit gewesen sei.[18]

In der Folgezeit entstanden gerade in Deutschland mehrere Studien über Theoderich, deren Verfasser in der Formulierung ihres Urteils sich Gregorovius mehr oder weniger anglichen. Nach Pfeilschifter (1910) hat Theoderich das alternde Römische Reich *mit seinen Goten in seine Hut genommen und dem sich kräftigenden Pulsschlag gelauscht mit der Freude des starken Barbaren, unter dessen Schutz eine edle, aber schwach gewordene Hochkultur gedieh*.[19] Stauffenberg (1938) hielt ihn für *den letzten römischen Herrscher, den ersten und einzigen Germanen als Gebieter des Abendlandes*, den Weiterbildner einer christlichen Universalmonarchie *auf germanischen Stützen*.[20] Für Aubin (1949) war Theoderich derjenige, der ein Vorbild dafür lieferte, *was Europa sich von der Herrschaft der germanischen Eroberer erwarten durfte*.[21] Ensslin (1947/1959) resümierte schließlich, dass Theoderich *der letzte der Germanen (war), der vom Geiste Roms berührt, germanische Volkskraft und sich selbst für die alte Römerwelt eingesetzt hat*.[22] Nüchterner beurteilte ihn dagegen der italienische Historiker Lamma (1950). Er erkannte Theoderichs erfolgreiche Bemühung um die Integration der Germanen an, sah in ihm aber nicht den Schöpfer von Neuem, sondern einen pragmatischen Politiker, der dem Traditionellem verhaftet blieb.[23]

Alle historischen Studien der Neuzeit über Theoderich haben letztlich eines gemeinsam: Sie zeichnen ein überwiegend positives Bild dieses Herrschers, der in seinem Wirken nicht unumstritten ist. Bei der Einschätzung der historischen Größe Theoderichs ist es indes wichtig, ihn nicht als singuläre Erscheinung seiner Zeit zu sehen, sondern ihn in deren Kontext einzuordnen. Denn zunächst war Theoderich nicht mehr als der König eines germanischen Stammes, der dank seiner guten Beziehungen zu Kaiser Zeno und seiner militärischen Fähigkeiten sehr erfolgreich war und auf ungewöhnliche Weise geehrt wurde. Hierin unterschied er sich nicht wesentlich von anderen bedeutenden Heermeistern wie Stilicho, Alarich oder Aspar. Ebenso stellt die Einigung der Goten auf dem Balkan keine historische Großtat dar, denn ein Zusammenschluss von Germanenstämmen war in der Völkerwanderungszeit nichts Ungewöhnliches. Außerdem war der neue Stammesverband recht heterogen und befand sich in einer für ihn unbefriedigenden Lage.

Erst mit seinem Italienfeldzug, mit dem er viel riskierte, hob Theoderich sich von vergleichbaren Heerführern ab. Was keinem anderen Germanen vor ihm so richtig geglückt war, sollte ihm nach längeren Verhandlungen gelingen. Theoderich erlangte eine dem Kaiser gleiche Stellung und konnte sie auf Dauer halten. Dabei wirkte sich gerade die Kirchenspaltung zwischen Ost und West für ihn, den Arianer, vorteilhaft aus, weil sie seine Position stärkte und die katholische Opposition schwächte.

Das nach der Eroberung Italiens von Theoderich praktizierte Herrschaftskonzept war nicht neu. Der Westgotenkönig Athaulf hatte bereits in seiner legendären Rede, die er 414 in Narbonne hielt, erklärt, dass sich die Goten in den Dienst des Römischen Reiches zu stellen hätten, um es zu erneuern und zu erweitern.[24] Eine friedliche Koexistenz von Römern und Germanen hatte zudem Odoaker seit 476 praktiziert. Theoderich setzte dann diese Politik fort, die der pragmatischen Erkenntnis entsprang, dass eine germanische beziehungsweise gotische Minderheit neben einer ihr zahlenmäßig weit überlegenen römischen Mehrheit nur existieren konnte, wenn sie mit ihr zusammenarbeitete und ihr entsprechende Dienste anbot. Im Einvernehmen mit den führenden Personen Italiens, den Senatoren, hat Theoderich dieses Konzept vollendet.

Auch wenn er sich auf den größten Teil der Senatsaristokratie verlassen konnte, beruhte seine Macht letztlich auf der militärischen Stärke seines multiethnischen Truppenverbandes. Wie so mancher Kaiser vor ihm, blieb auch Theoderich ein militärischer Alleinherrscher. Allerdings hielt er sich nach seinem Sieg über Odoaker mit Feldzügen zurück. Dass er sich nach den Kriegen der früheren Jahre zu einem friedvollen Herrscher wandelte, verrät ein hohes Maß an Umsicht und Einsicht. Nun kann Theoderich vorgeworfen werden, dass er mit seinen Gegnern wie Rekitach und Odoaker rücksichtslos und brutal umging. Aber hierin verhielt er sich nicht viel anders als so mancher römische Feldherr und Kaiser vor ihm.

Sucht man nach etwas Originellem in Theoderichs Herrschaft, so ist vor allem sein Bündnissystem zu nennen. Mit ihm beschritt er in einer Zeit sich konsolidierender Germanenreiche einen neuen Weg zur Absicherung seiner Herrschaft. Dass dieses System schließlich am Expansionsdrang Chlodwigs und seiner Nachfolger scheiterte, nimmt ihm nichts von seiner ideellen Kraft.

Nun mag es erstaunen, dass nicht Chlodwig, sondern Theoderich den Beinamen der Große erhielt, obwohl das Frankenreich das Gotenreich bei weitem überdauerte. Dies zeigt einmal mehr, dass die Vergabe solcher Prädikate in der Geschichte keinen festen Regeln folgt. Viele andere bedeutende Persönlichkeiten haben sie ebenfalls nicht erhalten. Aber so paradox es auf den ersten Blick klingen mag, durch den baldigen Untergang des Gotenreiches trat dessen Bedeutung umso mehr zu Tage. Da Italien für Jahrhunderte ein politisch gespaltenes Land blieb, wurde deutlich, welche wirtschaftliche und kulturelle Blüte ein geeintes Italien unter Theoderich erlebt hatte. Angenommen, das Gotenreich hätte so lange fortgedauert wie andere Germanenreiche, dann hätte es mit Sicherheit ein ähnliches Schicksal erlitten. Als kleine Minderheit hätten sich die Goten assimiliert und wären wie die Franken, Westgoten und Langobarden konvertiert; denn das Zusammenleben von Goten und Römern war, auch im konfessionellen Bereich, nicht von einem unüberbrückbaren Antagonismus geprägt. Als romanisierte Germanen wären die Goten dann in der italischen Gesellschaft aufgegangen.

Die historische Leistung Theoderichs liegt schließlich in seiner Vorbildfunktion begründet, die er durch seine kaisergleiche Stellung und seine lange Herrschaft erlangte. Er hatte damit bewiesen, dass ein Gote erfolgreich und zur großen Zufriedenheit seiner Untertanen über weite Teile des Römischen Reiches herrschen konnte. Karl der Große, der Erneuerer des römischen Kaisertums im Westen, konnte daher ohne weiteres an ihn als Vorbild anknüpfen.

Theoderich und seine Familie, die Amaler

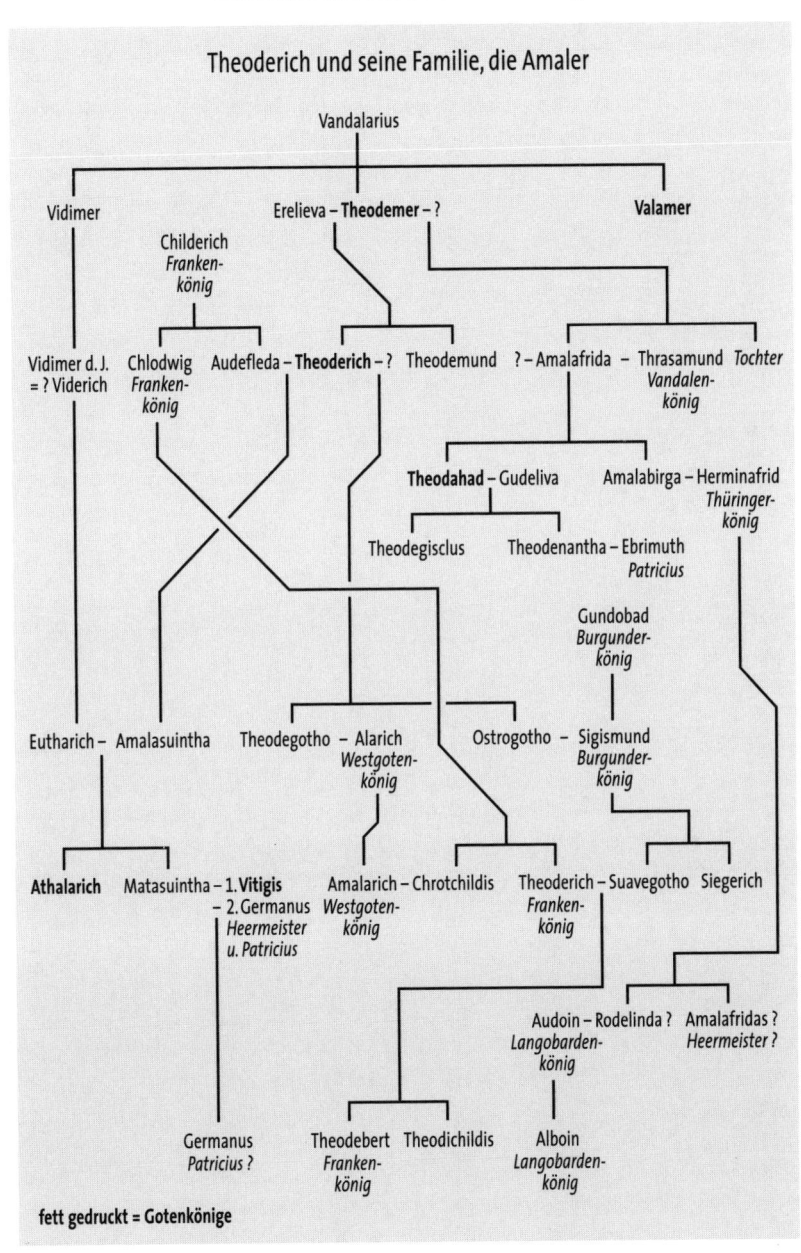

Vandalarius

- Vidimer
- Erelieva – **Theodemer** – ?
- **Valamer**

Childerich
Frankenkönig

- Vidimer d. J. = ? Viderich
- Chlodwig Frankenkönig
- Audefleda – **Theoderich** – ?
- Theodemund
- ? – Amalafrida – Thrasamund Vandalenkönig
- Tochter

Theodahad – Gudeliva   Amalabirga – Herminafrid Thüringerkönig

Theodegisclus   Theodenantha – Ebrimuth Patricius

Gundobad Burgunderkönig

Eutharich – Amalasuintha   Theodegotho – Alarich Westgotenkönig   Ostrogotho – Sigismund Burgunderkönig

Athalarich   Matasuintha – 1. **Vitigis** – 2. Germanus Heermeister u. Patricius   Amalarich – Chrotchildis Westgotenkönig   Theoderich – Suavegotho Frankenkönig   Siegerich

Audoin – Rodelinda ? Langobardenkönig   Amalafridas ? Heermeister ?

Germanus Patricius ?   Theodebert Frankenkönig   Theodichildis   Alboin Langobardenkönig

fett gedruckt = Gotenkönige

Abb. 26: Theoderich und seine Familie, die Amaler.

Anmerkungen

Einleitung

[1] Anonymus Valesianus 65–67.70; Cassiodor, Chronica 1338. 1339 zum Jahr 500; Ferrandus, vita Fulgentii 27 cap. 13 (= Patrologia Latina 65,130–131); zur Rekonstruktion des Rombesuches König 161–162, der überzeugend darlegt, dass Theoderich nicht die Peterskirche aufsuchte.

[2] Die These von der Barbarisierung des römischen Heeres unter anderem infolge eines Rekrutenmangels hat Elton 128–154 widerlegt.

I. Herkunft und Jugend

[1] Jordanes, Getica 269.

[2] Als Theoderichs Vater wird auch dessen Onkel Valamer genannt; Anonymus Valesianus 42; Malchus, Fragment 15 und 18,1 (Blockley), Johannes Antiochenus, Fragment 211,4; Theophanes, Chronographia 5977. Hierbei handelt es sich wohl um eine Verwechslung, weil Valamer mit den Römern über die Vergeiselung seines Neffen verhandelte. Zur Herkunft der Mutter Theoderichs König 30–32 und 141–142; zu ihrer Bezeichnung als Königin Monumenta Germaniae Historica Auctores Antiquissimi 12,390. Über die Amaler Jordanes, Getica 79–81.

[3] Heather 246 Anm. 15; König 108.

[4] P. J. Heather, Cassiodorus and the rise of The Amals: Genealogy and the Goths under the Hun domination, Journal of Roman Studies 79, 1989, 126–128.

[5] Zur These, dass bereits die Hunnen den Goten Land zugewiesen hätten, vgl. Heather 242 und Wolfram 260.

[6] Über die Verträge mit den Goten und ihre Bestimmungen Heather 247–248 und Wolfram 263. Über die Kosten für das römische Heer Elton 124.

[7] Ennodius, panegyricus 11 (Übersetzung C. Rohr); Anonymus Valesianus 61 und 79; Theophanes, Chronographia 5977; Johannes Malalas 383; Cassiodor, Variae 1,10,5 und 2,40,17; Johannes von Nikiu, Chronik 88.48; zur Bildung Theoderichs Ensslin 23–25, König 51–53 und Neri 313–315.

[8] Cassiodor, Variae 1,1,2.

[9] Acta synhodorum, Monumenta Germaniae Historica Auctores Antiquissimi 12, 425.

[10] Heather 259–260.

[11] Über die gotischen Feldzüge Jordanes, Getica 272–281; Priscus, Fragment 45 (Blockley); Eugippius, vita Severini 5,1.2 und 17,4; Sidonius Apollinaris, carmina 2,377; zur Datierung der Ereignisse Wolfram 476.

[12] Jordanes, Getica 282; dazu I. König, Die Herrschaftsbestätigung Theoderichs des Großen durch die Goten im Jahre 493. Ein spätantikes Rechtsproblem, in: R. Günther – St. Rebenich (Hrsg.), E fontibus haurire, Festschrift H. Chantraine, Paderborn 1994, 149–151. König widerlegt überzeugend die These von Theoderichs Mitregentschaft.

II. Feldzüge auf dem Balkan

[1] Die These, dass Leo I. die pannonischen Goten nach Illyricum holte, weil sie sich schwer kontrollieren ließen, ist anhand der Quellen nicht zu belegen; zu den Feldzügen Heather 264, Wolfram 268 und Burns 56.

[2] Anonymus Valesianus 42; zur Route Heather 275.

[3] Malchus, Fragment 20,171–173 (Blockley); Heather 277.

[4] Über den Vertrag Malchus, Fragment 2 (Blockley); dazu Heather 267–271. Dass Theoderich Strabo kein Amaler und somit kein Verwandter Theoderichs war, hat Heather 251–253 überzeugend dargelegt.

[5] Jordanes' Bericht (Getica 270–271) über den Neid der pannonischen Goten auf Theoderich Strabo dürfte auf diese Zeit und nicht auf die um 461 zu beziehen sein, als dieser noch nicht so mächtig war.

[6] Malchus, Fragment 18,2 und 20 (Blockley); Anonymus Valesianus 49; Prokop, Bellum Gothicum 1,1,9; Theophanes, Chronographia 5931; Jordanes, Getica 289; dazu König 118–119. Unklar bleibt, ob Zeno das Gebiet um Novae den Goten als neues Territorium bestätigte. Über die Größe des gotischen Heeres Heather 248; zur Adoption D. Claude, Zur Begründung familiärer Beziehungen zwischen dem Kaiser und barbarischen Herrschern, in: E. Chrysos – A. Schwarcz (Hrsg.), Das Reich und die Barbaren, Wien – Köln 1989, 28–30.

[7] Malchus, Fragment 6,1.2; 15; 18,1–4; 20; 22 (Blockley). Zur Reihenfolge der Fragmente seines Geschichtswerkes Errington 82–95; vgl. dagegen Heather 279 und 287.

[8] Malchus, Fragment 18,1 (Blockley). Heather 279 und 287 hat diesen Vertrag falsch verstanden.

[9] Die Silberzahlungen können auch eine Alternative zu den Goldzahlungen gewesen sein, so Errington 106.

[10] Malchus, Fragment 18,3 (Blockley).

[11] Malchus, Fragment 20 (Blockley); vgl. Marcellinus Comes zum Jahr 479; Johannes Antiochenus, Fragment 211,4; Paschale campanum zum Jahr 478.

[12] Malchus, Fragment 18,3.4 (Blockley); Johannes Antiochenus, Fragment 211,4; zum Zeitpunkt dieses Abkommens Errington 92 und 108.

[13] Über die mögliche Beteiligung des Theoderich Strabo an einer Verschwörung gegen Zeno Errington 109.

[14] Johannes Antiochenus, Fragment 211,4; es ist unwahrscheinlich, dass der

Amaler ebenfalls von Epirus nach Thrakien zog, um an den Plünderungen Strabos teilzunehmen.

¹⁵ Johannes Antiochenus, Fragment 211,5; Marcellinus Comes zum Jahr 481; Jordanes, Romana 346; Heather 298–300.

¹⁶ Marcellinus Comes zum Jahr 483; Theophanes, Chronographia 5931 und 5977; Johannes Malalas 380 und 383; Jordanes, Romana 348 und Getica 289; Michael der Syrer, Chronik 9,4,6; dazu Heather 300.

¹⁷ Johannes Antiochenus, Fragment 214,3. Nicht alle Goten Rekitachs liefen zum Amaler über; denn später, nachdem dieser nach Italien gezogen war, lebten noch einige in Thrakien; siehe hierzu und zu einer möglichen Eheschließung zwischen den Familien der beiden Gotenfürsten Heather 252 und 301–303.

¹⁸ Johannes Antiochenus, Fragment 214,4.6. Nach Theophanes, Chronographia 5977 nahm Theoderich bis zur Belagerung Papyrions an dem Feldzug teil; hierzu Heather 304.

¹⁹ Johannes Antiochenus, Fragment 214,7.8; Theophanes, Chronographia 5977; Marcellinus Comes zum Jahr 487; Prokop, Bellum Gothicum 1,1,9; Johannes Malalas 383; vgl. Johannes von Nikiu, Chronik 88,47–49; Michael der Syrer, Chronik 9,6. Zum Kampf gegen die Bulgaren Ennodius, panegyricus 19–22. Dass Theoderich revoltierte, weil er das Schicksal des Heermeisters Armatus befürchtete, den Zeno hatte umbringen lassen, ist wenig wahrscheinlich; Heather 305.

III. Die Eroberung Italiens

¹ P. Arthur, La città in Italia meridionale in età tardoantica: riflessioni intorno alle evidenze materiali, in: L'Italia meridionale in età tardoantica, Atti del trentottesimo convegno di studi sulla Magna Grecia, Tarent 1999, 167–200; V. Bierbrauer, Die Kontinuität städtischen Lebens in Oberitalien aus archäologischer Sicht (5.–7./8. Jh.), in: W. Eck – H. Galsterer (Hrsg.), Die Stadt in Oberitalien und in den nordwestlichen Provinzen des Römischen Reiches, Mainz 1991, 284–286; S. Dyson, Community and society in Roman Italy, Baltimore – London 1992, 242–244.

² Ausbüttel 6–62, Cecconi 171–199.

³ Über die Bedeutung des Senats nach 455 Henning 21–23, 327–329.

⁴ Rikimers Macht war keineswegs auf Italien beschränkt; Henning 248–251.

⁵ Prokop, Bellum Gothicum 1,1,5; eine Zuweisung von Steueranteilen anstelle von Land an die Föderaten ist im Hinblick auf die spätere Übernahme von Odoakers Maßnahme durch die Goten eher unwahrscheinlich; vgl. Henning 266, Moorhead 32–34.

⁶ Zu Odoakers Werdegang jetzt zusammenfassend Henning 58–70.

⁷ Malchus, Fragment 14 (Blockley); Anonymus Valesianus 64; der Titel 'Patricius' besaß im Osten wahrscheinlich eine geringere Bedeutung als im Westen,

wo er mit dem Amt des Heermeisters verbunden war; vgl. hierzu Henning 60–64, Kohlhas-Müller 44–46.

⁸ Johannes Antiochenus, Fragment 214,2.7; Eugippius, vita Severini 44,3–5; Anonymus Valesianus 48; Fasti Vindobonenses priores zum Jahr 487; auctarium Havniense zum Jahr 487; Cassiodor, Chronica 1316 zum Jahr 487; Paulus, Historia Langobardorum 1,19.

⁹ Jordanes, Getica 289–292, vgl. Romana 348.

¹⁰ Euagrius, Historia Ecclesiastica 3,27; Ennodius, panegyricus 25; J. Moorhead (Theoderic, Zeno and Odovaker, Byzantinische Zeitschrift 77, 1984, 261–266) verweist bei Jordanes' Bericht auf eine Parallele bei der Schilderung des Verhältnisses von Honorius und Alarich (Jordanes, Getica 153).

¹¹ Die Berechnungen über Theoderichs Truppenstärke reichen von 10 000 bis 40 000 Kriegern, König 122, Moorhead 19 und 66, zum gotischen Tross Ennodius, panegyricus 26–27.

¹² Jordanes, Getica 292. Ensslin (63) vermutet, dass die Goten über Oescus, Ratiaria, Bononia, Viminiacium nach Singidunum zogen. Wie Prokop (Bellum Gothicum 1,1,13) berichtet, marschierten die Goten zuerst an das Ionische Meer und, als sie dort keine Schiffe für die Überfahrt fanden, durch das Gebiet der Taulantier. Hierbei dürfte es sich um eine Verwechslung mit Theoderichs Feldzug nach Dyrrhachium handeln. Über den Feldzug Ensslin 62–73, Wolfram 279–284, Moorhead 17–31, König 120–137.

¹³ Ennodius, panegyricus 28–35. Die Ulca lässt sich schwer lokalisieren; dazu H. Löwe, Theoderichs Gepidensieg im Winter 488/489. Eine historisch-geographische Studie, in: Historische Forschungen und Probleme, Festschrift P. Rassow, Wiesbaden 1961, 4 und Rohr 216.

¹⁴ Jordanes, Getica 292–293 spricht von einem Angriff Odoakers auf Theoderichs Lager. In den anderen Quellen wird dagegen Theoderich als der Angreifer dargestellt; Ennodius, panegyricus 36–38; Anonymus Valesianus 50; auctarium Havniense zum Jahr 490; Cassiodor, Chronica 1320 zum Jahr 489; Fasti Vindobonenses priores zum Jahr 490; Marius von Aventicum zum Jahr 489; Paulus, Historia Romana 15,15; Annales Ravennates zum Jahr 490. Zur Rekonstruktion des Kampfes P. Sannazaro, Un'epigrafe di Garlate: Il comes domesticorum Pierius e la battaglia dell'Adda del 490, Mélanges d'Archéologie et d'Histoire de l'École Française de Rome 105, 1993, 210.

¹⁵ Anonymus Valesianus 50; Ennodius, panegyricus 36–47; Cassiodor, Chronica 1321 zum Jahr 489; Jordanes, Getica 292; auctarium Havniense zum Jahr 490; Prokop, Bellum Gothicum 1,1,14; Paulus, Historia Romana 15,15; Fredegar, Cronica 2,57.

¹⁶ Ennodius, panegyricus 49, dictio 1,15 und vita Epiphani 109–118; Anonymus Valesianus 51–52; Paulus, Historia Romana 15,16.

¹⁷ König 127; Moorhead 23.

¹⁸ Paulus, Historia Romana 15,17; Ennodius, panegyricus 54 und 70 und vita

Epiphani 136–139. 166. 172; Cassiodor, Variae 12,28,2 und Chronica 1327 zum Jahr 491.

[19] Anonymus Valesianus 53; auctarium Havniense zum Jahr 491; Cassiodor, Chronica 1323 zum Jahr 490. Zur Lokalisierung der Schlacht Sannazaro (Anm. 14) 213.

[20] Zur geographischen Lage Ravennas Prokop, Bellum Gothicum 1,1,14–23; über die Stadtbefestigung N. Christie – S. Gibson, The city walls of Ravenna, Papers of the British School at Rome 56, 1988, 193.

[21] Anonymus Valesianus 54; Fasti Vindobonenses priores zum Jahr 491; auctarium Havniense zum Jahr 491; Cassiodor, Chronica 1326 zum Jahr 491; Jordanes, Getica 293; Agnellus 39; Fredegar, Chronica 2,57.

[22] Ennodius, vita Epiphani 118–119 und panegyricus 55; Paulus, Historia Romana 15,18; Fasti Vindobonenses priores zum Jahr 491 und 493; auctarium Havniense zum Jahr 491 und 493.

[23] Anonymus Valesianus 53; Jordanes, Getica 294; Prokop, Bellum Gothicum 1,1,24; Agnellus 39; Fasti Vindobonenses priores zum Jahr 492 und 493; auctarium Havniense zum Jahr 493.

[24] Prokop, Bellum Gothicum 1,1,24–25; Johannes Antiochenus, Fragment 214a; Anonymus Valesianus 55–56; Ennodius, panegyricus 51–52; Fasti Vindobonenses priores zum Jahr 493; auctarium Havniense zum Jahr 493; Agnellus 39; Paschale campanum zum Jahr 493; Cassiodor, Chronica 1331 zum Jahr 493; Jordanes, Getica 295 und Romana 349; Marcellinus Comes zum Jahr 489; Marius von Aventicum zum Jahr 493; Chronicorum Caesaraugustanorum reliquiae zum Jahr 492; Fredegar, Chronica 2,57; Johannes Malalas 383.

IV. Herrschaft über Italien

[1] Ennodius, vita Epiphani 112–113.

[2] Die Ansiedlung schildern ausführlich Cassiodor, Variae 2,15–16; Prokop, Bellum Gothicum 1,1,4–8.28; Ennodius, epistula 9,23,5. Das Thema ist in der Forschung immer wieder kontrovers diskutiert worden; einen Überblick bieten Meyer-Flügel 121, Kohlhas-Müller 203, Moorhead 33–35, 66–71, Wolfram 295–299, W. Liebeschuetz, Cities, taxes and the accomodation of the barbarians: the theories of Durliat and Goffart, in: W. Pohl (Hrsg.), Kingdoms of the empire: the integration of barbarians in late antiquity, Leiden 1997, 142–151.

[3] Prokop, Bellum Gothicum 3,2,1–3.

[4] Prokop, Bellum Gothicum 1,15,3; Bierbrauer 209 und derselbe, Archäologie und Geschichte der Goten vom 1.–7. Jahrhundert. Versuch einer Bilanz, Frühmittelalterliche Studien 28, 1994, 149.

[5] Anonymus Valesianus 49. Die Frage der Anerkennung und rechtlichen Stel-

lung Theoderichs ist sehr eingehend und kontrovers besprochen worden; den Forschungsstand fasst Prostko-Prostyński 21–31 zusammen.

[6] Die bei Anonymus Valesianus 53 erwähnte *vestis regia* war kein „königliches", sondern ein „kaiserliches Gewand", wie Prostko-Prostyński 137 jetzt nachgewiesen hat. Diese Deutung macht dann auch die spätere Verleihung der kaiserlichen Herrschaftsabzeichen an Theoderich verständlich.

[7] Anonymus Valesianus 57; zur Datierung der Ereignisse König 138, Moorhead 36. Gegen eine Datierung ins Jahr 491 spricht, dass die Gesandtschaft dann zwei Jahre lang in Konstantinopel festgehalten worden wäre.

[8] Anonymus Valesianus 60; Claude, Universale und partikulare Politik 46, Kohlhas-Müller 61.

[9] Anonymus Valesianus 64; collectio Avellana 113,4; vgl. Jordanes, Getica 295 und Paulus, Historia Romana 15,14 mit falschen Zeitangaben bezüglich der Übergabe der Herrschaftsabzeichen; Theodorus Lector 2,17 col. 191 = Patrologia Graeca 86.1. Nach König 158 kam zwischen Anastasius I. und Theoderich kein Vertrag, sondern ein Abkommen ad personam zustande; vgl. Prostko-Prostyński 152, der in dem Abkommen einen Friedensvertrag sieht. Den kirchenpolitischen Hintergrund der Verhandlungen schildert Richards 92–94.

[10] Cassiodor, Variae 1,1,2–5.

[11] Collectio Avellana 113, 4.

[12] Prokop, Bellum Gothicum 1,1,26; vgl. Ennodius, panegyricus 91.

[13] Cassiodor, Variae 1,2; dazu Meyer-Flügel 407, Kohlhas-Müller 147, Speck 94.

[14] Prokop, Bellum Gothicum 1,1,26.

[15] Kohlhas-Müller 106.

[16] Anonymus Valesianus 70 sowie Prokop, Bellum Gothicum 1,24,22–27 und 3,20,29; Agnellus 94; Isidor, Historia Gothorum 39.

[17] Zur Datierung des Goldmedaillons vgl. jetzt M. Radnoti-Alföldi, Das Goldmutiplum Theoderichs des Großen. Neue Überlegungen, Rivista italiana di numismatica e scienze affini 90, 1988, 370–372.

[18] Eine Beschreibung des Mosaiks bietet Agnellus 94.

[19] Anonymus Valesianus 60; Inscriptiones Latinae Selectae 827; Prokop, Bellum Gothicum 1,1,29.

[20] Prokop, Bellum Gothicum 1,1,29.

[21] Ennodius, panegyricus 56–59 (Übersetzung C. Rohr).

[22] Die umfassendste Darstellung der ostgotischen Reichsverwaltung bietet immer noch Ensslin 157–290.

[23] So schildert es Cassiodor, Variae 5,41,3.

[24] Dazu ausführlich Ausbüttel 210–225.

[25] Anonymus Valesianus 60; Prokop, Bellum Gothicum 2,6,19; Cassiodor, Variae 3,33 und 4,29; dazu Schäfer 290, Moorhead 140–158.

[26] Cassiodor, Variae 7,3,1.

Anmerkungen S. 82–91

27 Einzelne Vorgänge finden sich bei Ausbüttel 204–210.
28 Die Aufgaben der Saionen behandelt ausführlich Meyer-Flügel 406–408.
29 Ennodius, vita Epiphani 122–135; Cassiodor, Variae 2,24,5–2,25; 7,3 und 42.
30 Anonymus Valesianus 60. In der Forschung sind Herkunft, Abfassungszeit und Verfasser dieses Edikts umstritten; zur Diskussion hierüber König 144–147, Kohlhas-Müller 228.
31 Zum Stil Cassiodors B. Pferschy-Maleczek, Cassiodor und die ostgotische Königsurkunde, in: Teodorico il Grande e i Goti d'Italia, Atti del XIII congresso internazionale di studi sull'alto medioevo, Spoleto 1993, 272.
32 Cassiodor, Variae 1,5,3.
33 Cassiodor, Variae 1,15; 2,29 und 5,37; dazu Kohlhas-Müller 255.
34 Prokop, Bellum Gothicum 1,1,27; zu Agapita Cassiodor, Variae 2,10–11 und 4,40; zu Iuvenalia Chronicon paschale 327 zum Jahr 485; Johannes von Nikiu 88,52–55; Johannes Malalas 384; Anonymus Valesianus 62.
35 Anonymus Valesianus 68–69; Marius von Aventicum zum Jahr 500; auctarium Havniense zum Jahr 504 und 514.
36 Anonymus Valesianus 60; Ennodius, epistula 9,23; Cassiodor, Variae 2,16,4.
37 Cassiodor, Variae 2,8 und 4,36. 50; Prokop, Bellum Gothicum 1,2,26; Boëthius, consolatio philosophiae 1,4,12.
38 Eine Aufstellung der Baumaßnahmen bietet Pferschy 259–291.
39 Paulus, Historia Romana 16,4; Anonymus Valesianus 67 und 71.
40 Die Darstellungen des Mosaiks, die vielleicht gar keine konkrete Stadt abbilden, sind umstritten; dazu Pferschy 272.
41 Anonymus Valesianus 67 und 70–72; Cassiodor, Chronica 1339 zum Jahr 500; dazu König 169–174 und Pferschy 259–291.
42 Cassiodor, Variae 1,21.25 und 5,38; zum Pompeius-Theater Variae 4,51.
43 Inscriptiones Latinae Selectae 826 und 827.
44 Anonymus Valesianus 67; Cassiodor, Variae 1,30; 3,51 und 12,11.
45 Cassiodor, Variae 3,31,1; Anonymus Valesianus 59; dazu H. Castritius, Korruption im ostgotischen Italien, in: W. Schuller (Hrsg.), Korruption im Altertum, München 1982, 215.
46 Zu dieser Ideologie der Goten ausführlich Amory 43–85.
47 Cassiodor, Variae 3,24,4; 6,1,5; 7,3,3; 7,4,3; 8,3,4; 8,7,3; 9,14,8; 12,5,4.
48 Cassiodor, Variae 3,23,4. Nach Meyer-Flügel 53 vermied es Cassiodor sogar, die Goten als Barbaren zu bezeichnen.
49 Cassiodor, Variae 4,3,6; 5,10.11.13; 5,26; 8,27,2; 12,5,3.
50 Zur Zusammensetzung von Theoderichs Heer und zu seinen Heerführern Amory 91–97, 152, 355–462.
51 Cassiodor, Variae 1,24,1.
52 Cassiodor, Variae 5,23; Ennodius, panegyricus 83–84; Prokop, Bellum Gothicum 1,2,7–17.
53 Ennodius, carmina 2,57; Boëthius, consolatio philosophiae 1,4,10.

[54] Anonymus Valesianus 61.

[55] Cassiodor, Variae 4,34.

[56] Zum Akkulturationsprozess B. Luiselli, Teoderico e gli Ostrogoti tra romanizzazione e nazionalismo gotico, in: A. Carile (Hrsg.), Teoderico e i Goti tra Oriente e Occidente, Ravenna 1995, 307–312.

[57] Zu dieser schwierigen Problematik H. Brennecke, Imitatio – reparatio – continuatio. Die Judengesetzgebung im Ostgotenreich Theoderichs des Großen als reparatio imperii?, Zeitschrift für antikes Christentum 4, 2000, 134.

[58] Zum Verhältnis zwischen Arianern und Katholiken Amory 195 und 236–276, der sich gegen die Vorstellung einer arianischen Nationalkirche ausspricht.

[59] Ennodius, panegyricus 80.

[60] Cassiodor, Variae 1,26. Die Behauptung des Zacharias von Mytilene, Historia Ecclesiastica 7,12, dass Theoderich sich vom Arianismus abwandte, ist falsch.

[61] Anonymus Valesianus 60 und 65; Cassiodor, Variae 2,27,2.

[62] Theodorus Lector 2,18 col. 193 = Patrologia Graeca 86.1.

[63] Zu Odoakers Kirchenpolitik Pfeilschifter 17–21.

[64] Monumenta Germaniae Historica Auctores Antiquissimi 12,389–391; zur Echtheit einiger dieser Briefe vgl. Amory 200 und Ullmann 225.

[65] Zum Akakianischen Schisma vgl. Wirbelauer 44–51.

[66] Ferrandus, vita Fulgentii 27 cap. 13 = Patrologia Latina 65,130–131; Anonymus Valesianus 65. Dass Theoderich bei seinem Rombesuch die Peterskirche aufsuchte, ist fraglich; vgl. hierzu Moorhead 61 und König 161.

[67] Acta synhodorum, Monumenta Germaniae Historica Auctores Antiquissimi 12, 438–451. Zur Datierung des Konzils in das Jahr 501 und der sich daraus ergebenden Chronologie der Ereignisse vgl. Wirbelauer 21–34.

[68] Acta synhodorum, Monumenta Germaniae Historica Auctores Antiquissimi 12,426–428.

[69] Ebenda 423 und 428–429.

[70] Ebenda 419–420.

[71] Ebenda 420–422.

[72] Ebenda 422–423.

[73] Ebenda 424.

[74] Ebenda 425–426.

[75] Ebenda 430–432.

[76] Liber pontificalis 1, 260–261 (Duchesne); fragmentum Laurentianum 45–46; Paulus, Historia Romana 16,2.

[77] Avitus, epistula 34, Monumenta Germaniae Historica Auctores Antiquissimi 6,2,64–65; zur Interpretation des Briefes vgl. Wirbelauer 61.

[78] Monumenta Germaniae Historica Auctores Antiquissimi 12,392; Theodorus Lector 2,17 col. 193 = Patrologia Graeca 86.1.

[79] Cassiodor, Chronica 1356 zum Jahr 514; fragmentum Laurentianum 46.

[80] Hormisdas, epistula 12 und 14 (Thiel 765–766, 768).

⁸¹ Liber pontificalis 1, 271 (Duchesne).
⁸² Edictum Theoderici § 143.
⁸³ Cassiodor, Variae 4,43.
⁸⁴ Anonymus Valesianus 81–82; zur Rekonstruktion und Übersetzung dieser Textstelle A. Somekh, Teoderico e gli Ebrei di Ravenna, in: A. Carile (Hrsg.), Teoderico e i Goti tra Oriente e Occidente, Ravenna 1995, 139.
⁸⁵ Cassiodor, Variae 5,37.
⁸⁶ Cassiodor, Variae 2,27,1; 3,4,5 und 5,37.
⁸⁷ Dazu Brennecke (Anm. 57) 144.
⁸⁸ Cassiodor, Variae 2,27 und 4,33.
⁸⁹ Anonymus Valesianus 94.

V. Außenpolitik

¹ Cassiodor, Chronica 1327 zum Jahr 491; Ennodius, panegyricus 70.

² Zu den angeblich universalen Zügen in der Außenpolitik Theoderichs Claude, Universale und partikulare Züge, 19.

³ Jordanes, Getica 297; Anonymus Valesianus 63; Prokop, Bellum Gothicum 1,12,22; Ennodius, vita Epiphani 171–175 und panegyricus 54; Cassiodor, Variae 12,28; Gregor von Tours 3,5.

⁴ Jordanes, Getica 299; Anonymus Valesianus 68; Prokop, Bellum Vandalicum 1,8,11–13 und 2,5,20–21; Theophanes, Chronographia 6026; Ennodius, panegyricus 70; Cassiodor, Variae 5,43,1 und 9,1; Victor Tonnennensis zum Jahr 522; Inscriptiones Latinae Selectae 830.

⁵ Cassiodor, Variae 3,4,1.

⁶ Cassiodor, Variae 3,2,1–2.

⁷ Cassiodor, Variae 2,41,3.

⁸ Cassiodor, Variae 1,46,2.

⁹ Zu dem Feldzug gegen die Gepiden Jordanes, Getica 300–302 und Romana 387; Ennodius, panegyricus 60–69; Cassiodor, Chronica 1344 zum Jahr 504; Marcellinus Comes zum Jahr 505; Prokop, Bellum Gothicum 1,11,5; Johannes Malalas 450,19–451,10. Die Herkunft Mundos wird jetzt überzeugend darlegt von B. Croke, Mundo the Gepid: From freebooter to Roman general, Chiron 12, 1982, 128.

¹⁰ Das Datum der Taufe Chlodwigs ist sehr umstritten; außer 496 werden noch 498 und 508 genannt; A. Dierkens, Die Taufe Chlodwigs, und M. Rouche, Die Bedeutung der Taufe Chlodwigs, in: Die Franken, Mainz ²1997, 183–191 und 196–199.

¹¹ Ennodius, panegyricus 72–73; Cassiodor, Variae 2,41 und 3,50; Agathias 1,6,4.

¹² Cassiodor, Variae 2,40 und 41,1–3.

¹³ Cassiodor, Variae 3,1.

¹⁴ Cassiodor, Variae 3,3,2.

¹⁵ Cassiodor, Variae 3,4,3–4; vgl. D. Claude, Theoderich der Große und die europäischen Mächte, in: Teodorico il Grande e i Goti d'Italia, Atti del XIII congresso internazionale di studi sull'alto medioevo, Spoleto 1993, 34.

¹⁶ Gregor von Tours 2,38; Marcellinus Comes zum Jahr 508; Jordanes, Romana 356; über den Angriff auf Siponto Cassiodor, Variae 2,38. Zur Datierung des oströmischen Angriffs Moorhead 182. Über den Patricius Agnellus Cassiodor, Variae 1,15,2.

¹⁷ Cassiodor, Variae 1,9.17.24; 2,5 und 3,48. Zur Verlegung des Hofes nach Mailand und nicht nach Pavia, wie Ensslin 147 meinte, A. Schwarcz, Die Restitutio Galliarum des Theoderich, in: Teodorico il Grande e i Goti d'Italia, Atti del XIII congresso internazionale di studi sull'alto medioevo, Spoleto 1993, 790.

¹⁸ Jordanes, Getica 302; Cassiodor, Variae 8,10,6–7; Marius von Aventicum zum Jahr 509; Prokop, Bellum Gothicum 1,12,44; Caesarius von Arles 1,37–38.

¹⁹ Cassiodor, Variae 3,32.40–42.44 und 4,5.7.17.26; Caesarius von Arles 1,37–38.

²⁰ Cassiodor, Variae 3,16–17.34.38.43; Ennodius, epistula 9,23.

²¹ Cassiodor, Variae 5,43,2–4.

²² Cassiodor, Variae 5,44.

²³ Laterculus regum Visigothorum 465,17–18; Prokop, Bellum Gothicum 1,12,46–54; Jordanes, Getica 302.

²⁴ Prokop, Bellum Gothicum 1,12,22; Jordanes, Getica 299; Gregor von Tours 3,4; Cassiodor, Variae 4,1; Anonymus Valesianus 70.

²⁵ Cassiodor, Variae 4,2; Prokop, Bellum Gothicum 2,14,8–32; Marcellinus Comes zum Jahr 515.

²⁶ Cassiodor, Variae 2,6. Zur Abtretung von Bassiana Ensslin 155; vgl. dagegen Moorhead 187.

²⁷ Marius von Aventicum zu den Jahren 522–524; Gregor von Tours 3,5–6; Prokop, Bellum Gothicum 1,12,24–32; Agathias 3; Cassiodor, Variae 5,10,2; 5,11 und 8,10,8; Passio Sancti Sigismundi 8–9; Anonymus Valesianus 81; zur Isère als Grenze Fredegar, Chronica 2,57.

VI. Die letzten Jahre der Herrschaft

¹ Ennodius, panegyricus 93 (Übersetzung C. Rohr).

² Cassiodor, Chronica 1358 zum Jahr 515; Jordanes, Getica 79–81, 251 und 298. Nach Cassiodor, Variae 8,1,3 war Eutharich ein Altersgenosse des Kaisers Justin, der 450 geboren wurde und daher fast so alt wie Theoderich war. Zur komplizierten Frage des Stammbaums und der Namensgebung der Amaler P. Heather, Cassiodorus and the rise of the Amals: genealogy and the Goths under the Hun domination, Journal of Roman Studies 79, 1989, 120 und 126; N. Wagner, Ost-

gotische Personennamengebung, in: D. Geuenich – W. Haubrichs – J. Jarnut (Hrsg.), Nomen et gens. Zur Aussagekraft frühmittelalterlicher Personennamen, Berlin 1997, 45 und 51; derselbe, Germanische Namengebung und kirchliches Recht in der Amalerstammtafel, Zeitschrift für deutsches Altertum und deutsche Literatur 99, 1970, 2.

[3] Cassiodor, Chronica 1362–1364 zum Jahr 518 und 519; die Fragmente der Festrede sind abgedruckt in den Monumenta Germaniae Historica Auctores Antiquissimi 12, 465–472; zur Adoption als Waffensohn Cassiodor, Variae 8,1,3; Anonymus Valesianus 80.

[4] Anonymus Valesianus 82; Jordanes, Getica 304; Prokop, Bellum Vandalicum 1,46,6 und Bellum Gothicum 1,2,3.

[5] Zu Boëthius' Leben, Werk und Familie J. Gruber, Kommentar zu Boëthius 'De consolatione philosophiae', Berlin – New York 1978, 1–13 und Moorhead 161–172.

[6] Anonymus Valesianus 85.

[7] Zu Boëthius siehe Anonymus Valesianus 85–87 und Boëthius, consolatio philosophiae 1,4. Einige Aspekte des Prozesses sind umstritten, insbesondere seine Datierung, sein Tagungsort sowie die Einberufung des Fünfmännergerichtes; eine Zusammenfassung des Forschungsstandes bieten König 22, 192–201, Schäfer 240–262 und 309–314, Moorhead 219–235.

[8] Anonymus Valesianus 92; Prokop, Bellum Gothicum 1,1,32–34; Marius von Aventicum zum Jahr 525; Agnellus 39; Fasti Vindobonenses posteriores zum Jahr 523; Liber pontificalis 55,5; Gregor, dialogi 4,31; Fredegar, Chronica 2,59.

[9] Anonymus Valesianus 79 und 83–84; Prokop, Bellum Gothicum 1,1,35–38; dazu König 183 und 190.

[10] Keineswegs nahm Johannes I. erneut eine Kaiserkrönung vor, auch wenn dies seine Vita suggeriert. Hierzu und zu der Proskynese von Kaiser und Papst W. Ensslin, Papst Johannes I. als Gesandter Theoderichs d. Gr., Byzantinische Zeitschrift 44, 1951, 127–134.

[11] Anonymus Valesianus 88–91 und 93; Liber pontificalis 55, 1–6; Marcellinus Comes zum Jahr 525; Theophanes, Chronographia 6016; vgl. Gregor, dialogi 3,20 und 4,30; Zacharias von Mytilene, Historia Ecclesiastica 9,18; spätere Verklärung Fredegar, Chronica 2,59; Gregor von Tours, gloria martyrorum 39; Agnellus 39 und 57. Die Datierung der Papstreise ist umstritten, dazu Moorhead 235–242.

[12] Anonymus Valesianus 88.

[13] Anonymus Valesianus 94; zur Papstwahl Liber pontificalis 56.

[14] Cassiodor, Variae 5,16–20; Prokop, Bellum Vandalicum 1,9,5; dazu Moorhead 246.

[15] Jordanes, Getica 304 und Romana 367; Anonymus Valesianus 96; Cassiodor, Variae 8,2,4; 8,3,3 und 8,16,4; Marius von Aventicum zum Jahr 526.

[16] Die einzelnen Anekdoten überliefern Anonymus Valesianus 94–95; Agnellus 39; Prokop, Bellum Gothicum 1,1,35–39; Gregor, dialogi 4,31; vgl. ferner

Liber pontificalis 55,6; Fredegar, Chronica 2,59; Gregor von Tours, gloria martyrorum 39.

[17] Anonymus Valesianus 96; Agnellus 39. Hinsichtlich der architektonischen Gestaltung gibt es viele kontroverse Meinungen, die Deichmann Band 1, 209–239 und Heidenreich – Johannes zusammenstellen. Zum Transport und Aufsetzen des Kuppelsteins vgl. M. Korres, Wie kam der Kuppelstein auf den Mauerring?, Mitteilungen des Deutschen Archäologischen Instituts Rom, 104, 1997, 219–258.

VII. Ausblick

[1] Umstritten ist, ob Belisar Kaiser des Westreiches oder König der Italiker und Goten werden sollte; dazu Claude, Ostgotische Königserhebungen 169.

[2] Speck 91.

[3] Agnellus 94; Einhard, vita Caroli 18; Walahfrid Strabo, Monumenta Germaniae Historica Poetae Latini Medii Aevii II 1,370–378. Über die Pfalzkapelle und das Standbild in Aachen vgl. G. Bandmann, Die Vorbilder der Aachener Pfalzkapelle, in: Karl der Große, Lebenswerk und Nachleben, Band 3, Düsseldorf 1965, 424–462; K. Smolak, Bescheidene Panegyrik und diskrete Werbung: Walahfrid Strabos Gedicht über das Standbild Theoderichs in Aachen, in: F.-R. Erkens (Hrsg.), Karl der Große und das Erbe der Kulturen, Berlin 2001, 89–110; Zimmermann 143.

[4] Zimmermann (71–134 und 179–234) hat aus immerhin 49 lateinischen Geschichtswerken Belege über die Theoderich-Darstellung in der mittelalterlichen Historiographie zusammengestellt.

[5] Fredegar, Chronica 2,57 und 59.

[6] Einhard, vita Caroli 29; vgl. Zimmermann 149.

[7] Die Fachliteratur über die Dietrichsage ist kaum mehr zu überschauen; siehe hierzu den Forschungsüberblick von J. Heinzle, Einführung in die mittelhochdeutsche Dietrichepik, Berlin – New York 1999 sowie E. Marold, Wandel und Konstanz in der Darstellung der Figur des Dietrich von Bern, in: H. Beck (Hrsg.), Heldensage und Heldendichtung im Germanischen, Berlin – New York 1988, 149–182.

[8] Vgl. die Belege zu Theoderichs Namen bei Zimmermann 179.

[9] J. Cochläus, Vita Theoderici, regis Ostrogothorum et Italiae, herausgegeben und kommentiert von J. Peringskiöld, Stockholm 1699.

[10] H. J. Bökler, Theodoricus Ostrogothus, Italiae rex, in: derselbe, Operum tomus secundus, Straßburg 1712, 102–137.

[11] F. Hurter, Geschichte des ostgothischen Koenigs Theoderich und seiner Regierung, 2 Bände, Schaffhausen 1807–1808.

[12] J. Naudet, Histoire de l'établissement, du progrès et de la décadence de la monarchie des Goths en Italie, Paris 1811, 290; G. Sartorius, Versuch über die Re-

gierung der Ostgothen während ihrer Herrschaft in Italien und über die Verhältnisse der Sieger zu den Besiegten im Lande, Hamburg 1811 – Paris 1812, 237.

[13] L. M. Du Roure, Histoire de Théodoric le Grand, roi d'Italie, précédée d'une revue preliminaire de ses auteurs et conduite jusqu'à la fin de la monarchie ostrogothique, 2 Bände, Paris 1846, Band 1, XXI und 4 sowie Band 2, 224 und 526.

[14] P. Deltuf, Theodoric, roi des Ostrogoths et d'Italie, épisode de l'histoire du bas-empire, Paris 1869, 357.

[15] G. Garollo, Teodorico re dei Goti e degl'Italiani, Florenz 1879.

[16] T. Hodgkin, Theodoric the Goth, the barbarian champion of civilisation, New York – London 1891, 1 und 5–6.

[17] Dazu A. Pizzi, Teoderico nella grande storiografia europea, Romanobarbarica 13, 1994/95, 259–282.

[18] F. Gregorovius, Geschichte der Stadt Rom, neu hrsg. von W. Kampf, Darmstadt 1963, Band l, 155–156.

[19] G. Pfeilschifter, Theoderich der Große, Mainz 1910, 96.

[20] A. Schenk von Stauffenberg, Das Imperium und die Völkerwanderung, München 1947, 142 und 148.

[21] H. Aubin, Theoderich der Große. Der erste Versuch einer germanisch-romanischen Synthese, in: derselbe, Vom Altertum zum Mittelalter, München 1949, 130–139, hier 138.

[22] Ensslin 353.

[23] P. Lamma, Theoderico, Brescia 1950, 190.

[24] Orosius 7,43.

Literatur

Die vorliegende Bibliographie enthält nur eine Auswahl der wichtigen und neueren Literatur zu Theoderich dem Großen. Weitere Studien sind in den jeweiligen Anmerkungen aufgeführt.

Amory, P., People and identity in Ostrogothic Italy 489–554, Cambridge 1997.

Augenti, A., The palace of Theoderic at Ravenna: A new analysis of the complex, in: Lavan, L. u. a. (Hrsg.), Housing in Late Antiquity. From palaces to shops, Late Antique Archaeology 3.2, Leiden – Boston 2007, 424–456.

Ausbüttel, F. M., Die Verwaltung der Städte und Provinzen im spätantiken Italien, Frankfurt a. M. 1988.

Ausbüttel, F. M., Theoderich. Die Herrschaft der Goten über Italien, in: ders., Germanische Herrscher. Von Arminius bis Theoderich, Darmstadt 2007, 137–155.

Barnwell, P. S., Emperor, prefects and kings: The Roman West 395–565, London 1992.

Bierbrauer, V., Die ostgotischen Grab- und Schatzfunde in Italien, Spoleto 1975.

Burns, T. S., A history of the Ostrogoths, Bloomington Ind. 1984.

Carile, A. (Hrsg.), Teoderico e i Goti tra Oriente e Occidente, Ravenna 1995.

Cecconi, G. A., Governo imperiale e élites dirigenti nell'Italia tardoantica. Problemi di storia politico-amministrativa (270–476 d. C.), Como 1994.

Cesa, M., Ennodio, Vita del beatissimo Epifanio vescovo della chiesa Pavese, Como 1988.

Chrysos, E., Die Amaler-Herrschaft in Italien und das Imperium Romanum. Der Vertragsentwurf des Jahres 535, Byzantion 51, 1981, 430–414.

Claude, D., Universale und partikulare Züge in der Politik Theoderichs, Francia 6, 1978, 19–58.

Claude, D., Die ostgotischen Königserhebungen, in: H. Wolfram – F. Daim (Hrsg.), Die Völker an der mittleren und unteren Donau im fünften und sechsten Jahrhundert, Denkschriften d. Österreich. Akademie d. Wissenschaften phil.-histor. Kl. 145, Wien 1980, 149–186.

Courtois, Ch., Les Vandales et l'Afrique, Paris ²1955.

Deichmann, F., Ravenna. Hauptstadt des spätantiken Abendlandes, Geschichte und Monumente, Bd. I–IV, Wiesbaden 1969–1976.

Elton, H., Warfare in Roman Europe, AD 350–425, Oxford 1996.

Ensslin, W., Theoderich der Große, München ²1959.

Errington, R. M., Malchos von Philadelphia, Kaiser Zenon und die zwei Theoderiche, Museum Helveticum 40, 1983, 82–110.

Giese, W., Die Goten, Stuttgart 2004.

Goltz, A., Gelehrte Barbaren? Antike Bildung und germanische Oberschicht in der Spätantike, in: Goltz, A. – Luther, A. – Schlange-Schöningen, H. (Hrsg.), Gelehrte in der Antike, Köln – Weimar – Wien 2002, 297–316.

Goltz, A., Barbar – König – Tyrann. Das Bild Theoderichs des Großen in der Überlieferung des 5. bis 9. Jahrhunderts, Berlin – New York 2008.

Goltz, A., Der nackte Theoderich. Ein Verfolger auf dem Weg in die Verdammnis, in: Bießenecker, St. (Hrsg.), „Und sie erkannten, dass sie nackt waren". Nacktheit im Mittelalter, Bamberger interdisziplinäre Studien 1, Bamberg 2008, 387–412.

Gottzmann, C. L., Theoderich. Die Verwandlung der historischen Person in die literarische Figur Dietrich von Bern, in: Milfull, I. – Neumann, M. (Hrsg.), Mythen Europas. Schlüsselfiguren der Imagination, Regensburg 2004, 68–89.

Gschwantler, O., Zeugnisse zur Dietrichsage in der Historiographie von 1100 bis gegen 1350, in: H. Beck (Hrsg.), Heldensage und Heldendichtung im Germanischen, Berlin – New York 1988, 35–80.

Heather, P. J., Goths and Romans 332–489, Oxford 1991.

Heather, P. J., The Goths, Oxford 1996.

Heidenreich, R. – Johannes, H., Das Grabmal Theoderichs zu Ravenna, Wiesbaden 1971.

Henning, D., Periclitans respublica. Kaisertum und Eliten in der Krise des weströmischen Reiches 454/5–493 n. Chr., Stuttgart 1998.

Janus, L. (Hrsg.), Briefe des Ostgotenkönigs Theoderich der Große und seiner Nachfolger. Aus den „Variae" des Cassiodor, übers. und komm. von P. Dinzelbacher, Heidelberg 2010.

Kakridi, C., Cassiodors Variae. Literatur und Politik im ostgotischen Italien, München – Leipzig 2005.

Kohlhas-Müller, D., Untersuchungen zur Rechtsstellung Theoderichs des Großen, Frankfurt a. M. 1995.

König, I., Aus der Zeit Theoderichs des Großen. Einleitung, Text, Übersetzung und Kommentar einer anonymen Quelle, Darmstadt 1997.

König, I., Theoderich der Große und Cassiodor. Vom Umgang mit dem römischen „Erbe", in: Giebmeyer, A. – Schnabel-Schüle, H. (Hrsg.), „Das Wichtigste ist der Mensch", Festschrift für K. Geiters, Trierer historische Forschungen 41, Mainz 2000, 211–228.

Krautschick, S., Cassiodor und die Politik seiner Zeit, Bonn 1983.

Krautschick, S., Boëthius und Theodahad. Macht und Gelehrsamkeit im Ostgotenreich, in: Goltz, A. – Luther, A. – Schlange-Schöningen, H. (Hrsg.), Gelehrte in der Antike, Köln – Weimar – Wien 2002, 281–295.

Leppin, H., Justinian. Das christliche Experiment, Stuttgart 2011.

Llewellyn, P., The Roman clergy during the Laurentian schism (498–506): a preliminary analysis, Ancient Society 8, 1977, 245–275.

Liebeschuetz, J., Barbarians and bishops. Army, church and state in the age of Arcadius und Chrysostomus, Oxford 1990.

Magee, J., Boethius, last of the Romans, Carmina Philosophiae 16, 2007, 1–22.

Maier, G., Amtsträger und Herrscher in der Romania Gothica. Vergleichende Untersuchungen zu den Institutionen der ostgermanischen Völkerwanderungsreiche, Historia Einzelschriften 181, Stuttgart 2005.

Meier, M., Anastasios I. Die Entstehung des Byzantinischen Reiches, Stuttgart 2009.

Meyer-Flügel, B., Das Bild der ostgotisch-römischen Gesellschaft bei Cassiodor. Leben und Ethik von Römern und Germanen in Italien nach dem Ende des Weströmischen Reiches, Bern – Frankfurt a.M. 1992.

Mommsen, T., Ostgothische Studien, in: derselbe, Gesammelte Schriften 6, Berlin 1910, 362–484.

Moorhead, J., Theoderic in Italy, Oxford 1992.

Näf, B., Senatorisches Standesbewusstsein in spätrömischer Zeit, Freiburg 1995.

Nagl, A., Theoderich (d. Gr.), RE V A, 1934, 1745–1771.

Pfeilschifter, G., Der Ostgotenkönig Theoderich der Große und die katholische Kirche, Münster 1896.

Pferschy, B., Bauten und Baupolitik frühmittelalterlicher Könige, Mitteilungen des Instituts für Österreichische Geschichtsforschung 91, 1989, 257–328.

Prostko-Prostyński, J., Utraeque respublicae. The emperor Anastasius I.'s Gothic policy (491–518), Posen 1994.

Richards, J., The popes and the papacy in the Early Middle Ages 476–552, London 1979.

Rohr, C., Der Theoderich-Panegyricus des Ennodius, Hannover 1995.

Schäfer, Ch., Der weströmische Senat als Träger antiker Kontinuität unter den Ostgotenkönigen (490–540 n. Chr.), St. Katharinen 1991.

Schäfer, Ch., Probleme einer multikulturellen Gesellschaft. Zur Integrationspolitik im Ostgotenreich, Klio 83, 2001, 182–197.

Speck, P., Theoderich und sein Hofstaat. Die Prozessionsmosaiken von Sant'Apollinare Nuovo in Ravenna, Boreas 16, 1993, 91–96.

Spielvogel, J., Die historischen Hintergründe der gescheiterten Akkulturation im italischen Ostgotenreich (493–553 n. Chr.), Historische Zeitschrift 214, 2002, 1–24.

Stüven, A., Rechtliche Ausprägungen der civitas im Ostgotenreich. Mit vergleichenden Berücksichtigungen des westgotischen und des burgundischen Rechts, Frankfurt a.M. – Bern 1995.

Sundwall, J., Abhandlungen zur Geschichte des ausgehenden Römertums, Helsinki 1919 (ND New York 1975).

Teodorico il Grande e i Goti d'Italia, Atti del XIII congresso internazionale di studi sull'alto medioevo, Spoleto 1993.

Thom, S., Flavius Theodericus Rex: eine Studie zur Herrschaftslegitimierung des ostgotischen Königs Theoderichs des Großen, München 2011.

Tönnies, B., Die Amalertradition in den Quellen zur Geschichte der Ostgoten. Untersuchungen zu Cassiodor, Jordanes, Ennodius und die Excerpta Valesiana, Hildesheim 1989.

Ullmann, W., Gelasius I. (492–496). Das Papsttum an der Wende der Spätantike zum Mittelalter, Stuttgart 1981.

Várady, L., Epochenwechsel um 476. Odoaker, Theoderich d. Gr. und die Umwandlungen, Budapest – Bonn 1984.

Vitiello, M., Teoderico a Roma. Politica, amministrazione e propaganda nell' adventus dell' anno 500 (considerazioni sull' Anonimo Valesiano II), Historia 53, 2004, 73–120.

Vitiello, M., Momenti di Roma ostrogota: *adventus*, feste, politica, Historia Einzelschriften 188, Stuttgart 2005.

Vitiello, M., Motive germanischer Kultur und Prinzipien des gotischen Königtums im Panegyricus des Ennodius an Theoderich den Großen (Die drei „direkten Reden"), Hermes 133, 2005, 100–115

Vitiello, M., Il principe, il filosofo, il guerriero. Lineamenti di pensiero politico nell' Italia ostrogota, Hermes Einzelschriften 97, Stuttgart 2006.

Vitiello, M., Cassiodorus anti-Boethius?, Klio 90, 2008, 461–484.

Vitiello, M., Per il bene di Roma. I privilegi di Teoderico, da Cassiodoro alla Constitutio Pragmatica, Latomus 68, 2009, 146–163.

Vitiello, M., Sulle tracce di Patrizio, un amico di Boezio, Hermes 138, 2010, 230–249.

Vitiello, M., Accusarentur saecula, si talis potuisset latere familia. Il fantasma di Severino Boezio nell' Italia dei Goti, Historia 60, 2011, 342–382.

Wiemer, H.-U., Theoderich und das ostgotische Italien. Integration durch Separation, in: Meier, M. (Hrsg.), Sie schufen Europa. Historische Portraits von Konstantin bis Karl dem Großen, München 2007, 156–175.

Wood, I., Theoderic's monuments in Ravenna, in: Barnish, S. J. – Marazzi, F. (Hrsg.), The Ostrogoths from the migration period to the sixth century: an ethnographic perspective, Woodbridge 2007, 249–278.

Wirbelauer, E., Zwei Päpste in Rom. Der Konflikt zwischen Laurentius und Symmachus (498–514), München 1993.

Wolfram, H., Die Goten. Von den Anfängen bis zur Mitte des sechsten Jahrhunderts. Entwurf einer historischen Ethnographie, München ³1990.

Zimmermann, H. J., Theoderich der Große – Dietrich von Bern. Die geschichtlichen und sagenhaften Quellen des Mittelalters, Bonn 1972.

Register

Aachen 156
Abano Terme 86
Adamantius 34–37, 54
Adda 58, 69
Adrianopel 14, 32
Aedoingus 35
Aëtius 14, 15, 51
Agapita 84
Agnellus 121
Akakios 95, 96, 106
Alamannen 15, 117–119
Alanen 14, 21
Alarich 14, 43, 44, 68, 163
Alarich II. 58, 112, 113, 117, 119, 120, 123, 126, 130
Alarich (Suevenkönig) 23
Albinus 133–135, 138, 140
Alboin 155
Amal 17
Amalabirga 91, 125, 152
Amalafrida 17, 41, 113, 125, 142, 152
Amalarich 123, 125, 129, 130, 143, 149
Amalasuintha 86, 91, 129, 143, 149–153
Amaler 17, 18, 27, 89, 92, 112, 114, 129, 130
Anastasius I. 21, 63, 68–72, 82, 96, 106, 117, 121, 126, 130
Anastasius II. (Papst) 70, 96, 97
Anicia Juliana 33, 92
Anicius Olybrius 33, 92
annona 80
Anthemius 21, 31
Antiochia 39, 41
Aquileia 43
Arbogast 14
Ardabur 21, 22
Areobindus 106
Ariadne 21, 92
Arianer 17, 51, 92–94, 138–140, 144
Arigern 80, 101, 108
Aristoteles 132

Arius 144
Arles 121, 122
Armatus 27, 29
Armentarius 81
Aspar 21, 23, 28, 41, 54, 106, 163
Astat 25
Athalarich 91, 131, 143, 149, 150
Athaulf 92, 163
Attila 18, 43, 45, 48, 68, 158, 159
Audefleda 113, 129
Aurelian 43
Avignon 123
Avitus 15
Avitus von Vienne 105
Awaren 157

Babai 24
Balthen 112
Barcelona 120, 123, 124, 149
Basiana 22
Basiliscus 22, 27, 29, 30, 50, 95
Bautätigkeit 86, 87
Bedensis 59
Bedeulf 101
Belisar 152–154
Beroea 25
Bischöfe 45
Boëthius 20, 85, 131–138, 140, 142, 144, 150, 156, 160
Boëthius, Flavius 132
Bolia 23
Bolsinasee 152
Bonophatianae 40
Bordeaux 120
Bulgaren 39, 41, 116
Burgunder 14, 15, 58, 111, 113, 124, 126, 152
Busta Gallorum 155

Calventianischer Acker 135
Camundus 24

Candianus 58, 59
Capsa 142
Carcassonne 122, 125, 149
Carthago 14, 123
Cassiodor 11, 20, 83, 91, 116, 131, 137
Castrum Herculis 25
Catania 86
Cesena 59
Chalcedon (Konzil) 95, 106, 107, 141
Chatten 125
Chersones 34
Childebert 149
Childerich 15, 113
Chlodwig 94, 112–114, 117–121, 125, 126, 132, 149, 164
Cibalae 55
Cicero 83
civilitas 78, 83, 88
Classis 59, 61
Colosseum 86, 87
Colosseus 89, 116
comes s. Provinz-, Stadtcomes
comes patrimonii 79
comes sacrarum largitionum 79
consistorium 79, 80
Constantin 13, 20, 45, 75
Constantius II. 15
Cremona 57
Curialen 45, 66, 79, 83
Curie *s. Senat*
Cyprianus 89, 92, 133, 134, 137
Cyrrhus 25, 27

Dengizich 22
Dietrich von Bern 158–160
Dioscorus 105, 107
Dium 25
Dos Trento 121
Drei Könige, Heilige 156
Durance 122, 125, 127
Dyrrhachium 27, 35, 36, 38, 41, 54, 68

Ebrimuth 153
Edeco 48, 49
Edictum Theoderici 83, 108

Edikte 75, 82
Emona 56
Ennodius 11, 20, 54, 66, 77, 78, 87, 91, 105, 106, 112, 129
Epiphanius von Pavia 57, 65, 112
Erelieva (Eusebia) 17, 37, 93, 95
Ermanarich 18, 130, 159
Ermanarich (Aspars Sohn) 41
Ermenrich 158
Eucherius 15
Eudocia 44, 131
Eudoxia 22, 44
Eugippius 91
Eurich 119
Europus 25
Eustathius von Epiphaneia 54
Eutharich 108, 129–131, 133, 140, 143
Excerpta Valesiana 11, 85, 109

Faustus 69, 96
Felix III. 96
Felix IV. 142
Felix, Flavius 122
Festus 13, 69, 70, 96–98, 103, 105
Feva 52
Firmus 84
Föderaten 47
Franken 14, 15, 111, 125–127, 152, 153, 164
Fredegar 157
Friderich 52, 55, 58, 59
Frutolf von Michelsberg 159
Fünfmännergericht 134, 137

Galatea 86
Geiserich 14, 15, 22, 111
Geiserich (angeblicher Bruder Theoderichs) 158
Gelasius I. 69, 95, 96
Genf 14
Gento 38
Genua 109
Gepiden 18, 23, 55, 115, 127
Germanus 92, 154
Gesalech 123–125
Giso 52

Register

Glycerius 24, 47, 68
Godomar 127
Gotizismus 160
Grabmal Theoderichs 144–148, 156
Gratus 107
Gregor der Große 156
Gudila 101
Gundobad 47, 58, 93, 111–115, 117, 119, 120, 124, 132

Haemus 32
Helena 13
Helpidius 91
Henotikon 95, 96
Heraclea 25, 32, 35
Heraclea Lynkestis 34
Herminafrid 125
Herta 116
Heruler 49, 59, 119, 125, 157
Hilarianus 25, 27
Hilderich 131, 140, 142, 152
Hofgericht 83, 84
Honorius 14, 44, 87, 99
Hormisdas 106, 107, 131, 133, 141
Hunerich 22
Hunimund 23, 125
Hunnen 15–18, 22

Ibba 121–124
Illus 27, 29–31, 38–41, 51
Insignien 72, 73
Invilia 25
Irenaeus 69
Isère 127
Isonzo 56, 155
Iuvenalia 84

Johannes (Kaiser) 15
Johannes I. (Papst) 131, 138–142, 144, 156, 158, 160
Johannes (Bischof von Ravenna) 61
Jordanes 11, 17, 18, 24, 53, 54, 130
Julius Nepos 37, 47, 50, 51, 54, 68
Justin 107, 130, 131, 133, 138, 139, 141, 149
Justinian 73, 92, 107, 131, 150–155

Kaisertitel 75
Karl der Große 156, 161, 164
Katalaunische Felder 15, 18
Konstantinopel 20, 21, 23, 27, 29, 30, 34, 37, 39, 40, 47, 49, 50, 53, 54, 57, 68, 71, 75, 106, 107, 113, 131, 140, 150, 154

Langobarden 155, 158, 159, 164
Larissa 25, 39
Lateran 97, 103, 105
Laurentius 97–106, 131, 132, 140
Laurentius von Mailand 99
Lauretum 62
Leo I. 19, 21–23, 27–29, 31, 38, 47, 157
Leo II. 27
Leo I. (Papst) 45
Leontina 31
Leontius 40
Levila 59
Liberius 65, 66, 85, 89, 123
Lilybaeum 113, 153
Lipari 144
Longinus 40
Lucullanum 91
Lychnidus 36, 37

magister officiorum 79
Magnentius 15
Mailand 43, 57, 84–86, 109, 121, 135, 154, 158
Malchus 11, 30, 33
Mammo 121
Marcellianus von Aquileia 99
Marcellinus Comes 116
Marcian 19, 21
Marcianopolis 32
Marcianus, Flavius 31, 38, 40
Markomannenkriege 43
Marseille 122, 123
Martin (Heiliger) 155, 156
Martinianus 31, 32
Matasuintha 92, 131, 153, 154
Maximilian I. 160
Maximus, Flavius 92
Melantias 41
Merobaudes 14

Methone 25
Mons Lactarius 155
Monza 86
Mundo 116, 153
Mursa 55

Naissus 25
Napoleon I. 161
Narbonne 121–123, 149, 163
Narses 155
Neapel 45, 85, 154
Nedao 18
Nibelungenlied 159
Nikomedien 41
Nola 85
Novae 27, 41, 52, 54

Odoaker 48–53, 55–62, 65, 69–71, 88, 94, 111, 112, 132, 133, 163, 164
Odoin 85
Onoulphos 49, 52, 62
Orestes 47, 50, 58
Ostgoten 40
Ostrogotho 92, 112, 126, 127
Otto von Freising 159

Palermo 68
Papyrion 41
Pautalia 34, 37
Pavia 50, 57–59, 65, 77, 86, 135
Pella 25
Perikles 77
Perser 117, 152
Peterskirche 97–100, 105, 107
Petronius Maximus 92
Petrus von Altino 99, 103, 105
Petrus von Ravenna 99
Piacenza 50
Pierius 58
Pitzias 115, 116
Platon 132
Plattensee 18, 23
Poetovio 56
Poitiers 120
Pompeius-Theater 86, 87
Portus Leonis 59, 86

praepositus sacri cubiculi 79
Prätorianerpräfekt 80
Principalen 45
Probinus 98, 103
Probus 43
Probus, Petronius 97
Proculus 15
Prokop 11, 48, 67, 72, 77
Provinzcomes 81, 84, 91
Pydna 25

quaestor sacri palatii 79, 80, 83

Radagais 43
Ravenna 45, 50, 56–62, 69, 73, 75, 79, 86, 94, 97, 98, 100, 101, 107–109, 125, 131, 133, 135, 138–141, 143, 144, 147, 149, 152, 154–156, 158
Referendar 80
Regata 153
Rekitach 39, 40, 164
Rhegium 41
Rhodopegebirge 34
Rikimer 39, 47, 49, 92, 93
Rimini 59, 69, 87, 98
Rodulf 125, 126
Rom 13, 43, 44, 51, 78, 79, 85–87, 100, 101, 103, 108, 109, 113, 131, 135, 139, 141, 154, 155
Romulus 78
Romulus Augustulus 47, 50
Rugier 23, 41, 51, 53, 55, 58, 67, 70
Rusticiana 132

Sabinianus 116
Sabinianus Magnus 36–39
Sachsen 15, 49
Sadagen 22
Saio 82, 83
Salonae 153
S. Apollinare Nuovo 73, 86, 93, 155, 156
S. Croce in Gerusalemme 100
S. Maria in Trastevere 99
S. Paolo fuori le mura 103
S. Vitale 156
S. Zeno 157

Register

Sarmaten 22, 24, 25
Scampia 36
Senat 13, 51, 53, 78, 108, 132, 143, (in Konstantinopel) 21, 32, 50
Senatoren 46, 66, 79–81, 131, 163
Serdica 34
Sessorischer Palast 85
Severin 23, 52
Severus 86
Sidimund 35
Sigerich 127, 129
Sigismund 112, 127
Singidunum 24, 55
Silvanus 15
Siponto 121
Sirmium 22, 55, 115, 116, 126
Sizilien 44, 51, 58, 68, 113, 153
Skiren 23, 49
Soas 35
Sondis 32
Speyer 14
Spoleto 86
Stabulum Diomedis 39
Stadtcomes 81, 82, 84, 88, 91, 123
Stadtpräfekt 80
Stephanus (Heiliger) 138
Steuerwesen 85, 86
Stilicho 14, 15, 39, 43, 92, 163
Stobi 34
Straßburg 14
Suavegotho 127, 154
Sueben 14, 157
Sueven 22, 23
Sunigilda 62
Superbus 81
Syagrius 113, 117
Symmachus (Papst) 13, 80, 97–106, 133
Symmachus, Flavius 132
Symmachus, Quintus Aurelius Memmius 87, 131, 132, 135, 137, 140, 144, 150, 156, 158
Syrakus 68

Tarent 121
Teja 155
Teurnia 23
Thela 57, 61, 62
Theodahad 66, 91, 129, 143, 151–153
Theodebert 154
Theodegotho 112
Theodemer 17, 18, 22–25, 27, 125, 143
Theodemund 17, 27, 35, 37
Theoderich I. (Westgotenkönig) 15
Theoderich II. 15
Theoderich (Frankenkönig) 127
Theoderich Strabo 22, 27–40
Theodericopolis 75
Theodorus Lector 94
Theodosius 14
Thessalonica 25, 34, 35
Theudis 125, 149
Thrasamund 113, 121, 123, 124, 131, 142
Thüringer 49, 53, 113, 119, 125, 152
Thukydides 77
Tortona 121
Totila 154, 155
Toulouse 117, 120
Traian 77, 94
Trapstila 55
Traserich 115, 116
Treviso 87
Trient 59, 87
Triwila 91, 109, 133
Trokundes 38, 40
Tufa 57–59
Tuluin 80, 91, 121, 127

Ulca 55
Ulpiana 25
Urbicus 83

Valamer 17–19, 23, 24
Valentinian I. 77, 94
Valentinian II. 14
Valentinian III. 14, 46, 47, 51, 58, 87
Valentinianus (Senator) 89
Vandalarius 130
Vandalen 14, 15, 22, 51, 58, 68, 94, 111, 113, 121, 152, 157
Verina 27, 30, 35

Verona 56, 59, 86, 108, 134, 138, 157, 158
Vidimer 18, 24, 130
Vidimer der Jüngere 24, 130
Vitalianus 106
Vitigis 153, 154

Walahfrid Strabo 156
Warnen 119

Westgoten 15, 24, 51, 58, 62, 111, 117, 120, 125, 130, 152, 164
Wilia 89
Worms 14

Zeno 21, 27–29, 31, 38–41, 49–54, 58, 63, 68, 69, 75, 95, 96, 131, 163
Zülpich 117

Abbildungsnachweis

Abb. 1: Münzbild des oströmischen Kaisers Leo I. Hirmer Verlag Foto-Archiv.
Abb. 3: Münzbild des oströmischen Kaisers Zeno. Hirmer Verlag Foto-Archiv.
Abb. 4: Münzbild des oströmischen Kaisers Julius Nepos. Hirmer Verlag Foto-Archiv.
Abb. 5: Münzbild des oströmischen Kaisers Romulus Augustulus. Hirmer Verlag Foto-Archiv.
Abb. 7: Kampf zwischen Theoderich und Odoaker nach einer Darstellung aus dem 12. Jahrhundert. Biblioteca Apostolica Vaticana (Vatican) Pal. Lat. 927, F. 122r.
Abb. 8: Rekonstruktion der gotischen Siedlung auf dem Monte Barro. Aus: G. P. Brogiolo und L. Casteletti, Archaeologia a Monte Barro I. Il grande edificio e le torri, Lecco: Editrice Stefanoni 1991.
Abb. 9: Münzbild des oströmischen Kaisers Anastasius I. Hirmer Verlag Foto-Archiv.
Abb. 10: Bildnis Theoderichs auf dem Goldmedaillon von Morro d'Alba. Ministerio per i Beni e le Attività Culturali – Soprintendenza Archaeologica di Roma.
Abb. 11: Bildnis Justinians in Sant'Apollinare Nuovo. The Ancient Art & Architecture Collection Ltd.
Abb. 12: Darstellung des heiligen Martin in Sant'Apollinare Nuovo. Aus: F. W. Deichmann, Frühchristliche Bauten und Mosaiken von Ravenna, Tafel 104.
Abb. 13: Darstellung von Theoderichs Palast in Sant'Apollinare Nuovo. Aus: derselbe, Tafel 107.
Abb. 15: Bild des Gegenpapstes Laurentius. Biblioteca Apostolica Vaticana (Vatican) Vat. Barb. Lat. 4407, fd. 53r.
Abb. 17: Boethius und die Philosophie. Aus: Boethius, Consolatio Philosophiae, Münster: Aschendorff 1981.
Abb. 19: Der Sarkophag Theoderichs. The Ancient Art & Architecture Collection Ltd.
Abb. 20–22: Bauphasen von Theoderichs Mausoleum. Aus: Wie kam der Kuppelstein auf den Mauerring?, MDAI (R) 104 (1997), S. 229, 235, 252.
Abb. 23: Athalarich und Amalasuintha. The Victoria and Albert Museum, London (Inv. 139–1866).
Abb. 24: Münzbild des oströmischen Kaisers Justinian. The British Museum, London.
Karte S. 8–9: Peter Palm, Berlin